Para

com votos de paz.

/   /

Organizado por
Suely Caldas Schubert

Divaldo Franco:
uma vida com os Espíritos

Salvador
Edição Especial – 2017

©(2017) Centro Espírita Caminho da Redenção – Salvador, BA.
Edição Especial – 2017
2.000 exemplares

Revisores: Adriano Ferreira / Lívia Sousa / Manoelita Rocha
Editoração eletrônica: Ailton Bosco
Capa: Cláudio Urpia
Coordenação editorial: Lívia Maria Costa Sousa

Produção gráfica:
LIVRARIA ESPÍRITA ALVORADA EDITORA
Telefone: (71) 3409-8312/13 – Salvador – BA
Homepage: <www.mansaodocaminho.com.br>
E-mail: <leal@mansaodocaminho.com.br>

Dados Internacionais de Catalogação na Publicação (CIP)
(Catalogação na fonte)
Biblioteca Joanna de Ângelis

S384	SCHUBERT, Suely Caldas. *Divaldo Franco: uma vida com os Espíritos*. Edição especial / Suely Caldas Schubert (org.). Salvador: LEAL, 2017. 400 p. ISBN: 978-85-8266-166-6 1. Espiritismo 2. Divaldo Franco 3. Biografia 4. Mediunidade I. Schubert, Suely II. Título. CDD: 133.90

DIREITOS RESERVADOS: todos os direitos de reprodução, cópia, comunicação ao público e exploração econômica desta obra estão reservados, única e exclusivamente, para o Centro Espírita Caminho da Redenção. Proibida a sua reprodução parcial ou total, por qualquer meio, sem expressa autorização, nos termos da Lei 9.610/98.

Impresso no Brasil
Presita en Brazilo

Sumário

Gratidão 9
Prefácio 11
Sinfonia eterna 13
Prelúdio para acalentar o Semeador 15
Palavras iniciais 17

PRIMEIRA PARTE
DAS MANIFESTAÇÕES FÍSICAS ÀS MANIFESTAÇÕES INTELECTUAIS

1. Das manifestações físicas às manifestações intelectuais 25
2. Esta história de uma vida começa assim 31
3. A difícil iniciação mediúnica 35
4. O tempo de Divaldo Franco 41
5. O médium e a mediunidade 45
6. A dupla vista 51
7. Efeitos físicos – Materialização 57
8. Transporte 67
9. Transfiguração 73
10. A oratória 75
11. A psicografia 81

SEGUNDA PARTE
MATERIALIZAÇÕES E TRANSPORTES

Depoimentos
  Neusa Ajuz – As primeiras reuniões de materializações em Ponta Grossa ... 87
  Nancy Westphalen Corrêa – O médium Divaldo e as reuniões de materializações e transportes 89
  Lycurgo Negrão – Rememorando 93

Eulécia M. Resende – As rosas de Divaldo...................................... 95
Marcelo Netto – Raro fenômeno de música espiritual................... 97
Ruy Holzmann – Sobre reuniões de efeitos físicos........................ 103
Nivalda Steffens – Ampolas de perfume caindo do teto após a palestra.. 105
Iracy Z. de Sant'Anna – Divaldo Franco e os fenômenos mediúnicos ... 109
Milciades Lezcano Torres – El libro de Sor Juana Inés de la Cruz .. 115
Wagner D. Cruz – Divaldo e a água fluidificada por um ano........ 121
Guaracy Paraná Vieira – Scheilla materializada depois da palestra ... 125

TERCEIRA PARTE
VIDÊNCIAS DE ESPÍRITOS QUE TRAZEM NOTÍCIAS

Dulcíssima consolação por intermédio de Divaldo Franco................. 129
DEPOIMENTOS
   Ângela Petitinga – O pai e o filho... 133
   Adilton Pugliese 135
   Hélio R. Loureiro – Yvonne Pereira e a campanha contra o suicídio.... 139
   Suely Caldas Schubert – Divaldo e as duas Marianas..................... 141
   Paulo Salerno – Interessante caso de psicometria........................... 143
   Elsa Rossi – E o esposo estava na plateia ouvindo Divaldo 147
   Glória Guimarães Caribé – O Santuário do Amor........................ 151
   Armandine Dias – Divaldo: um mensageiro de Jesus nas nossas vidas ... 155
   Miguel Sardano – Divaldo e os Espíritos no programa de rádio em Juiz de Fora..159
   Tereza Matos Richardson – O Espírito que retornou 163
   Erika Caldas Schubert – Caso de rubéola na gravidez................... 167
   Francisco Ferraz Batista – Clariaudiência a distância 169
   Maria Trindade do Nascimento – Orientando sobre a depressão... 173
   Lucy Dias Ramos – Divaldo e as notícias consoladoras................. 175
   Miriam Ester Theisen – O Espírito que é nome de um educandário ... 179
   Vânia Maria de Souza – O poder das vibrações de amor e de paz..... 183
   Maria Chede – Não era um frasco de perfume 187
   Regina Zanella – Divaldo e o psiquiatra muçulmano em Milão.... 189

Rejane Planer – Fatos mediúnicos vivenciados com Divaldo no exterior.... 195
Abigail G. Magalhães – Divaldo e a receita do Dr. Bezerra de Menezes 203
Josef Jackulak – Divaldo em Viena e as notícias de familiares 205
Priscila M. Beira – As bênçãos de Jesus através de Divaldo Franco 209
Claudia Yicela Silva Núñez – Amarlo cada día más..................... 213
Gloria Collaroy – Divaldo sete vezes em Sidney, na Austrália 217
Giancarlo Chitto – Divaldo na Itália e a mudança em minha vida... 219
Maria Piedade Bueno Teixeira– Colônia espiritual em Anápolis ... 223
Marta M. Cunha – Divaldo e seu paciente por mais de quarenta anos...227

QUARTA PARTE
CURAS ESPIRITUAIS EM DESDOBRAMENTO

Desdobramento 231
DEPOIMENTOS
Marcelo Netto – Em Miami, orientação de Divaldo em desdobramento ..235
Maria Anita Rosa Batista – Divaldo e a cura em desdobramento .. 237
Maria Lúcia Silveira – Uma porta de vidro, um acidente e a presença de Divaldo 241
Maria Alice de O. Menezes – Divaldo na Europa e a cirurgia espiritual em Salvador...243
Marta Gazzaniga – A extraordinária capacidade mediúnica de Divaldo....245
Jaqueline Orique de Medeiros – Uma visita encantadora............... 247

QUINTA PARTE
PSICOGRAFIA EM OUTROS IDIOMAS E ESPECULAR

Xenoglossia – Mediunidade poliglota 251
DEPOIMENTOS
Enrique Baldovino – En homenaje a la *Revista Espírita* 257
Monsenhor Manuel Alves da Cunha (Espírito) – Duas mensagens com trechos no idioma *kimbundu*... 263
Washington N. Fernandes – Divaldo psicografa no idioma alemão..279

SEXTA PARTE
O TRABALHO ESPIRITUAL DE DIVALDO FRANCO

O trabalho espiritual de Divaldo Franco 289
Joanna de Ângelis evita um suicídio 291
Divaldo Franco e a visão psíquica da Mansão do Caminho 293
Divaldo no programa *Histórias Extraordinárias* – Um número na sepultura e psicografia de Divaldo 297
A Paz no bairro do Calabar, em Salvador... 303
Divaldo Franco e as vítimas do Holocausto 307
Um traficante na palestra de Divaldo Franco...................................... 313
Um Espírito no bairro da Pituba, em Salvador....................................317
A Messe de Amor de Divaldo Franco 321
Milciades Lezcano Torres – Las manos que asisten a Divaldo 327
O tempo sem tempo de Divaldo Franco 331
O roteiro de luz de Divaldo Franco 335
Enrique Baldovino – Câmara Municipal de Foz do Iguaçu outorga a Divaldo Franco o Título de Cidadão Honorário 339
Amanhecer de uma nova era.. 347

FINALIZANDO... OU COMEÇANDO?

Divaldo e o deus Huracán – Divaldo narra seu inesquecível encontro com o deus Huracán 353
Jesus: as três questões – Divaldo narra sobre a "visão" de Jesus........... 377
A palavra de Bezerra de Menezes – Fazer o bem sem cessar 383
Sob o olhar de Francisco 387
Segue-me... 393
Palavras do princípio 397

Gratidão

Gratidão infinita a Deus e a Jesus.

Aos meus amados pais, José Caldas e Zélia Caldas, fonte perene de amor e bondade.

Aos queridos filhos, Livia, Alexandre, Erika e Adriana.

Aos netos, Humberto, Rafael, Deborah, Marina, Arthur e Eduardo, e aos bisnetos Alice e Inácio, que vieram preencher de beleza e alegria os meus dias.

Aos queridos amigos que a vida foi colocando em meu caminho, para torná-lo mais belo e feliz. Sintam-se lembrados, pois seus nomes estão em meu coração.

Especial agradecimento aos que apresentaram seus depoimentos, como coautores, enriquecendo esta obra.

Ao amado amigo DIVALDO PEREIRA FRANCO, benfeitor incomparável que iluminou com sua presença minha atual experiência terrena, relembrando outros tempos, agora na felicidade de participarmos das hostes do Consolador que o Espiritismo desvenda para a Humanidade. Querido amigo Divaldo, com perene gratidão, procuro resgatar nestas páginas, para os tempos vindouros, o seu trabalho apostolar, embora não, talvez, com o brilho que faça justiça à sua fantástica e elevada vivência, expressão plena de seu amor a toda Humanidade.

SUELY CALDAS SCHUBERT

Prefácio

Este livro não é uma simples biografia que narra a trajetória NUMINOSA de Divaldo Pereira Franco, nascido em 5 de maio de 1927, na então pequena Feira de Santana, a 108 quilômetros de Salvador.

O menino Divaldo, o Di para os familiares, a partir dos quatro anos, passou a ter uma conduta estranha, inadequada para sua idade. Via, ouvia e conversava com seres invisíveis às pessoas que o cercavam. Isso causava grande constrangimento à família Franco. Para o menino Di era tudo natural. A vida seguia normal na modesta residência do casal Ana e Francisco, pais de Divaldo, que se acostumaram com as *esquisitices* daquela criança curiosa.

O tempo, que não para, cumpriu sua missão, e o pequeno Di, agora jovem sacristão na paróquia de sua cidade, aspirava ao sacerdócio católico.

Entretanto, sua mediunidade missionária desabrochou de forma ostensiva, causando-lhe sérias perturbações, fato que o levou a buscar socorro no único Centro Espírita da cidade, onde recebeu orientação segura para educar sua mediunidade.

A partir daí, sua vida se transformou completamente, começando uma nova etapa. Nasce, publicamente, o médium e orador espírita que vem conquistando multidões com seu verbo vigoroso, respaldado na vivência da caridade e do amor ao próximo, desde 1947, quando proferiu a primeira palestra e fundou o Centro Espírita Caminho da Redenção, em Salvador.

Destarte, surge a oportuníssima inspiração de Suely Caldas Schubert em reunir nesta obra rico acervo, produto da mediunidade de Divaldo. Suely nasceu em uma família tradicionalmente espírita e a Doutrina faz parte de sua vida desde o berço, pois seus pais e avós eram espíritas. Isso lhe proporcionou uma formação espiritual e doutrinária segura, transformando-a em excelente pesquisadora e escritora, autora de obras espíritas de elevada qualidade doutrinária, além de ser grande admiradora e biógrafa tanto de Chico Xavier quanto de Divaldo Franco.

Este livro oferece aos seus leitores uma imensa incursão na mediunidade polivalente de Divaldo, sobretudo na área de efeitos físicos.

Quantos fatos e fenômenos de materializações ficaram esquecidos na esteira do tempo e que agora vêm à tona nesta obra magnífica, muito bem organizada pela talentosa e competente Suely Caldas Schubert.

Este registro histórico e valioso alcançará as gerações futuras, as quais saberão que, num longo percurso existencial, um menino pobre de Feira de Santana (Bahia), que viveu na simplicidade, com seu modesto salário de funcionário público, renunciou a tudo que o mundo pode oferecer a um jovem saudável, de compleição admirável, para dedicar-se à nobre missão filantrópica, doando sua vida aos pequeninos e deserdados, em nome de Jesus.

Mas tudo isso foi e tem sido possível graças à sua mediunidade segura, que, produzindo fenômenos incontestáveis e uma oratória rica de beleza e cultura doutrinária, conquistou o clímax da admiração, respeito e consagração popular.

Parabéns, Suely Caldas Schubert, pela feliz inspiração que teve, em mais essa empreitada literária que o seu talento produziu, com muito amor e consciência.

Miguel de Jesus Sardano
Santo André, inverno de 2016.

Sinfonia eterna

*Para o querido amigo Divaldo Franco
nos seus 90 anos.*

A tua voz
ecoou pelo espaço
como uma sinfonia majestosa.
Os sons
se derramando
em palavras
eram notas harmônicas
sonantes formando
frases musicais
que se inseriam
na pauta do infinito.

Aos harpejos leves
e doces sucederam-se
acordes grandiosos
como se,
invisível,
Beethoven
regesse
com uma batuta de luz
a música da tua voz.

Colorindo espaços
formou-se
no ar
uma cascata de flores
perfumando
do mais puro
amor
o templo da fé
enquanto a tua voz
ecoando no tempo
lançava
sementes
para o infinito.

Prelúdio para acalentar o Semeador

O semeador prossegue a sua faina, ininterruptamente. Jamais parou desde aqueles tempos primeiros...
Seu destino, sua missão, seu apostolado.

Não importa se o terreno é inóspito, árido; se é um leito de pedras; se tem aspecto pantanoso; se aparenta ser infértil, ou se, ao contrário, é uma leira arroteada, com promessas de frutescência fecunda e constante. A ensementação é a mesma.

Os tempos são outros, as horas disparam como se a rapidez do tempo as devorasse. As criaturas humanas correm no mesmo ritmo, como se nada mais houvesse a não ser ganhar a corrida contra o imponderável.

O semeador prossegue semeando.

No seu íntimo repercute a voz de Francisco, o santo de Assis, como a repetir o convite que o Cristo lhe fizera há tempos: *"Francisco, reconstrói a minha igreja"*.

A *igreja* atemporal do Mestre, a cátedra divina da qual Ele lecionava para a Humanidade as primeiras noções da Ciência do Infinito.

O compromisso está impresso e expresso em seu mundo íntimo.

O Consolador prometido por Jesus é a Verdade que vai sendo desvelada progressivamente.

Essa é a missão do semeador. Lançar as sementes da Terceira Revelação a todos os rincões da Terra, até onde suas forças possam levá-lo, mesmo à custa do sacrifício de si mesmo, porque hoje a prioridade é esta, que abraçou alegremente.

Quando ele chega, a festa se instala em todos os corações, na expectativa dos que almejam o conhecimento.

Há sete décadas o semeador caminha defrontando-se com os mais variados tipos de terrenos. E a chuva de bênçãos que o Pai do Céu prodigaliza, através das épocas, a todos os Seus filhos, fará brotar nas consciências o que antes era apenas promessa para os tempos vindouros.

O presente é sempre, para Divaldo Franco, o "Semeador de Estrelas".

As sementes estão nos celeiros divinos, ao alcance daqueles que desejem semear.

Jesus leciona: *"O semeador saiu a semear..."*

O eterno hoje...

Palavras iniciais

No ano de 1989, foi lançado pela Editora LEAL o meu livro *O Semeador de Estrelas*, no qual apresento casos e feitos da vida do médium, orador e educador baiano, Divaldo Pereira Franco, livro este cuja repercussão prossegue até os dias atuais, no Brasil e no exterior, pela beleza dos relatos feitos por ele, de ricas e notáveis passagens de sua trajetória terrena. Vinte e sete anos transcorreram e, ao escrever, em 2016, é imperioso fazer uma reflexão acerca dos antigos e novos acontecimentos *"divaldianos"*.

Enquanto isso...
Em Salvador, ou nos cinco continentes, ou em setenta países, Divaldo Franco prossegue na sua missão apostolar de *semear estrelas* nos sentimentos humanos; de despertar consciências e apontar rumos para a felicidade que todos um dia alcançaremos, falando de Jesus, relembrando Seus ensinamentos e pregando o Espiritismo, como alvorada de luz para a Humanidade.

Enquanto isso...
Ele psicografou nessas quase três décadas, nada mais, nada menos que 48 novos livros, de sua mentora Joanna de Ângelis e de diferentes autores espirituais, isso mesmo, quarenta e oito livros em 27 anos, todos fundamentados nos ensinos de Jesus e nos princípios da Doutrina Espírita.

Diante disso, acodem perguntas que você e eu faremos: *Quando ele psicografou? Em quanto tempo? Onde? Quando ele descansa?*

Enquanto isso...

Divaldo acolheu, educou e cuidou, com paternal amor, mais de 685 filhos, neste lar de bênçãos que é a Mansão do Caminho, que um dos filhos denominou de *"a Mansão do meu caminho"*, em depoimento, conforme consta no comovente livro organizado por Maria da Paz, *Meu coração ainda mora aqui* (LEAL, 2015).

Enquanto isso...

Ele completou as bênçãos que a Mansão do Caminho prodigaliza, não apenas ao bairro de Pau da Lima, mas à cidade de Salvador, ao estado da Bahia, idealizando e concretizando a *Casa do Parto Normal Marieta de Souza Pereira*, para que os Espíritos que retornam ao cenário da vida terrena fossem bem acolhidos numa atmosfera de paz e amor, que parece dizer a cada um que vem chegando: *Seja bem-vindo!*

Enquanto isso...

Ele esclarece, consola, ampara, como porta-voz de benfeitores espirituais que dão notícias a qualquer momento, nas filas de autógrafos ou em diversos ambientes diferentes. São os familiares, ou instrutores, mentores que falam da imortalidade e do intercâmbio entre os dois mundos.

Enquanto isso...

Ele envolve as pessoas nos delicados e deliciosos perfumes de rosas, ou nas fragrâncias florais que dele emanam, em centenas de ambientes, para presentear a todos nós, que tanto carecemos. Eu tenho a impressão de que ele está dizendo que é feliz e quer envolver-nos nessa onda perfumada de felicidade que lhe é própria; ou trata as nossas dores e enfermidades com a emanação de éter que medica e atenua os sofrimentos, para nos ensinar a superar as vicissitudes da vida física com bom ânimo e esperanças renovadas.

Enquanto isso...

A vida correu, e o querido Nilson foi chamado para o retorno ao Grande Lar, cumprida, com louvor, a sua etapa reencarnatória. Suas abençoadas mãos que criavam os "instrumentos" que facilitavam a vida terrena, ensinando às crianças e aos jovens as condições para exercerem futuras profissões, preparando-os para ingressarem no mundo competitivo atual, agora manipulam eflúvios que reabastecem as almas que ainda estão no lar temporário. Ele não foi embora, está presente, com seu amor e cuidados, na psicosfera da Mansão, na Gráfica, na Livraria, percorrendo as alamedas arborizadas, ou na Casa Grande, na sala, em toda parte, preenchendo de bondade e ternura, que lhe eram próprios, os que ficaram.

Enquanto isso, escrevo sobre DIVALDO FRANCO, este grande amigo e benfeitor de priscas eras, tentando expressar em nome de todos os que o amam, essas centenas de milhares e milhares de almas que ele conquistou, alguns lampejos dessa luminosa vida que nos felicita e engrandece com sua presença, com seus ensinamentos e com seu amor.

A juventude e beleza desse Espírito Divaldo Franco são surpreendentes e permanecem enfrentando múltiplos desafios plenos de vitórias, com a humildade de quem vivencia o que prega, jamais se jactando de suas conquistas de ontem e de hoje – conforme ensina a sua veneranda mentora Joanna de Ângelis, ao dizer que *"a nossa defesa é Jesus"*–, com sua exemplar conduta, em que o amor impera acima de tudo, impregnando os que dele se aproximam com sua reconhecida aura de bondade e sabedoria, cuja extensão de benefícios não temos como avaliar.

Os depoimentos aqui registrados são uma pequena amostragem de um conjunto grandioso de almas que tiveram a felicidade de conviver com Divaldo Franco, cuja palavra despertou para o sentido maior da vida. Ele veio e cumpre a sua missão apostolar de despertar o ser humano, onde quer que esteja, porque Jesus está chamando, através dele, para que venham trabalhar na Sua Vinha.

A ele, a nossa infinita gratidão, rogando ao Pai Celestial que o abençoe.

Ave, Divaldo! Os que vivem para sempre te saúdam e agradecem, Embaixador da Paz e benfeitor da Humanidade.

SUELY CALDAS SCHUBERT e todos os demais coautores deste livro.
Juiz de Fora, outono de 2016.

"Não há mais nobre, mais elevado cargo que ser chamado a propagar, sob a inspiração das potências invisíveis, a verdade pelo mundo; a fazer ouvir aos homens o atenuado eco dos divinos convites, incitando-os à luz e à perfeição. Tal o papel da alta mediunidade."

Léon Denis
(*No Invisível*)

Primeira Parte

Das manifestações físicas às manifestações intelectuais

1
Das manifestações físicas às manifestações intelectuais

> É necessário aliar os conhecimentos teóricos ao espírito de investigação e à elevação moral, para estar verdadeiramente apto a discernir no Espiritismo o bem do mal, o verdadeiro do falso, a realidade da ilusão. É preciso compenetrar-se do verdadeiro caráter da mediunidade, das responsabilidades que acarreta, dos fins para que nos é concedida.
>
> O Espiritismo não é somente a demonstração, pelos fatos, da sobrevivência; é também o veículo por que descem sobre a Humanidade as inspirações do Mundo superior. A esse título é mais que uma ciência, é o ensino que o Céu transmite à Terra, reconstituição engrandecida e vulgarizada das tradições secretas do passado, o renascimento dessa escola profética que foi a mais célebre escola de médiuns do Oriente. Com o Espiritismo, as faculdades, que foram outrora o privilégio de alguns, se difundem por um grande número. A mediunidade se propaga; mas de par com as vantagens que proporciona, é necessário estar advertido dos seus escolhos e perigos. (DENIS, Léon. *No Invisível*. 18ª edição, FEB, 1998, Introdução.)

Os fenômenos mediúnicos sempre existiram. Na trajetória da Humanidade, *os Invisíveis* sempre se fizeram presentes por meio de médiuns, os quais em épocas remotas eram denominados profetas, oráculos, xamãs, e entre as tribos mais primitivas foram conhecidos como feiticeiros, pajés etc.

O interessante é que numa ou noutra época, por mais antiga que seja, sempre está em destaque aquele indivíduo, homem ou mulher, que possuía o dom de entrar em contato com as forças ocultas. Que, a bem da verdade, não eram tão ocultas assim, pois se mostravam frequentemente.

O professor Herculano Pires, em seu excelente livro *O Espírito e o Tempo*,[1] comenta as pesquisas do antropólogo Andrew Lang e do etnólogo Max Freedom Long, realizadas entre as tribos da Polinésia, que constataram a existência dos fenômenos mediúnicos no horizonte tribal. De forma significativa observaram que a crença na sobrevivência do espírito humano é universal.

Nessas pesquisas um fato concreto ressalta a existência de uma força misteriosa que impregna os objetos e coisas e, igualmente, atua sobre as criaturas humanas. Essa força é conhecida pelos nomes polinésicos de *mana e orenda*. Segundo Ernesto Bozzano,[2] que igualmente aborda as pesquisas feitas por Lang, Freedom e outros autores, essa força não é produto da imaginação, mas algo real e concreto, considerando-se que o pensamento primitivo era incapaz de realizar processos de abstração mental. Os curandeiros polinésios, chamados de *"kahunas"*, acreditavam que a força denominada *mana* poderia ser acumulada, como provisões, para ser usada no momento oportuno. Outro ponto importante é que os curandeiros realizavam feitiçaria para "aprisionar" Espíritos inferiores.

O professor Herculano, no livro citado, afirma que:

> A crença na sobrevivência decorre de experiências concretas do homem primitivo, e não de formulações do pensamento abstrato. Sua origem está nas sensações, e não na cogitação filosófica. (PIRES, 1964, p. 13.)

Segundo o autor, os fenômenos produzidos nas selvas são, como é natural, mais grosseiros, violentos e fortes que aqueles produzidos nas sessões de experiências científicas.

---

1. PIRES, J. Herculano. *O Espírito e o tempo*. 1. ed. São Paulo: Editora Pensamento, 1964.
2. BOZZANO, Ernesto. 9/1/1862 Genova, Itália – 24/06/1943. Professor de Filosofia da Ciência na Universidade de Turim e pesquisador espírita. Entre suas obras destacamos: *Pensamento e Vontade* e *A Crise da Morte* (notas da organizadora).

Ele conclui o capítulo de maneira notável:

> As mãos grosseiras da selva, porém, e as delicadas mãos inglesas das sessões de Home[3] revelam a mesma coisa: a sobrevivência do homem após a morte do corpo e a possibilidade de comunicação entre encarnados e desencarnados. As mãos produzidas por mana ou orenda indicam aos homens o mesmo caminho de espiritualização indicado pelas mãos de ectoplasma. Das selvas à civilização, os Espíritos ensinam aos homens que a vida não se encerra no túmulo, como não principia no berço. (PIRES, 1964, p. 15.)

O que se observa, todavia, é que essas manifestações de mediunismo[4] tinham, como característica marcante, os fenômenos de efeitos físicos.

Séculos e séculos transcorreram dobrando-se em milênios, vertiginosamente.

1855. Paris, França.

Certo professor, pedagogo, famoso em seu país, com várias obras didáticas publicadas, é convidado a assistir a uma reunião muito em voga à época, na qual ocorria um estranho fenômeno de mesas que se deslocavam no ar, sem que mão alguma as sustentasse. O que era ainda mais estranho é que tais mesas pareciam ter inteligência, pois respondiam perguntas dos presentes, através de batidas com um de seus pés. O professor Rivail hesita, descarta o primeiro convite, porém, em outra oportunidade, ao ser novamente convidado, termina aceitando. Desse modo, começa outra história, grandiosa, extremamente importante, pois irá transcender qualquer imaginação que fosse possível conceber, naquele fato de o ilustre professor Hippolyte Léon Denizard Rivail ter aceito o convite para ir à residência da senhora Plainemaison, em Paris.

O fato das manifestações físicas antecederem aquelas outras, as de efeitos intelectuais, expressa uma programação da Espiritualidade, evidenciando que o propósito é despertar a curiosidade e atestar a con-

---

3. Daniel Dunglas Home foi o mais famoso médium de efeitos físicos. Nasceu em Currie, próximo a Edinburgo, na Escócia, a 15 de março de 1833 e desencarnou a 21 de junho de 1886, em Auteuil, França.
4. O termo "mediunismo" designa a mediunidade em sua expressão natural (notas da organizadora).

tinuidade da vida, como também a possibilidade da comunicação dos chamados mortos com o plano terreno.

Cabe lembrar o texto de Allan Kardec inserto na *Revista Espírita*, no qual explana acerca da mediunidade de efeitos físicos do médium escocês Daniel Dunglas Home, ressaltando o caminho progressivo dos fenômenos à Doutrina Espírita:

> Os fenômenos que ele (Home) produz nos transportam ao primeiro período do Espiritismo, o das mesas girantes, também chamado período da curiosidade, isto é, dos efeitos preliminares, que tinham por objetivo chamar a atenção sobre a nova ordem de coisas e abrir caminho ao período filosófico. Esta marcha era racional porquanto toda filosofia deve ser a dedução de fatos conscientemente estudados e observados, e a que não repousasse senão por ideias puramente especulativas não teria base. A teoria, portanto, devia resultar dos fatos, e as consequências filosóficas deviam resultar da teoria.
>
> Se o Espiritismo se tivesse limitado aos fenômenos materiais, uma vez satisfeita a curiosidade, teria sido apenas um modismo efêmero. Tem-se a prova disso pelas mesas girantes, que só tiveram o privilégio de divertir os salões durante alguns invernos. Sua utilidade estava apenas na sua vitalidade. Assim, a extensão prodigiosa que ele adquiriu data da época em que entrou na via filosófica. Foi somente a partir dessa época que ele tomou lugar entre as doutrinas.
>
> A observação e a concordância dos fatos levaram à procura das causas; a procura das causas levou a reconhecer que as relações entre o mundo visível e invisível existem em virtude de uma lei. Uma vez conhecida, essa lei deu a explicação de uma imensidade de fenômenos espontâneos até então incompreendidos e reputados sobrenaturais, antes que se conhecessem suas causas; estabelecidas as causas, esses mesmos fenômenos entraram na ordem dos fatos naturais e o maravilhoso desapareceu. (*Revista Espírita*, 1863, setembro, pp. 381-382 – citado por Adilton Pugliese no seu livro *O médium voador*.)

Essa foi igualmente a trajetória mediúnica de Divaldo Pereira Franco, que, ainda bem jovem, já iniciado no Espiritismo, participou de reuniões mediúnicas – onde as manifestações eram de cunho intelectual –, proferiu palestras, realizou algumas sessões de efeitos físicos, em que ocorreram materializações e outros fenômenos na presença de pessoas do meio espírita, várias delas, como também diante de outras que se mostravam interessadas.

Os fenômenos físicos tanto podiam ser espontâneos ou programados, de acordo com os benfeitores que orientavam o jovem médium baiano.

Ao me propor comentar a faculdade mediúnica de Divaldo Franco, o faço no intuito de evidenciar que a sua vida sempre foi assinalada pela presença dos Espíritos, que se manifestavam de diferentes maneiras, preenchendo os seus dias e noites terrenos de fenômenos que, sendo tão frequentes, com o passar dos anos se tornaram para ele como a coisa mais natural deste mundo.

Portanto, iniciamos a nossa reflexão em torno de uma das pessoas mais fascinante dos nossos tempos, porque Divaldo Franco reúne, em sua personalidade atual, não apenas um conjunto de especificidades mediúnicas que atraem a atenção e o distinguem, mas igualmente por sua vida exemplar, na qual estão presentes os valores eternos que ressumam dos legítimos seguidores de Jesus, exprimindo em sua trajetória terrena a sabedoria e o amor que o destacam, mesmo que não o queira ou procure, entre os demais seres humanos.

O que se pode constatar num primeiro olhar é que o médium Divaldo Franco, embora seja portador de faculdade mediúnica multifacetada, sempre priorizou as manifestações intelectuais direcionadas a despertar, esclarecer e libertar os seres humanos, plenamente fundamentadas no Evangelho de Jesus e na Doutrina Espírita.

Para nosso enriquecimento, transcrevemos um item do capítulo XXVII, do livro *Mecanismos da mediunidade* (FEB)[5] de André Luiz, psicografado pelo nosso querido Chico Xavier, cujo título é: *Efeitos físicos*.

---

5. XAVIER, Francisco C; LUIZ, André [Espírito]. *Mecanismos da mediunidade*. Rio de Janeiro: FEB, 1959, cap. 17.

Cedo começa para o Mestre Divino, erguido à posição de Médium de Deus, o apostolado excelso em que Lhe caberia carrear as noções da vida imperecível para a existência na Terra.

Aos doze anos, assenta-se entre os doutores de Israel, "ouvindo-os e interrogando-os", a provocar admiração pelos conceitos que expendia (...).

Iniciando a tarefa pública, na exteriorização de energias sublimes, encontramo-lO em Caná da Galileia, oferecendo notável demonstração de efeitos físicos, com ação a distância sobre a matéria, em transformando a água em vinho. Mas, o acontecimento não permanece circunscrito ao âmbito doméstico, porquanto, evidenciando a extensão dos Seus poderes, associados ao concurso dos mensageiros espirituais que, de ordinário, Lhe obedeciam às ordens e sugestões, nós O encontramos, de outra feita, a multiplicar pães e peixes, no tope do monte, para saciar a fome da turba inquieta que Lhe ouvia os ensinamentos, e a tranquilizar a Natureza em desvario, quando os discípulos assustados Lhe pedem socorro, diante da tormenta.

Ainda no campo da fenomenologia física ou metapsíquica objetiva, identificamo-lO em plena levitação, caminhando sobre as águas, e em prodigiosa ocorrência de materialização ou ectoplasmia, quando se põe a conversar, diante dos aprendizes, com dois varões desencarnados que, positivamente, apareceram glorificados, a Lhe falarem de acontecimentos próximos.

Em Jerusalém, no templo, desaparece de chofre, desmaterializando-se, ante a expectação geral, e, na mesma cidade, perante a multidão, produz-se a voz direta, em que bênçãos divinas lhe assinalam a rota.

Em cada acontecimento, sentimo-lO a governar a matéria, dissociando-lhe os agentes e reintegrando-os à vontade, com a colaboração dos servidores espirituais que Lhe assessoram o ministério de luz. (XAVIER, 1959, cap. 17.)

2
Esta história de uma vida começa assim

Havia um menino, em Feira de Santana (BA), onde nasceu, que aos quatro anos de idade surpreendeu sua mãe, D. Ana Franco, ao relatar que estava ali, entre eles, uma mulher que dizia chamar-se Senhorinha. A mãe não acreditou de pronto, pois, ao que ela sabia, essa pessoa estava morta, mas os detalhes que o pequeno Divaldo mencionava deixou-a perplexa e tão impressionada ficou que buscou a irmã para contar o que estava acontecendo. Se fosse mesmo verdade, aquela era a mãe das duas e avó do menino Di. A tia confirmou taxativamente: – *Ana, é mamãe!*

Corria o ano de 1931.

Criança ainda, o menino brincava com um *indiozinho*, que dizia chamar Jaguaraçu, e na família ninguém mais se espantava ao ouvi-lo falar no amiguinho invisível, embora a estranheza que tal coisa suscitava.

Daí em diante, os fatos mediúnicos tornaram-se corriqueiros na infância, adolescência e maturidade de Divaldo, pois que a sua é uma vida partilhada com os Espíritos.

Adolescente, os Espíritos prosseguiam dando sinais de suas presenças, nem sempre agradáveis ou benéficas. A mediunidade estuante possibilitava ao jovem Divaldo o intercâmbio com os Invisíveis, fato que ele não entendia e não conseguia impedir.

Importa esclarecer que não há uma idade precisa para a eclosão da faculdade mediúnica, pois ocorre conforme o indivíduo, apresentando, neste início, uma gama variada de sensações e percepções. Sendo um canal que se abre para a dimensão espiritual, traduz-se por emoções totalmente diferentes na vida da pessoa. Vejamos a seguir o esclarecimento do Espírito Vianna de Carvalho, através do próprio Divaldo, muitos anos depois:

> A mediunidade, propiciando a interferência dos desencarnados na vida humana, a princípio gera estados peculiares na área da emotividade como nos estados fisiológicos. Porque mais facilmente se registram as presenças de seres negativos ou perniciosos, a irradiação das suas energias produz esses estados anômalos, desagradáveis, que podem ser confundidos com problemas patológicos outros. (FRANCO, 2015, cap. 13.)[1]

Por essa época, a família do Sr. Francisco Franco, D. Ana Franco e os filhos enfrentava muitas dificuldades. Divaldo era o caçula e, como se pode perceber, era um adolescente um tanto diferente e especial. Criados pelos pais na religião católica, todos frequentavam a igreja, o que ajudou o casal a superar a desencarnação de cinco de seus filhos, o que aconteceu antes do nascimento de Divaldo. Ele conviveu, portanto, com sete irmãos.

Como é óbvio, nos primeiros anos, o jovem baiano não entendia o que havia nele de diferente em relação a outras pessoas, entretanto, o tempo proporcionou-lhe as explicações de que necessitava. Esse percurso da infância, adolescência e idade adulta, porém, não foi feito com facilidades e isento de sofrimentos, ao contrário, foi bastante difícil devido às injunções da vida familiar, e o fato de ter sido encaminhado para a religião católica, o que a princípio complicou-lhe o descortinar de uma nova realidade que, bem no íntimo, Divaldo já conhecia sobejamente.

O intercâmbio com o outro lado da vida; o contato quase diário com os seres espirituais; a percepção do Mundo espiritual, somando-se a isso a influência de Entidades perturbadoras interessadas em obstaculizar a missão que se delineava para a atual reencarnação de Divaldo, incluindo-se aí os lampejos de existências anteriores, que ressumavam

---

1. FRANCO, Divaldo; CARVALHO, Vianna de [Espírito]. *Médiuns e mediunidades*. 9ª ed. Salvador: Editora LEAL, 2015, cap. 13, pp. 69-70.

psiquicamente, povoando suas noites nem sempre tranquilas, esses processos todos tinham uma razão de ser, porquanto era imprescindível extravasar todo esse conteúdo do pretérito, ainda subjacente, a fim de que a caminhada dali por diante fosse perfeitamente segura por quem já divisava a meta luminosa do porvir.

Entretanto, já se avizinhava para a família Franco o que São João da Cruz denominou de "a noite escura da alma".

O suicídio da irmã Nair, em novembro de 1939, na cidade de Ilhéus (BA), foi um doloroso impacto no seio da família Franco, especialmente para Divaldo, devido à sua precoce sensibilidade mediúnica, que captava, por sintonia vibratória, inconscientemente, as repercussões não somente dos familiares, mas, de certa forma, pelo sofrimento que ela própria apresentava. Todavia, as bênçãos divinas são pródigas e os que a elas se interconectam pela prece, pelos bons pensamentos, pela bondade que lhes é inerente e, sobretudo, pela fé, estes conseguem superar as etapas mais dolorosas da vida, crescendo espiritualmente pela conduta que adotam. D. Ana Franco revelou-se, então, como um Espírito nobre e resoluto, amparando os filhos e o esposo, com sua fé e determinação, exemplificando a confiança em Deus e nos Seus desígnios.

Divaldo teve o ensejo de relatar, algumas vezes, a passagem em que sua mãe, logo após o sucedido, foi à igreja solicitar ao padre que celebrasse uma missa pela alma da filha, mas, para sua surpresa, o padre explica que não poderia atendê-la, pois que, na concepção da Igreja, quem se suicida vai para o *inferno*. D. Ana, neste momento, deixa que o amor materno se expanda e se torne mais luminoso que as luzes do templo, ao responder, com a coragem de seu coração terno e belo, que ela, sendo mãe, perdoara a filha, e que entendia que Deus, sendo todo Amor, certamente também perdoaria aos seus filhos quando errassem. E acrescentou que quando uma pessoa comete o suicídio, não está no seu juízo perfeito. Admirável lição que transcende o conhecimento corriqueiro da vida e alcança o saber universal.

Sessenta anos depois, Joanna de Ângelis, mencionando a frase de São João da Cruz, escreveria, através da psicografia de Divaldo:

> Todos os grandes missionários da Humanidade atravessaram sem queixa a noite escura, nos respectivos labores a que entre-

garam a existência, o que permitiu a São João da Cruz escrever seu magnífico livro a esse respeito. Aquele que não consegue vencer a noite escura, dificilmente conseguirá saudar a madrugada de luz que chega após a sombra aparentemente vencedora. (FRANCO, 2016, cap. 7.)[2]

O jovem médium baiano começava, em meio a experiências sofridas, os primeiros passos de uma trajetória que se tornaria inolvidável, totalmente diferente do que poderia imaginar.

Os fenômenos mediúnicos prosseguiam e eram intensos e constantes.

---

2. FRANCO, Divaldo; ÂNGELIS, Joanna de [Espírito]. *Atitudes renovadas*. 3ª ed. Salvador: LEAL, 2016, cap. 7, pp. 51-52.

3
A difícil iniciação mediúnica

A História Antiga, especialmente no âmbito das questões religiosas e místicas, registra alguns aspectos da vida dos chamados iniciados, cujo processo para alcançar os estágios mais elevados eram extremamente dolorosos, complexos, quase insuportáveis para um ser humano.

Iniciação, segundo o dicionário Aurélio, é a "cerimônia pela qual se inicia alguém nos mistérios de alguma religião ou doutrina. Processo ou série de processos correspondentes às diversas classes de idade, com que os jovens são iniciados nos ritos, nas técnicas e tradições das tribos, e assim preparados para a admissão na comunidade dos adultos."

Analisando as dificuldades enfrentadas por Divaldo quando da eclosão de sua faculdade mediúnica, recordei-me da iniciação que era profusamente adotada na Antiguidade, eivada de rituais e provas que visavam a indicar se o candidato teria as condições imprescindíveis para ser admitido entre os seguidores dessa ou daquela seita ou religião. No Egito Antigo, por exemplo, os rituais de iniciação eram terríveis e impressionantes à nossa compreensão atual.

Todavia, cumpre ressaltar que o meu pensamento, dentro absolutamente dos princípios do Espiritismo, nada apresenta de correlação com o que estou mencionando acerca das práticas iniciáticas. Apenas é meu propósito, trazendo para os dias atuais, enfatizar que tais lutas e sofrimentos que certos médiuns espíritas enfrentam, nos primeiros momentos do desabrochar da mediunidade, de certa forma, expressam um processo de iniciação, como a decantar todos os vestígios do passado para possibilitar o voo aos altiplanos da vida.

Essa iniciação da mediunidade com Jesus, que o Espiritismo esclarece, por certo não viria sem os necessários testemunhos, mormente quando se trata de missionários como Yvonne do Amaral Pereira, Chico Xavier e Divaldo Franco.

Não seria esta a "porta estreita" a que Jesus se refere?

É natural, pois, que o menino Divaldo caminhasse para uma adolescência igualmente repleta de surpreendentes fenômenos mediúnicos, entremeados com aparentes doenças físicas, inquietações, visões perturbadoras, pesadelos, até que se esgotasse a taça das provas, quando a missão finalmente se delinearia para ele, como um novo amanhecer.

Ainda em sua cidade natal, adolescente, preso ao leito por uma estranha paralisia, em meio à preocupação da família, dos parentes, alguém resolveu convidar uma senhora – conhecida por sua condição mediúnica – a fazer uma visita ao lar dos Franco, para que opinasse a respeito do enfermo.

Assim, entra na vida de Divaldo aquela que o iria guiar nos primeiros passos da sua missão mediúnica, qual benfeitora carinhosa e competente, D. Ana Ribeiro, médium experiente e dedicada trabalhadora do bem.

Recebida por D. Ana Franco, a médium é conduzida ao quarto do enfermo.

Diante do jovem emocionado e ao mesmo tempo curioso, sem ter uma noção precisa do que acontecia, não lhe foi difícil identificar de imediato a realidade do problema que o dominava e que os médicos não conseguiam diagnosticar. Com segurança e fé, D. Ana Ribeiro esclareceu tratar-se da atuação de um Espírito e que a "doença" era espiritual. Ela informou, então, que iria aplicar-lhe um passe e que todos orassem com fervor.

Era de se ver a simplicidade com que o paciente é atendido, a singeleza que permeia a transmissão das energias através da orientação espírita e que ressuma amor e fé, a exemplo do que Jesus ensinou. Nenhum ritual, nenhuma palavra cabalística, apenas o pensamento em sintonia com os Planos superiores, a presença silenciosa do benfeitor espiritual da médium que, num transe superficial, através da imposição das mãos e em gestos leves, transmite a emissão fluídica.

Por oportuno, assinalamos, em sequência, o texto de *A Gênese*,[1] no qual Allan Kardec explana sobre a questão das curas.

> São extremamente variados os efeitos da ação fluídica sobre os doentes, de acordo com as circunstâncias. Algumas vezes é lenta e reclama tratamento prolongado, como no magnetismo ordinário; doutras vezes é rápida, como uma corrente elétrica. Há pessoas dotadas de tal poder, que operam curas instantâneas nalguns doentes, por meio apenas da imposição das mãos, ou, até, exclusivamente, por ato da vontade. Entre os dois polos extremos dessa faculdade, há infinitos matizes. (KARDEC, 2002, cap. 14, item 32.)

Ao terminar o passe, ela esclarece:

– Meu filho, você é médium e está ao seu lado o Espírito do seu irmão recentemente desencarnado. Ele está muito perturbado... Naquela hora em que você o viu, caído no chão, acabando de morrer lá na rua, ele se ligou a você, que é um sensitivo, bloqueando-lhe então o centro dos movimentos. Por isso é que não consegue andar. Mas agora, os amigos espirituais o levaram e você vai ficar bom. Já está, aliás, bem melhor, não é verdade?

Portanto, a paralisia do jovem Divaldo era decorrente da presença espiritual de seu próprio irmão, desencarnado há pouco tempo e que, naturalmente, por uma atração vibratória e ignorando seu real estado, permaneceu jungido ao caçula da família, como a sentir-se mais protegido pelo inusitado da situação, que temia e evitava, inconscientemente, a ser esclarecido e retirado do núcleo familiar. Não se tratava, evidentemente, de uma obsessão, mas de momentânea atuação vibratória do irmão desencarnado, que não tinha consciência do mal que estava causando.

---

1. KARDEC, Allan. *A Gênese*. 41ª ed. Rio de Janeiro: FEB, 2002, cap. 14, item 32.

A cena seguinte, conforme relato de Altiva Glória F. Noronha, no seu livro *O Peregrino do Senhor*,[2] foi o clímax desse atendimento, que marcou a vida de Divaldo, pois a médium insistiu:

– (...) *Já está, aliás, bem melhor, não é verdade?*

– *Está sim, meu filho, e poderá até se levantar, pois o seu irmão foi afastado pelos benfeitores espirituais. Você está praticamente curado! Pode andar, ande!*

Divaldo não acreditou e ainda pensou negativamente a respeito da senhora... Entretanto, a sua mãezinha, que era baixinha, mas muito enérgica, olhou para ele e ordenou: – *Levante-se, meu filho!*

Sua fala era uma ordem, e Divaldo não brincava com a mãe. Fez, então, uma tentativa para levantar-se, e sentiu que, de fato, as suas pernas, que antes eram presas, estavam agora soltas... Era verdade, ele podia mover-se no leito! Levantou-se tranquilamente da cama e deu alguns passos no quarto. D. Naná (apelido da médium) lhe disse para andar bem, desenferrujando as pernas, e Divaldo andou o quarto inteiro, indo e voltando, de um lado para outro, várias vezes. Desde aí nunca mais ficou paralítico... (Texto do livro *O Peregrino do Senhor*, LEAL, 1987.)

Façamos agora uma reflexão sobre as etapas do atendimento que D. Naná realizou.

Inicialmente ela pede que todos orem com fervor, enquanto também orava, buscando a sintonia com os Espíritos superiores, que atendem em nome de Jesus. Percebe a presença do Espírito e o identifica e, ao transmitir os recursos fluídicos, liberta o jovem da atuação que sofria.

Vamos ressaltar a eficácia da prece e o processo de desligamento de Espíritos que atuam sobre os encarnados.

A oração, quando pronunciada com ardente fé, alcança resultados extremamente benéficos. A fé é, portanto, condição essencial.

Allan Kardec aborda esse tema em *O Evangelho segundo o Espiritismo*,[3] capítulo XIX. Citaremos os itens 3 e 5:

---

2. NORONHA, Altiva Glória F. *O Peregrino do Senhor*. 1. ed. Salvador: LEAL, 1987. Capítulo 4 – Sofrimento e mediunidade, p. 31.
3. KARDEC, Allan. *O Evangelho segundo o Espiritismo*. 131. ed. Brasília: FEB, 2013 – Capítulo XIX, itens 3 e 5.

(...) Entende-se como fé a confiança que se tem na realização de uma coisa, a certeza de atingir determinado fim. Ela dá uma espécie de lucidez que permite se veja, em pensamento, a meta que se quer alcançar e os meios de chegar lá, de sorte que aquele que a possui caminha, por assim dizer, com absoluta segurança. Num como noutro caso, pode ela dar lugar a que se executem grandes coisas. (...) (KARDEC, 2013, cap. 19.)

O poder da fé se demonstra, de modo direto e especial, na ação magnética; por seu intermédio, o homem atua sobre o fluido, agente universal, modifica-lhe as qualidades e lhe dá uma impulsão por assim dizer irresistível. Daí decorre que aquele que a um grande poder fluídico normal junta ardente fé, pode, só pela força da sua vontade dirigida para o bem, operar esses singulares fenômenos de cura e outros, tidos antigamente por prodígios, mas que não passam de efeitos de uma lei natural. Tal o motivo por que Jesus disse aos seus apóstolos: se não o curastes, foi porque não tínheis fé." (Referência à passagem do menino lunático – Mateus, 17:13.)

Outro aspecto a ser considerado é o processo de desligamento de Espíritos que estejam atuando de forma prejudicial sobre encarnados. Quando se trata de obsessão, com as características que a identificam como tal, é evidente que o afastamento do perseguidor espiritual requer condições específicas. Na prática espírita adotam-se os trabalhos mediúnicos denominados de desobsessão, que possibilitam as comunicações dos obsessores através de médiuns psicofônicos, os quais estabelecem um diálogo com aqueles que são os doutrinadores ou esclarecedores, que procuram esclarecê-los e mostrar-lhes o quanto é prejudicial a vingança e os propósitos maléficos dirigidos a quem quer que seja.

Sobre o assunto obsessão, recomendo a leitura do meu livro, publicado pela FEB, *Obsessão e Desobsessão*,[4] além das obras de André Luiz e Manoel Philomeno de Miranda.

---

4. SCHUBERT, Suely C. *Obsessão e desobsessão*. Rio de Janeiro, FEB, 1981.

No que concerne a Divaldo, como já mencionei, não se tratava de obsessão. Sendo assim, a prece e o passe favoreceram aos benfeitores espirituais o encaminhamento do Espírito.

Referindo-se à importância e gravidade dos trabalhos de desobsessão, Yvonne do A. Pereira[5] adverte:

> Pode-se dizer, portanto, que esses trabalhos são o fruto de uma comunhão sublime entre médiuns, diretores de sessões e guias espirituais sob o patrocínio do Cristo de Deus, Mestre maior de toda a Ciência, e que, por isso mesmo, todos temos grandes responsabilidades, o desempenho é sagrado para todos e não poderá ser realizado com indiferença ou menor grau de dedicação. Daí o imaginarmos que os trabalhos para curas de obsessão deviam ser especialidade de determinados espíritas e sempre realizados em ambientes discretos, onde quaisquer rumores do mundo não penetrassem, pois é sabido, por quantos se dedicam às investigações transcendentais, que as vibrações ambientes influem poderosamente, bem ou mal, nos trabalhos práticos do Espiritismo. (PEREIRA, 1968, cap. 10.)

---

5. PEREIRA, Yvonne do A.; MENEZES, Bezerra de [Espírito]. *Recordações da mediunidade*. Rio de Janeiro, FEB, 1968, cap. 10.

4
O tempo de Divaldo Franco

Quanto tempo é necessário para se construir uma obra de amor ao próximo? Uma obra concreta, num bairro populoso e extremamente carente, quanto tempo? Em quanto tempo se realiza uma obra educacional solidamente apoiada nos pilares indestrutíveis dos ensinamentos do Cristo?

O tempo da Mansão do Caminho, do Centro Espírita Caminho da Redenção, do bairro Pau da Lima, em Salvador (BA), *o tempo do tempo* de Divaldo Franco.

Podemos filosofar um pouco. Que é o tempo? Vejamos as reflexões de Carlos Torres Pastorino (Espírito), na obra psicografada por Divaldo Franco:

> Mesmo que se aprofunde ao máximo a inteligência, através do conhecimento, na decifração da incógnita do tempo, mais complexos se tornam os fenômenos que através dele se manifestam e podem ser observados.
>
> Desta forma, a única dimensão descomprometida para elucidá-la é a tácita aceitação da Eternidade, abrangendo o ilimitado e o relativo, o antes não existido e o depois que não existirá.
>
> O tempo, no entanto, somente se torna realidade por causa da mente, que se apresenta como o sujeito, o observador, o Eu que se detém a observar o objeto, o observado, o fenômeno.
>
> Esse tempo indimensionado é o real, o verdadeiro, existente em todas as épocas, mesmo antes do princípio e depois do fim.

> Aquele que determina as ocorrências, que mede, estabelecendo metas e dimensões, é o relativo, o ilusório, que define fases e períodos denominados ontem, hoje e amanhã, através dos quais a vida se expressa nos círculos terrenos e na visão lógica – humana – do Universo.
>
> A mente, portanto, que pensa, estabelece que o ato em que se fixa é o presente, no entanto, na celeridade do tempo em si mesmo – sem movimento, sem pressa nem vagar – à medida que elabora ou conceitua cada percepção estabelecida torna-se passado, e enquanto desenvolve a reflexão avança pelo futuro afora.
>
> Viajar no permanente agora, integrando-se nas experiências que defluem das ações – pensamentos condensados em atitudes – enriquece o ser humano com a sabedoria, avançando no rumo da perfeição. (FRANCO, 2004, p. 49.)[1]

A mentora Joanna de Ângelis,[2] na excelência de seus saberes, que ressumam de sua visão cósmica, abordando o tema *tempo* em página intitulada *Sempre agora*, explica:

> Entretanto, a luz que banha a beleza arquitetônica e tecnológica do mundo, hoje deslumbrante, é a mesma que manteve os sáurios colossais em épocas bastante recuadas e os acompanhou no extermínio oportunamente.
>
> Em uma análise profunda, portanto, o tempo é agora, um sempre este momento que se defronta no corpo ou fora da argamassa celular. (...)
>
> Há um incessante presente-passado, assim como um ininterrupto presente-futuro. (...)
>
> Para onde se projete o pensamento, haverá a existência deste momento, evoque-se o passado ou avance-se no futuro.
>
> Hoje é o dia, sempre o hoje. (FRANCO, 2016, p. 147-148.)

---

1. FRANCO, Divaldo; PASTORINO, Carlos [Espírito]. *Impermanência e Imortalidade*. FEB, 2004, p. 17.
2. FRANCO, Divaldo; ÂNGELIS, Joanna de [Espírito]. *Jesus e Vida*. 2ª ed. Salvador: LEAL, 2016, cap. 24, p. 147-148.

O hoje, na vida de Divaldo Franco, é feito de realizações tão plenas e enriquecedoras que o faz levantar-se a cada amanhecer e, novamente, retomar os trabalhos e criar outros projetos de amor ao próximo, que se tornam realidade.

A Mansão do Caminho expressa a síntese de toda obra de Divaldo. Para conhecê-lo, é preciso conhecê-la. Ali se fundem o belo e o amor, na transcendência de um ambiente especial em que se respira paz e alegria.

O chamamento veio, igualmente, através da mediunidade. Como um convite endereçado ao menino Divaldo, e que se tornou cada vez mais forte em meio a sofrimentos, dúvidas, dificuldades que assinalaram os verdes anos do médium baiano.

Os Espíritos o procuravam, aproximando-se e fazendo-se visíveis, presentes, interferindo em sua vida, porque estavam junto a ele e nada os afastaria – prenunciando os tempos futuros. A proteção dos benfeitores espirituais, todavia, sempre foi maior e mais intensa, proporcionando ao jovem médium o encontro com pessoas que o ajudaram decisivamente, abrindo-se, então, horizontes claros e promissores, facilitando-lhe os passos iniciais da grandiosa missão que veio desempenhar na atual reencarnação.

E ele atendeu ao convite.

Com um grupo de companheiros das primeiras horas, fundou o Centro Espírita Caminho da Redenção, em 7 de setembro de 1947, no bairro da Calçada, em Salvador.

Era o instante decisivo de uma nova etapa, que se prolongaria num *continuum* do tempo até o *agora enquanto é hoje*.

A fundação de um Centro Espírita é compromisso muito sério, assumido na Espiritualidade, antecedendo à reencarnação daqueles que, mais tarde, no plano físico, assumiriam essa responsabilidade. No meu livro *Dimensões Espirituais do Centro Espírita* abordo os pontos principais dessa tarefa. Vejamos como são algumas das premissas básicas.

> Os planos iniciais para a fundação de um Centro Espírita ocorrem na Espiritualidade com antecedência de muitos anos, quando a equipe espiritual assume a responsabilidade de orientar e assessorar as futuras atividades que ali serão

desenvolvidas. Isso é feito em sintonia com aqueles que irão reencarnar com tais programações. Para se chegar a estabelecer esses compromissos, são estudadas as fichas cármicas daqueles que estarão à frente da obra no plano material, convites são feitos, planos são delineados e projetados para o futuro.

O projeto visa essencialmente a atender aos encarnados, pois através desse labor são concedidos: oportunidade de crescimento espiritual; ensejos de resgate e redenção; reencontros de almas afins, de companheiros do passado ou, quem sabe, desafetos no caminho da tolerância e do perdão que a diretriz clarificadora do Espiritismo e a atmosfera balsâmica do Centro propiciarão.

Para que isso seja alcançado, a Casa Espírita apresenta um leque de opções variadas de aprendizado e trabalho, onde se favorece a transformação moral, que deve ser o apanágio do verdadeiro espírita, através do exercício da caridade legítima a encarnados e desencarnados, da tolerância e da fraternidade no convívio com os companheiros – o que, em última análise, é a vivência espírita, que traz nos seus fundamentos a mensagem legada por Jesus." (SCHUBERT, 2006, cap. 2.)[3]

Fica claro, portanto, que cada pessoa está no lugar certo e na hora certa, para que o ideal se concretize.

O "Caminho da Redenção" abre assim as suas portas e avança para o tempo que espera, enquanto as gerações se vão passando ante os olhos atentos. Era também o "laboratório" imprescindível para o jovem sonhador realizar as magníficas experiências que assumira, e que ele cumpre dia a dia.

O momento favorece as luminosas tarefas mediúnicas de Divaldo, pois ali encontra a segurança que necessita para tais cometimentos. Estudo, trabalho, exercício de amor ao próximo, aprendizados que trazem progresso e discernimento maior, não somente para ele, mas igualmente favorecia aos trabalhadores das primeiras e aos das últimas horas, se assim posso me expressar, que foram chegando.

A mediunidade estuante de Divaldo cada vez mais se amplia e horizontes novos se delineiam esplendidamente.

---

3. SCHUBERT, Suely C. *Dimensões Espirituais do Centro Espírita*. FEB, 2006, cap. 2.

5
O médium e a mediunidade

Léon Denis, no seu importante livro *No Invisível*,[1] na Introdução afirma:

> O Espiritismo não é somente a demonstração, pelos fatos, da sobrevivência; é também o veículo por que descem sobre a Humanidade as inspirações do Mundo superior. (DENIS, 2014, Introdução.)

No fecho dessa mesma obra, o autor, lançando um olhar ao futuro, completa brilhantemente:

> O estudo aprofundado e constante do Mundo invisível, que o é também das causas, será o grande manancial, o reservatório inesgotável em que se hão de alimentar o pensamento e a vida. A mediunidade é a sua chave. Por esse estudo chegará o homem à verdadeira ciência e à verdadeira crença que se não excluem mutuamente, mas que se unem para fecundar-se; por ele também uma comunhão mais íntima se estabelecerá entre os vivos e os mortos, e socorros mais abundantes fluirão dos Espaços até nós. O homem de amanhã saberá compreender e abençoar a vida; cessará de recear a morte. Há de, por seus esforços, realizar na Terra o Reino de Deus, isto é, da paz e da justiça, e chegado ao termo da viagem, sua derradeira noite será luminosa e calma como o ocaso das constelações, à hora em que os primeiros albores matinais se espraiam no horizonte. (DENIS, 2014, p. 388.)

---

1. DENIS, Léon. *No invisível*. 26ª ed. Brasília: FEB, 2014.

Às vezes descem ao plano terreno almas especiais, dotadas de nobres aquisições morais e espirituais, encarregadas de abrir clareiras de luz na imensidão das dificuldades humanas. Dentre essas almas, algumas se encaminham para a Arte, o cultivo do Belo, outras para a Ciência, outras para a Educação, várias para a Religião, enfim, para todos os ramos do conhecimento humano, pontificando, onde quer que estejam, visando a auxiliar o progresso geral.

Desde os tempos imemoriais, a história humana registra essas presenças que se tornam vultos luminosos identificados como benfeitores da Humanidade.

Nem sempre, porém, esses autênticos missionários são reconhecidos enquanto estão no plano terreno. Vários passaram a ser compreendidos somente décadas, ou séculos, após o fim da vida física.

Recorremos novamente a Léon Denis, cuja palavra expressa perfeitamente a missão de Divaldo Franco, ao afirmar:

> E se, por sua fé e comprovado zelo, pela pureza d'alma em que nenhum cálculo interesseiro se insinue, obtém ele a assistência de um desses Espíritos de luz, depositários dos segredos do Espaço, que pairam acima de nós e projetam sobre a nossa fraqueza as suas irradiações; se esse Espírito se constitui seu protetor, seu guia, seu amigo, graças a ele sentirá o médium uma força desconhecida penetrar-lhe todo o ser, uma chama lhe iluminar a fronte. Todos quantos tomarem parte em seus trabalhos, e colherem os seus resultados, sentirão reanimar-se-lhes o coração e a inteligência às fulgurações dessa alma superior; um sopro de vida lhes transportará o pensamento às regiões sublimes do Infinito. (Ibidem, 1ª parte, cap. V.)

O notável escritor francês, cuja rara elevação espiritual está evidenciada em toda a sua obra literária, traduz nesse pensamento a presença e a obra luminosa da nobre mentora Joanna de Ângelis, que sabemos ser um dos guias espirituais da Humanidade, ao lado de Francisco de Assis, Emmanuel, Bezerra de Menezes, Gandhi, Inácio de Antioquia, Sidarta Gautama, Joana d'Arc, Paulo de Tarso, Sócrates, Ismael, e tantos outros, que constituem verdadeira corte celestial sob a égide de Jesus.

Por esse motivo, escrevo sobre essa alma especial, esse Espírito cuja dimensão espiritual é possível aquilatar pelo conjunto de sua obra, o amigo Divaldo Pereira Franco. E o faço tendo-o junto a todos nós, na elegância e na riqueza moral e espiritual de seus noventa anos de vida (em 2017).

A atual reencarnação de Divaldo Pereira Franco apresenta uma programação estabelecida antes de seu retorno à esfera física, em perfeita sintonia com sua mentora Joanna de Ângelis, consoante as várias frentes de trabalho que se descortinariam diante dele e que seriam sustentadas pela mediunidade, que o conectaria desde cedo, no amanhecer da vida terrena, com os Espíritos também integrantes do mesmo projeto, o que gradualmente aconteceu, no tempo próprio. Uma análise mais profunda do labor missionário do médium baiano reflete um projeto perfeitamente articulado, em abrangência de realizações a serem concretizadas, à custa de disciplina férrea e persistência edificante, alicerçada no Evangelho do Cristo, a quem serve desde épocas remotas, agora à luz meridiana do Espiritismo.

Sete décadas transcorreram desde o instante decisivo, quando Divaldo inicia o cumprimento de sua missão, antes mesmo de completar a idade da maioridade física. Muito jovem, vai aos poucos desvendando o caminho a seguir, intimorato. O tempo passa vertiginosamente. Hoje, ao escrever, tendo como tema a sua faculdade mediúnica, que o mantém *entre os dois mundos*, é fácil concluir que Divaldo Franco expressa a condição do ser humano do futuro, quando a Humanidade estiver vivendo o mundo de regeneração.

A mediunidade, quando se apresenta em um médium com um grandioso potencial mediúnico, que se expande em suas múltiplas especificidades, como no caso de Divaldo Franco e o sempre lembrado Chico Xavier, evidencia que estes já foram médiuns em várias existências, isto é, a faculdade foi aprimorada em sucessivas reencarnações, no lento e laborioso processo de seu amadurecimento, até se apresentar em suas fulgurações, porque tem agora, como sólida base, o Evangelho do Cristo. Ambos, portanto, não foram médiuns pela primeira vez.

É o que esclarece Manoel Philomeno de Miranda,[2] com sabedoria:

---

2. FRANCO, Divaldo; MIRANDA, Manoel Philomeno de [Espírito]. *Temas da Vida e da Morte*. FEB, 1989.

Não havendo dois médiuns iguais, como ocorre em outros campos de atividade, cada qual é o resultado das conquistas atuais e pregressas, que lhe ensejam os recursos indispensáveis para a execução do mister abraçado.

Assim, há aqueles que facilmente se comunicam com os Espíritos em decorrência de as suas experiências iniciais terem ocorrido em outras reencarnações, nas quais treinaram a aptidão que possuíam. Outros, no entanto, são mais tardos nesse desiderato, o que, em nada lhes diminui o valor; pelo contrário, mais lhes amplia o merecimento, em face do esforço que empreendem até o coroamento pelo êxito.

O importante, num como noutro, serão os objetivos que perseguem em favor da tarefa espiritual, a conduta que se impõem, buscando valorizar a vida e a oportunidade na luta pelo aprimoramento interior, o desinteresse por qualquer retribuição, provinda dos que se beneficiam com o seu labor, e, principalmente, tomando para si as instruções que recebem, antes que para os outros. (FRANCO, 1989.)

Esta, igualmente, é a opinião da nossa querida Yvonne do A. Pereira, que afirma em sua obra *Recordações da Mediunidade* (FEB, 1968):

(...) A faculdade mediúnica não atinge o grau necessário, à possibilidade do desenvolvimento normal, num ano ou em dez, mas através de etapas reencarnatórias (...). (Cap. 10, p. 189.)

Em relação a Divaldo, por exemplo, temos conhecimento de sua reencarnação anterior a atual, na qual a faculdade mediúnica esteve presente, pontificando em toda a sua vida e tornando-o um médium famoso, que se destacou pelas inúmeras demonstrações perante a sociedade do seu tempo, que se extasiava diante do que era capaz de realizar.

Alguém pode perguntar: – *Mas por que é assim?* Quem esclarece é Joanna de Ângelis,[3] afirmando que isso ocorre porque:

A faculdade mediúnica é do Espírito, que o corpo reveste de células a fim de facultar a decodificação das mensagens que procedem do Mundo espiritual. (LEAL, 2016, p. 142.)

---

3. FRANCO, Divaldo; ÂNGELIS, Joanna de [Espírito]. *Vitória sobre a depressão*. 4ª ed. Salvador: Editora LEAL, 2014, pp. 8-9.

O que se pode observar é que o aprimoramento do médium se reflete na sua capacidade de sintonia com os Espíritos superiores, que a cada etapa se torna tão natural que este vive entre os dois planos da vida com uma incrível facilidade.

A mediunidade de Divaldo apresenta uma riqueza de aptidões, havendo, como é natural, algumas características predominantes, quais: a psicofonia, a psicografia mecânica, a vidência e a vista dupla, a audiência, o desdobramento, mas também a de efeitos físicos, ectoplasmia, a transfiguração, a cura, a psicometria de ambientes e de objetos, a xenoglossia – esta última é a psicografia em idioma que o médium desconhece, sendo que nesta propriedade a psicografia pode ser especular, isto é, o texto só pode ser lido quando colocado diante de um espelho.

Emmanuel,[4] o nobre mentor do saudoso médium Chico Xavier, escrevendo uma página acerca da mediunidade, inserida no livro *Seara dos Médiuns*, afirma, com elevada propriedade:

> Não é a mediunidade que te distingue.
> É aquilo que fazes dela.
> A ação do instrumento varia conforme a atitude do servidor.

O que distinguiu o próprio Chico Xavier foi o uso que fez de toda a sua brilhante faculdade mediúnica, na prática do Evangelho de Jesus, no seu apostolado de amor.

O mesmo se pode avaliar pela vivência de Divaldo Franco, o direcionamento de todas as suas luminosas aptidões mediúnicas, embasada nos ensinamentos do Mestre, que o distingue igualmente no seu apostolado de amor.

Com muita razão, Léon Denis adverte:

> Deve todo adepto saber que a regra por excelência das relações com o Invisível é a lei das afinidades e atrações. Nesse domínio, quem procura baixos objetivos os encontra, e com eles se rebaixa: aquele que aspira às remontadas culminâncias, cedo ou tarde as atinge e delas faz pedestal para novas

---

4. XAVIER, Francisco C.; EMMANUEL [Espírito]. *Seara dos médiuns*. FEB, 1962, cap. 12.

ascensões. Se desejais manifestações de ordem elevada, fazei esforços por elevar-vos a vós mesmos. O bom êxito da experimentação, no que ela tem de belo e grandioso – a comunhão com o Mundo superior –, não o obtém o mais sábio, mas o mais digno, o melhor, aquele que tem mais paciência e consciência e mais moralidade.[5] (DENIS, 2014, p. 8.)

---

5. DENIS, Léon. *No invisível*. 26ª ed. FEB, 2014.

6
A dupla vista

(...) A emancipação da alma se verifica às vezes no estado de vigília e produz o fenômeno conhecido pelo nome de *segunda vista* ou *dupla vista*, que é a faculdade graças à qual quem a possui vê, ouve e sente *além dos limites dos sentidos humanos*. Percebe o que exista até onde estende a alma a sua ação. Vê, por assim dizer, através da vista ordinária e como por uma espécie de miragem.

No momento em que o fenômeno da segunda vista se produz, o estado físico do indivíduo se acha sensivelmente modificado. O olhar apresenta alguma coisa de vago. Ele olha sem ver. Toda a sua fisionomia reflete uma espécie de exaltação. Nota-se que os órgãos visuais se conservam alheios ao fenômeno, pelo fato de a visão persistir, malgrado a oclusão dos olhos.

Aos dotados desta faculdade ela se afigura tão natural, como a que todos temos de ver. Consideram-na um atributo de seus próprios seres, que em nada lhes parecem excepcionais. (KARDEC, Allan. *O Livro dos Espíritos*. FEB, Brasília, 2006 – questão nº 455.)

Para Divaldo as duas realidades eram uma só, o Mundo espiritual e o físico se confundiam, não raras vezes, em sua vida.

Como ocorreu, por exemplo, em Salvador, em um episódio que ele costuma narrar, quando foi pegar o bonde e, ao invés de sentar-se ficou de pé, segurando-se no que era então denominado de "estribo do bonde". Veio o trocador cobrar-lhe a passagem e ao mesmo tempo falou-lhe: – *Por que não sentas num dos bancos?* E Divaldo responde: – *Mas estão lotados*. O trocador insiste que os assentos estavam vazios, e isso o leva a sentar-se, não sem antes pedir licença aos que já estavam nos bancos.

Essa natural facilidade de conviver com o Mundo dos Espíritos prossegue até os dias atuais, embora que, com o tempo, e o conhecimento decorrente da prática, se lhe tornou mais fácil distinguir os encarnados daqueles que deixaram a veste física.

Mas Divaldo tem o cuidado de esclarecer que sua percepção da dimensão espiritual não está presente nas vinte e quatro horas do dia, mesmo porque isto seria fator de perturbação, tendo em vista a necessidade de realizar os seus múltiplos afazeres da vida terrena que exigem sua atenção e cuidado, como é o caso da Mansão do Caminho, tal como as viagens que realiza pelo mundo afora e tudo o mais que decorre da sua missão de divulgar a Doutrina Espírita.

Apresento, nesta obra, vários casos de impressionante exatidão, quando Divaldo, vendo os Espíritos presentes em certas ocasiões, transmite as notícias recebidas para familiares, para amigos, ou destinadas a pessoas desconhecidas, ou mesmo orientações diversas, mas de uma forma ou de outra atestando a fidelidade com que sintoniza com os Espíritos, vendo e ouvindo as mensagens que enviam.

O mesmo tema é apresentado por Allan Kardec em outras obras, como a seguir.

> No fenômeno da dupla vista, por se achar a alma parcialmente liberta do envoltório material, que lhe limita as faculdades, não há duração, nem distância; visto que lhe é dado abranger o espaço e o tempo, tudo se lhe confunde no presente. (KARDEC, 1995, p. 103.)[1]

> O médium vidente julga ver com os olhos, como os que são dotados de dupla vista; mas, na realidade, é a alma quem vê e por isso é que eles tanto veem com os olhos fechados, como com os olhos abertos; donde se conclui que um cego pode ver os Espíritos, do mesmo modo que qualquer outro que tem perfeita a vista. (KARDEC, 2013, cap. 14, item 167.)[2]

Para aprofundarmos um pouco mais sobre essa faculdade, registramos o esclarecimento de Kardec na obra *A Gênese*:[3]

---

1. KARDEC, Allan. *Obras póstumas*. FEB, 1995, p. 103.
2. _____. *O Livro dos Médiuns*. FEB, 2013, cap. 14, item 167.
3. _____. *A Gênese*. 53ª ed. FEB, 2013, cap. 14, item 22.

O perispírito é o traço de união entre a vida corpórea e a vida espiritual. É por seu intermédio que o Espírito encarnado se acha em relação contínua com os desencarnados; é, em suma, por seu intermédio, que se operam no homem fenômenos especiais, cuja causa fundamental não se encontra na matéria tangível e que, por essa razão, parecem sobrenaturais.

É nas propriedades e nas irradiações do fluido perispirítico que se tem de procurar a causa da *dupla vista*, ou *vista espiritual*, a que também se pode chamar *vista psíquica*, da qual muitas pessoas são dotadas, frequentemente a seu mau grado, assim como da vista sonambúlica.

O perispírito é o *órgão sensitivo* do Espírito, por meio do qual este percebe coisas espirituais que escapam aos sentidos corpóreos. Pelos órgãos do corpo, a visão, a audição e as diversas sensações são localizadas e limitadas à percepção das coisas materiais; pelo sentido espiritual, ou *psíquico*, elas se generalizam: o Espírito vê, ouve e sente, por todo o seu ser, tudo o que se encontra na esfera de irradiação do seu fluido perispirítico.

No homem, tais fenômenos constituem a manifestação da vida espiritual; é a alma a atuar fora do organismo. Na dupla vista ou percepção pelo sentido psíquico, ele não vê com os olhos do corpo, embora, muitas vezes, por hábito, dirija o olhar para o ponto que lhe chama a atenção. Vê com os olhos da alma e a prova está em que vê perfeitamente bem com os olhos fechados e vê o que está muito além do alcance do raio visual. Lê o pensamento figurado no raio fluídico. (KARDEC, 2013, cap. XIV, item 22.)

Ao longo dos anos de amizade e convívio com Divaldo, em muitas ocasiões presenciei recados dos Espíritos que ele transmitia para pessoas nas filas de autógrafos, ou nos instantes que antecedem as palestras, ou ainda em circunstâncias diversas. Observei que ele, naquele momento, parecia estar com o olhar vago, como se de repente se ausentasse, por fração de segundo, do ambiente em que estávamos. Mas também acontece de outra forma, até mais comumente, quando ele transmite o recado espiritual de uma maneira tão natural, olhando o interlocutor e dizendo o que está captando, como se tratasse de uma conversa comum entre seres vivos – e não é?

A dupla vista atinge o grau máximo, que nos é dado conhecer, na vivência de Jesus. Essa notável propriedade é ressaltada pelo codificador, em *A Gênese*, conforme a seguir:

> A Sua superioridade (de Jesus) com relação aos homens não derivava das qualidades particulares do Seu corpo, mas das do Seu Espírito, que dominava de modo absoluto a matéria e da do Seu perispírito, tirado da parte mais quintessenciada dos fluidos terrestres. Sua alma, provavelmente, não se achava presa ao corpo, senão pelos laços estritamente indispensáveis. Constantemente desprendida, ela decerto lhe dava *dupla vista*, não só permanente, como de excepcional penetração e superior de muito à que de ordinário possuem os homens comuns. (Ibidem, cap. XV, item 2.)

Ainda referindo-se a Jesus, ao comentar a passagem intitulada "Vocação de Pedro, André, Tiago, João e Mateus", inserta em *A Gênese*, cap. XV, itens 8 e 9, Allan Kardec explana com mais detalhes acerca do poder da dupla vista do Mestre, ao chamar a si esses homens, que de imediato largaram tudo e O seguiram. Observemos o que diz o codificador:

> Nada apresentam de surpreendentes estes fatos, desde que se conheça o poder da dupla vista e a causa, muito natural, dessa faculdade. Jesus a possuía em grau elevado e pode dizer-se que ela constituía o seu estado normal, conforme o atesta grande número de atos da sua vida, os quais, hoje, têm a explicá-los os fenômenos magnéticos e o Espiritismo (...)
>
> Em muitos passos do *Evangelho* se lê: "Mas Jesus, conhecendo-lhes os pensamentos, lhes diz..." Ora, como poderia Ele conhecer os pensamentos dos seus interlocutores, senão pelas irradiações fluídicas desses pensamentos e, ao mesmo tempo, pela vista espiritual que lhe permitia ler-lhes no foro íntimo?
>
> Muitas vezes, supondo que um pensamento se acha sepultado nos refolhos da alma, o homem não suspeita que traz em si um espelho onde se reflete aquele pensamento, um revelador na sua própria irradiação fluídica, impregnada dele. Se

víssemos o mecanismo do Mundo invisível que nos cerca, as ramificações dos fios condutores do pensamento, a ligarem todos os seres inteligentes, corporais e incorpóreos, os eflúvios fluídicos carregados das marcas do mundo moral, os quais, como correntes aéreas, atravessam o espaço, muito menos surpreendidos ficaríamos diante de certos efeitos que a ignorância atribui ao acaso. (Ibidem, cap. XV, item 8 e 9.)

Esta é uma faculdade espontânea, mas é bom saber que os que a possuem tanto podem ver cenas agradáveis e edificantes quanto as que são chocantes pela própria condição, às vezes terríveis, que apresentam.

7
Efeitos físicos – Materialização

Registramos, inicialmente, a afirmativa de Allan Kardec, em *O Livro dos Médiuns* (FEB, 1980), ao abordar as manifestações físicas:

> Estes fenômenos (físicos), conquanto operados por Espíritos inferiores, são com frequência provocados por Espíritos de ordem mais elevada, com o fim de demonstrar a existência de seres incorpóreos e de uma potência superior ao homem. A repercussão que eles têm, o próprio temor que causam, chamam a atenção e acabam por fazer que se rendam os mais incrédulos. (Cap. 5, item 91.)

As manifestações físicas caracterizam-se por efeitos sensíveis, produzidos por Espíritos, que podem ser vistos, ouvidos ou percebidos por todas as pessoas presentes, sem que necessariamente sejam médiuns ostensivos. Há uma grande variedade desse tipo de manifestação, como: batidas, objetos que se movimentam no ar, mesas girantes; ruídos que todos ouvem, luzes que se movimentam continuamente ou se dirigem para determinado lugar ou pessoa, transportes de objetos que atravessam paredes e salas totalmente fechadas; por exemplo, flores de regiões distantes e que inexistem no próprio país onde se realizam as sessões, exalando perfume, úmidas de orvalho, etc. Também as materializações de Espíritos que podem ser parciais ou totais, estas quando o Espírito se mostra da cabeça aos pés, com todas as suas características; igualmente a pneumatografia ou escrita direta, etc.

Léon Denis, comentando acerca dos fenômenos físicos, esclarece:

> Os fenômenos físicos se apresentam sob as mais variadas formas. A força que serve para produzi-los presta-se a todas as combinações; penetra todos os corpos, atravessa todos os obstáculos, transpõe todas as distâncias. Sob a ação de uma vontade poderosa, consegue decompor e recompor a matéria compacta. É o que demonstra o fenômeno dos *apports*, ou transporte de flores, frutos e outros objetos através das paredes, em aposentos fechados. Zöllner, o astrônomo alemão, observou a penetração da matéria por uma outra matéria, sem que fosse possível distinguir solução de continuidade em um e outro corpo. (*No Invisível*, FEB, 1998, 2ª parte, item XVII.)

Para que ocorram estes fenômenos, é imprescindível a participação de um médium para efeitos físicos, que são raros. São indivíduos que possuem uma especificidade mediúnica, que têm a capacidade de exteriorizar um fluido específico, denominado *ectoplasma*.

As manifestações físicas são produzidas por Espíritos de condição espiritual não muito adiantada; não são inferiores, no sentido que se possa dar a esta classificação, geralmente compreendida como Espíritos maus, mas aqui está por oposição ao estado dos Espíritos superiores.

Com o tempo descobriu-se que as forças invisíveis podiam ser consultadas, previam o futuro, sendo que o resultado de muitas guerras foram assim previstos. Os oráculos, profetizas e profetas passaram a ser consultados e respeitados. Nas tribos, os pajés cuidavam dos doentes e feridos, usando ervas e processos diversos de acordo com as crenças que adotavam.

Allan Kardec, em *O Livro dos Médiuns*, explica:

> Dá-se o nome de Manifestações físicas às que se traduzem por efeitos sensíveis, tais como ruídos, movimentos e deslocação de corpos sólidos. (Cap. 2, item 60.)

Recorrendo ainda ao *O Livro dos Médiuns*, interessa-nos a explicação que o Espírito São Luís apresenta a respeito das manifestações de efeitos físicos, especificamente a respeito das mesas girantes, ao explanar da seguinte maneira:

> (...) Em virtude da sua natureza etérea, o Espírito propriamente dito não pode atuar sobre a matéria grosseira, sem in-

termediário, isto é, sem o elemento que o liga à matéria. Esse elemento, que constitui o que chamais perispírito, vos faculta a chave de todos os fenômenos espíritas de ordem material. (Cap. 4, item 74.)

Em *A Gênese* (FEB, 2002), o codificador do Espiritismo aprofunda o assunto:

> O perispírito, ou corpo fluídico dos Espíritos, é um dos mais importantes produtos do fluido cósmico; é uma condensação desse fluido em torno de um foco de inteligência ou *alma*. (Cap. 14, item 7.)

Acrescentando explicações sobre o perispírito, passamos a palavra a Léon Denis:

> Da essência da alma apenas sabemos uma coisa: que, sendo indivisível, é imperecível. A alma se revela por seus pensamentos, e também por seus atos; para que se possa, porém, agir e nos impressionar os sentidos físicos, preciso lhe é um intermediário semimaterial, sem o qual nos pareceria incompreensível a sua ação. É o perispírito, nome dado ao invólucro fluídico, imponderável, invisível. Em sua intervenção é que se pode encontrar a chave explicativa dos fenômenos espíritas. (...)
>
> A substância do perispírito é extremamente sutil, é a matéria em seu estado mais quintessenciado, é mais rarefeita que o éter; suas vibrações, seus movimentos, ultrapassam em rapidez e penetração os das mais ativas substâncias. Daí a facilidade de os Espíritos atravessarem os corpos opacos, os obstáculos materiais e transporem consideráveis distâncias com a rapidez do pensamento. (*No Invisível*, FEB, 1998, 1ª parte, item III.)

Por oportuno, mencionamos algumas elucidações do instrutor espiritual Camilo, em sua obra *Correnteza de Luz*, psicografada pelo nosso amigo, o médium José Raul Teixeira:

> O corpo energético por meio do qual o Espírito se expressa nos diversos campos da vida, em virtude da sua estruturação, guarda condições de participar de múltiplos fenômenos, em

cada um deles determinando uma forma particular de manifestação. (...)

O perispírito apresenta-se como um corpo *penetrável* e *penetrante*, *elástico*, *emissor* por excelência, *plástico*, *absorvente*.

Sem embargo, é pela característica da penetrabilidade que esse envoltório do Espírito não encontra barreiras materiais que não possa ultrapassar, adentrando, assim, ambientes hermeticamente vedados, e, pela mesma razão, é atravessado sem dificuldades quaisquer em sua estrutura, pelos corpos materiais. (Caps. 1-2.)

Mas, afinal, o que é ECTOPLASMA?

a) *Ectoplasma*, para a ciência acadêmica, é a parte da célula que fica entre a membrana e o núcleo, ou a porção periférica do citoplasma.

b) *Ectoplasma*: termo criado por Charles Richet. É uma substância que se acredita seja a força nervosa e tem propriedades químicas semelhantes as do corpo físico, donde provém. Apresenta-se viscoso, esbranquiçado (quase transparente, com reflexos leitosos) e é evanescente sob a luz. É considerado a base dos efeitos mediúnicos chamados "físicos", pois através dele os Espíritos podem atuar sobre a matéria.

c) *Ectoplasma*, entretanto, para os espíritas, é geralmente conhecido como um plasma de origem psíquica, que se exsuda principalmente do médium de efeitos físicos, e algo dos outros médiuns. Trata-se de substância delicadíssima que, situa-se entre o perispírito e o corpo físico. Embora seja algo disforme, é dotada de forte vitalidade, por cujo motivo serve de alavanca para interligar os planos físico e espiritual.

CARACTERÍSTICAS DO ECTOPLASMA

O ectoplasma é de difícil manipulação, é pegajoso, não se molda facilmente, por isso exige treinamento e técnicas para que os Espíritos se utilizem desse fluido. Não é o Espírito que se materializa, e sim o ectoplasma que se adere à forma do perispírito do Espírito. O ectoplasma sofre muito a influência da luz do dia e da luz branca, ocorrendo interferências no fenômeno, o ideal é utilizar uma luz de tom avermelhado. Pode ocorrer materialização sob o efeito da luz branca, mas é necessário ter muito ectoplasma (em abundância). Também é difícil tirar-se foto com *flash* de materialização, porque no momento do *flash* há interferência. Não é o ectoplasma puro que exala do médium que é usado diretamente nas materializações, é necessário combiná-lo com outros fluidos espirituais, físicos (kundalini-material, líquido nervoso, mais líquidos do corpo do médium e da natureza), ou seja, na materialização é utilizado ectoplasma elaborado. A presença de apenas uma pessoa incrédula no ambiente dificulta ou até impede a aderência do ectoplasma no perispírito do Espírito.[1]

Importante registrar a explanação do Espírito Áulus, instrutor de André Luiz, em *Nos domínios da mediunidade*,[2] quando ambos observam o momento em que o médium começa a exteriorizar o ectoplasma:

(...) O ectoplasma, qual pasta flexível, como uma geleia viscosa e semilíquida, através de todos os poros, com mais abundância particularmente pela boca, narinas e ouvidos, igualmente do tórax e extremidades dos dedos. (...) Escorria em movimentos reptilianos, acumulando-se na parte inferior do organismo do médium, onde apresentava o aspecto de grande massa, viva e tremulante. (...)

O ectoplasma está situado entre a matéria densa e a matéria perispirítica, assim como um produto de emanações da alma pelo filtro do corpo, e é recurso peculiar não somente ao homem, mas a todas as forças da Natureza. Em certas organizações fisiológicas especiais da raça humana, comparece em maiores proporções e em relativa madureza para a manifestação necessária aos efeitos físicos que analisamos. É um elemento amorfo, mas de grande potência e vitalidade. Pode ser comparado a genuína massa protoplásmica, sendo extremamente sensível, animado de princípios criativos que funcio-

---

1. Dados retirados e disponíveis no site www.espiritualismo.info/ectoplasmia.html.
2. XAVIER, Francisco C.; LUIZ, André [Espírito]. *Nos domínios da mediunidade*. FEB, 1979, cap. 28.

nam como condutores de eletricidade e magnetismo, mas que se subordinam, invariavelmente, ao pensamento e à vontade do médium que o exterioriza ou dos Espíritos desencarnados ou não que sintonizam com a mente mediúnica, senhoreando-lhe o modo de ser. Infinitamente plástico, dá forma parcial ou total às Entidades que se fazem visíveis aos olhos dos companheiros terrestres ou diante da objetiva fotográfica, dá consistência aos fios, bastonetes e outros tipos de formações, visíveis ou invisíveis nos fenômenos de levitação, e substancializa as imagens criadas pela imaginação do médium ou dos companheiros que o assistem mentalmente afinados com ele. Exige-nos, pois, muito cuidado para não sofrer o domínio de Inteligências sombrias, de vez que manejado por Entidades ainda cativas de paixões deprimentes poderia gerar clamorosas perturbações. (XAVIER, 1979.)

André Luiz, detalhando ainda mais acerca do ectoplasma, aduz:

> Essa força materializante é como as outras manipuladas em nossas tarefas de intercâmbio. Independe do caráter e das qualidades morais daqueles que a possuem, constituindo emanações do mundo psicofísico, das quais **o citoplasma é uma das fontes de origem**. Em alguns raros indivíduos, encontramos semelhante energia com mais alta percentagem de exteriorização, contudo, sabemos que ela será de futuro mais abundante e mais facilmente abordável, quando a coletividade humana atingir mais elevado grau de maturação. (Ibidem, grifo nosso.)

Ectoplasma é uma combinação de fluidos. A palavra ectoplasma dá ideia de algo único, mas na verdade é um grande conjunto, formado pela combinação dos fluidos do Espírito com o fluido animalizado do médium e com os fluidos ambientes.

Na obra *Nos domínios da mediunidade*, Áulus explica-nos o seguinte:

> Aí temos o material leve e plástico de que necessitamos para a materialização. Podemos dividi-lo em três elementos essenciais, em nossas rápidas noções de serviço, a saber: **fluidos A** – representando as forças superiores e sutis da esfera espiritual; **fluidos B** – definindo os recursos do médium e dos

companheiros que o assistem e **fluidos C** – constituindo energias tomadas à Natureza terrestres. Os fluidos A podem ser os mais puros e os fluidos C podem ser os mais dóceis; no entanto, os fluidos B, nascidos da atuação dos companheiros encarnados e, muito notadamente, do médium, são capazes de estragar os mais nobres projetos. Nos círculos, aliás raríssimos, em que os elementos A encontram segura colaboração de B, a materialização de ordem elevada assume a sublimidade dos fenômenos (...). (Ibidem.)

O escritor Zalmino Zimmermann, em sua obra *Teoria da mediunidade*,[3] esclarece sobre o ectoplasma, entre outras considerações:

(...) Substância de natureza filamentosa ou fibrosa, que, quando visível, pode apresentar-se branca, cinzenta ou preta, embora a primeira seja a mais frequente. (...) Por vezes, o ectoplasma é frio e úmido; em outras, viscoso e semilíquido, raramente seco e duro (quando forma cordéis é duro, fibroso, nodoso). Dilata-se, expande-se, contrai-se, fácil e suavemente. Uma corrente de ar pode agitá-lo ou movê-lo. Move-se, às vezes, lentamente, numa espécie de movimento reptiliano, sobre o corpo do médium; outras vezes, o movimento é súbito e rápido. É de extrema sensibilidade, podendo aparecer ou desaparecer com a rapidez de um relâmpago. Obediente à ação mental, é sensível ao toque físico e, particularmente, à luz.

O ectoplasma emana através dos poros do médium, especialmente da boca, narinas, ouvidos, do tórax e das extremidades (alto da cabeça, seios, pontas dos dedos), sendo reabsorvido ou dispersado ao final do processo. (Cap. 14.)

Por sua vez, Léon Denis explica que a "luz exerce grande poder de desagregação sobre as criações fluídicas temporárias [ectoplásmicas]". (DENIS, 1998, cap. 20.)

A mediunidade de manifestações físicas de Divaldo Franco apresenta uma especificidade muito rara, a de manter-se, quase sempre, consciente no transe mediúnico. Encontramos a mesma condição na

---

3. ZIMMERMANN, Zalmino. *Teoria da mediunidade*. Editora Allan Kardec, 2011.

mediunidade da famosa médium inglesa Elisabeth d'Espérance (1855-1918).[4] No transe mediúnico de d'Espérance, no caso das materializações ou de outros efeitos físicos, não havia a inconsciência ou um estado sonambúlico, o mesmo que acontece com Divaldo. Passamos, assim, a palavra à médium, conforme registra no seu magnífico livro *No País das Sombras*.[5]

Analisando o conjunto do trabalho mediúnico de Elisabeth d'Espérance, podemos observar períodos distintos nos quais ela se dedicava a específicas atividades, de acordo com o que preferia realizar. Em certas ocasiões, dependendo do país onde estaria e com quais participantes contaria é que eram selecionados os trabalhos a serem cumpridos.

Foi, portanto, a respeito de certa reunião de materializações, quando se apresentava o Espírito Walter, que ela descreve seu estado íntimo, de maneira muito interessante, pois sempre ouvia as conversas e os comentários dos participantes com ele, e estando no pequeno recinto que denominava de gabinete, separado por uma cortina, sentia enorme desejo de estar ao lado de todos os integrantes e usufruir daqueles raros momentos.

> Desde logo, (Walter) familiarizou-se com todos; as palestras e diálogos que eu ouvia avivaram ainda mais a minha curiosidade, porque, durante esse tempo, estava assentada na obscuridade do gabinete e na impossibilidade de ver coisa alguma do que se passava fora. Apesar, porém, do meu desejo de achar-me do outro lado das cortinas, senti-me estranhamente inerte e apática. Certamente não tinha sono; meu cérebro estava mais acordado e ativo do que nunca; os pensamentos e as impressões sucediam-se nele com a rapidez do relâmpago; sons que eu sabia produzidos a distância, pareciam ferir de perto os meus ouvidos; conhecia os pensamentos, ou antes, os sentimentos de todas as pessoas presentes, e não tinha von-

---

4. Elisabeth d'Espérance, cujo nome oficial era Elisabeth Hope, nasceu em 1849 e desencarnou em 20 de julho de 1918. Foi uma médium de grande projeção, tendo servido de instrumento para as pesquisas encetadas por muitos sábios de sua época. Sua carreira no campo mediúnico alcançou grande notoriedade, abrangendo o continente europeu e principalmente a Inglaterra (nota da Editora).
5. ESPÉRANCE, Elisabeth. *No país das sombras*. 7ª ed. FEB, 2006.

tade alguma de levantar mesmo um dedo para ver qualquer coisa, apesar de estar abrasada pela curiosidade de ver a figura de Walter passeando no meio de nossos amigos.

Mais tarde descobri que o meu estado não era somente o da indiferença ou da inércia; eu estava completamente sem energia e, se procurasse fazer um grande esforço, obrigaria invariavelmente às formas materializadas a se recolherem ao gabinete, privadas do poder de sustentarem-se; **esse fato, porém, como muitos outros, não podia ser aprendido sem o sofrimento.** (ESPÉRANCE, 2006, grifos no original.)

Impressionante esse depoimento da médium inglesa. O que desejo evidenciar é o seu estado de completa lucidez, que difere da grande maioria dos médiuns de efeitos físicos.

Vale assinalar que ela percebia que o seu cérebro estava singularmente acordado e ativo; pensamentos e impressões ocorriam nele vertiginosamente; ouvia sons que estavam sendo produzidos a distância como se estivessem junto dela; sentia-se absolutamente sintonizada com os presentes, captando seus pensamentos e sentimentos.

Essa é, portanto, uma característica notável da mediunidade de efeitos físicos de Divaldo Franco, não ocorrendo o transe inconsciente ou sonambúlico.

De alguma forma, médiuns conscientes psicofônicos ou psicógrafos de nosso tempo, durante o transe mediúnico – guardadas as devidas proporções com Elisabeth d'Espérance e Divaldo Franco – podem, em certas condições, ter algumas dessas captações que ela descreve, sentindo-se com uma lucidez muito mais ampla que a habitual, percebendo as vibrações dos presentes e os sons, como amplificados, ao seu redor. Analisando esse transe, observo que isso é devido a certo deslocamento do perispírito, que em médiuns da craveira comum, como no meu caso, é pouco perceptível; todavia, no médium de efeitos físicos, o desdobramento ocorre com muita facilidade, expandindo-se tanto quanto necessário, enquanto que, simultaneamente, o ectoplasma começa a ser exteriorizado dependendo da finalidade e alcance da reunião apropriada.

Foto tirada na FEB, em Brasília, durante palestra em 7 de novembro de 1986, na qual houve interessante fenômeno de ectoplasmia com Divaldo Franco. Observa-se que a mão direita de Divaldo aparece envolvida com um lenço branco, embora não tivesse nenhum consigo.

Ectoplasma saindo da boca e nariz de Divaldo Franco durante Reunião Mediúnica realizada no dia 9 de março de 1977, no Centro Espírita Caminho da Redenção, em Salvador, Bahia.

8
Transporte

Para elucidar esse raro fenômeno, vamos recorrer às dissertações dos Espíritos São Luís e Erasto, em *O Livro dos Médiuns*,[1] no capítulo V, intitulado "Das manifestações físicas espontâneas", especialmente no item 98, que trata do fenômeno de transporte.

Erasto afirma que, "em geral, os fatos de transporte são e continuarão a ser extremamente raros."

Acrescenta que:

> (...) estes fenômenos são de tal natureza que nem todos os médiuns servem para produzi-los. Com efeito, é necessário que entre o Espírito e o médium influenciado exista certa afinidade, certa analogia; em suma: certa semelhança capaz de permitir que a parte expansível do fluido *perispirítico* do encarnado se misture, se una, se combine com o do Espírito que queira fazer um transporte. (...) (KARDEC, 2013, cap. 5.)

Em nota, Allan Kardec comenta sobre a dificuldade que existia à época, para explicações mais detalhadas, inclusive por faltar os termos imprescindíveis para tanto. O próprio Erasto ressalta que não lhe era permitido, *"por enquanto, desvendar as leis particulares que governam os gases e os fluidos que vos cercam."* (Ibidem.)

Para melhor elucidar o assunto, Kardec relaciona várias perguntas a um Espírito que operara alguns transportes, porém, as respostas deste

---

1. KARDEC, Allan. *O Livro dos Médiuns*. 81ª ed. FEB, 2013, cap. V, item 98.

evidenciavam não conhecer os processos da sua realização. O codificador submete-as, portanto, ao Espírito Erasto, que passou a completar com as elucidações necessárias (item 99).

Vejamos a pergunta 13ª, destinada ao Espírito que realizou o transporte:

> – *Como trazes o objeto? Será segurando-o com as mãos?*
> – *Não; envolvo-o em mim mesmo.*
>
> Nota de Erasto: A resposta não explica de modo claro a operação. Ele não envolve o objeto com a sua própria personalidade; mas, como o seu fluido pessoal é dilatável, combina uma parte desse fluido com o fluido animalizado do médium e é nesta combinação que oculta e transporta o objeto que escolheu para transportar. Ele, pois, não exprime com justeza o fato, dizendo que envolve em si o objeto. (Ibidem.)

O livro do autor espiritual André Luiz, *Nos domínios da mediunidade*, psicografado por Chico Xavier, traz excelentes esclarecimentos sobre a mediunidade de efeitos físicos, enfocando também os de transporte. No capítulo 28, dessa obra, é narrada uma reunião para tratamento espiritual de duas senhoras enfermas, com o propósito de que fossem beneficiadas por Espíritos materializados. Entretanto, o objetivo não foi alcançado completamente devido a diversos fatores que o impediram, especialmente pela falta de preparação do grupo de encarnados, o que se refletiu no médium, pois que ele não se sentia suficientemente tranquilo para o bom êxito dos trabalhos.

Afirma André Luiz:

> A posição neuropsíquica dos companheiros encarnados que nos compartilham a tarefa, no momento, não ajuda. (...)
>
> Os amigos, ainda na carne, mais se nos afiguravam crianças inconscientes.
>
> Pensavam em termos indesejáveis, expressando petições absurdas, no aparente silêncio a que se acomodavam, irrequietos.

Ainda assim, prestimoso companheiro da Esfera espiritual tomou pequena porção das forças materializantes do médium em suas mãos e com esse precioso recurso se ausentou e daí a instantes retornou trazendo algumas flores que foram distribuídas entre os presentes. O instrutor Áulus, diante da surpresa de André, passa a explicar o ocorrido:

– É o transporte comum, realizado com reduzida cooperação das energias medianímicas. Nosso amigo (...) apenas tomou diminuta quantidade da força ectoplásmica, formando somente pequeninas cristalizações superficiais do polegar e do indicador, em ambas as mãos, a fim de colher as flores e trazê-las até nós.

O Espírito Hilário, que a tudo assistia, faz um comentário que nos interessa na compreensão deste assunto, propiciando um proveitoso diálogo:

– É importante observar – disse Hilário – a facilidade com que a energia ectoplásmica atravessa a matéria densa, porque o nosso companheiro, usando-a nos dedos, não encontrou qualquer obstáculo na transposição da parede.

– Sim – comentou o instrutor –, o elemento sob nossa vista é extremamente sutil e, aderindo ao nosso modo de ser, adquire renovada feição dinâmica.

– E se fosse o médium o objeto do transporte? Traspassaria a barreira nas mesmas circunstâncias?

– Perfeitamente, desde que seja mantido sob nosso controle, intimamente associado às nossas forças, porque dispomos entre nós de técnicos bastante competentes para desmaterializar os elementos físicos e reconstituí-los de imediato, cônscios da responsabilidade que assumem.

E sorrindo:

– Você não pode esquecer que as flores transpuseram o tapume de alvenaria, penetrando aqui com semelhante auxílio. De idêntica maneira, caso encontrássemos utilidade num lance dessa natureza, o instrumento que nos serve de base ao trabalho poderia ser removido para o exterior com a mesma facilidade. **As cidadelas atômicas, em qualquer construção da forma física, não são fortalezas maciças, qual acontece em nossa própria esfera de ação. O espaço persiste em todas as formações e, através dele,**

> os elementos se interpenetram. **Chegará o dia em que a ciência dos homens poderá reintegrar as unidades e as constituições atômicas, com a segurança dentro da qual vai aprendendo a desintegrá-las.** (XAVIER, 1979, grifos meus.)

A partir dessas considerações que André Luiz apresenta, considero imprescindível avançar um pouco mais trazendo um exemplo marcante, registrado na literatura espírita, que aborda a mediunidade de efeitos físicos produzida pela médium inglesa Elisabeth d'Espérance (Elisabeth Hope, 1855-1918), conforme o livro de sua autoria, *No País das Sombras* (FEB, 1992), já citado em capítulos anteriores. Trata-se de um fenômeno de transporte. Esse caso de transporte ocorreu sob condições especialíssimas, sendo proporcionado pelo Espírito materializado de uma jovem árabe, Iolande, que orientou todas as etapas que deveriam ser seguidas, para isso convidou um dos participantes, o Sr. Reimers, a se aproximar do gabinete para testemunhar os preparativos que ela iria fazer.

Tendo ali água e areia, solicitou-lhe que colocasse a areia numa garrafa até ao meio e depois completasse com água, o que ele fez. Após sacudir bem a garrafa, Iolande colocou-a no chão, cobrindo-a com um pano que retirou de seus ombros. Os circunstantes foram convidados a cantar a fim de harmonizar os pensamentos, desviando do excesso de curiosidade. Foi possível notar que o pano sobre a garrafa começou a elevar-se, o que era visto pelas vinte pessoas presentes.

Iolande finalmente retirou o pano e diante das vistas atônitas de todos surgiu uma belíssima planta com flores de cor alaranjada; na garrafa as raízes eram visíveis através do vidro, mergulhadas na areia. Ali estavam bem visíveis as flores e folhas, a planta foi fotografada, tendo ao lado a médium, Elizabeth d'Espérance, sendo quase da sua altura, e consta do livro citado. A informação é que a planta era originária da Índia, uma "Ixora crocata". Somente após alguns dias, a planta desapareceu, sendo desmaterializada ou pela própria Iolande ou por outros Espíritos.

Enfocando a desmaterialização, o escritor Zalmino Zimmermann explica que esta, "ao que parece não se trataria de desagregação da matéria, propriamente, que, apenas, passaria a vibrar em outra dimensão, sob a sustentação do perispírito".(ZIMMERMANN, 2011, cap. 14.)

Muitos pesquisadores de renome investigaram os fenômenos espíritas no século XIX, entre eles Alexandre Aksakof (1832-1903), diplomata russo, conselheiro de Alexandre III, doutor em Filosofia. Pesquisou os efeitos físicos produzidos por Daniel D. Home, Eusápia Palladino e Elisabeth d'Espérance.

9
Transfiguração

Em *O Livro dos Médiuns* e, posteriormente, em *A Gênese*, Allan Kardec aborda o fenômeno das transfigurações, portanto, passamos a palavra para ele.
Inicialmente em *O Livro dos Médiuns*:

> A transfiguração, em certos casos, pode originar-se de uma simples contração muscular, capaz de dar à fisionomia expressão muito diferente da habitual, ao ponto de tornar quase irreconhecível a pessoa. Temo-lo observado frequentemente com alguns sonâmbulos, mas, nesse caso, a transformação não é radical. Uma mulher poderá parecer jovem ou velha, bela ou feia, mas será sempre uma mulher e, sobretudo, seu peso não aumentará, nem diminuirá. No fenômeno com que nos ocupamos, há mais alguma coisa. A teoria do perispírito nos vai esclarecer. (KARDEC, 2013, cap. 7, item 123.)

Kardec afirma que o Espírito pode dar ao seu perispírito todas as aparências, *"mediante uma modificação na disposição molecular";* assim pode se dar a visibilidade, a tangibilidade, conseguintemente, a opacidade. Explica também que o perispírito de uma pessoa encarnada, descentralizado (desdobrado) do corpo, é passível das mesmas transformações e que essa mudança ocorre pela combinação dos fluidos.

A transfiguração, porém, tem outra característica, quando o encarnado não está em desdobramento, mas *uma espécie de vapor* irradia e envolve o entorno do seu corpo, o que a nosso ver seria o que é denominado de aura ou campo energético ou fluídico.

O corpo do médium *pode desaparecer, tornar-se invisível, ficar velado, como se mergulhado numa bruma.* São variáveis as mudanças, conforme a vontade do Espírito que as deseja produzir e tendo poder para isso. Nessa circunstância o Espírito combinando os seus fluidos e sobrepondo-os sobre o semblante do médium imprimindo então a sua própria fisionomia.

Finaliza o codificador que "esta parece ser a verdadeira causa do estranho fenômeno e raro, cumpra se diga, da transfiguração." (Cap. VII, item123.)

Em *A Gênese,* por sua vez, o mestre lionês menciona que:

> Podendo o Espírito operar transformações na contextura do seu envoltório perispirítico e irradiando-se esse envoltório em torno do corpo qual atmosfera fluídica, pode produzir-se na superfície mesma do corpo um fenômeno análogo ao das aparições. Pode a imagem real do corpo apagar-se mais ou menos completamente, sob a camada fluídica, e assumir outra aparência; ou, então, vistos através da camada fluídica modificada, os traços primitivos podem tomar outra expressão. (...) (Cap. XIV, item 39.)

O codificador explica que a transfiguração pode se apresentar com uma expressão bonita, dependendo do quanto o médium *se identifica com as coisas do Mundo espiritual.* As transfigurações são geralmente perceptíveis por todos os presentes.

10
A Oratória

Impossível não trazer à tona nessas reflexões o fantástico trabalho da oratória de Divaldo Franco, que tem cativado multidões pelo mundo afora, setenta países, 20 mil palestras e conferências, desde aquelas em locais singelos, com pequenos públicos, até os gigantescos centros de convenções, com dez, quinze mil pessoas, ou praças públicas, bairros nas periferias, auditórios municipais, religiosos, importantes redes de TV, emissoras de rádio e muitíssimas entrevistas, compondo vários livros, recheados de ensinamentos.

Divaldo é um orador magistral, um excelente pregador dos ensinamentos de Jesus, um notável contador de casos e de histórias, tudo isso formando um conjunto extremamente harmonioso, pleno do magnetismo que lhe é próprio e que exala de suas palavras, sempre elevadas e elegantes, exercendo um fascínio aos que o ouvem, denotando claramente que ele veio ao plano terreno absolutamente preparado para exercer esse magistério de rara e transcendente espiritualidade. Acrescentemos a esses atributos uma voz muito especial, uma memória fabulosa e um entusiasmo pelo ideal maior de servir à Humanidade.

São setenta anos pregando o Evangelho de Jesus e a Doutrina Espírita, falando de Deus e da Imortalidade, das vidas sucessivas e da Lei de Justiça, de Amor e de Caridade, sendo o arauto dos Espíritos que o inspiram, uma autêntica equipe de benfeitores espirituais, da qual Divaldo é o representante na esfera física, liderados pela veneranda mentora Joanna de Ângelis.

Sete décadas transcorreram, mas parece que foi ontem...

Dia 27 de março de 1947, Divaldo está em Aracaju, na residência do amigo Ederlindo de Sá Roriz, quando foi convidado a falar na sede da União Espírita Sergipana. Aceito o convite, ele ali está, muito jovem, aos vinte anos, sem experiência alguma no campo da oratória, embora tivesse se preparado com a leitura de uma mensagem do Espírito Humberto de Campos, psicografada por Cândido Xavier, *A lenda da guerra*. Em meio ao nervosismo, quando lhe passaram a palavra, ele levanta-se, contudo, sente que houve *um branco em sua memória* e não consegue expor o tema, pelo que pede desculpas ao pequeno público presente, sentando-se em seguida...

Mas o socorro estava a caminho e era imprescindível. Divaldo vê um Espírito que aparece ao seu lado e se identifica como Humberto de Campos, que o ordena a se levantar, de forma incisiva...

— *Levanta-te! Todo aquele que pretende servir ao Cristo deve estar sempre de pé.*

— *Fala! Eu falarei por ti e contigo!* – diz o Espírito amigo.

Ele está de pé. Sente que uma energia nova o impulsiona a falar, sua mente se inunda de pensamentos e de novas ideias, ricas de beleza que o extasiam.

O público era muito maior que aquele que se podia ver. Abriu-se o palco e a plateia era o mundo, e milhões de pessoas o aguardavam. Numa perspectiva grandiosa, a plateia dos Invisíveis fazia-se presente.

Era o primeiro dia, o instante da iniciação, momento em que o futuro se torna hoje. Uma voz que só ele ouve, mas que ressoa e repercute fazendo vibrar as lembranças mais antigas, os compromissos mais solenes, orquestrados por sons insertos na pauta do infinito: eis a partitura de sua vida, que só ele poderia ler.

Nunca mais parou.

No livro *O Semeador de Estrelas*,[1] escrevi:

> O instante inicial da trajetória de Divaldo como orador é, essencialmente, um fato mediúnico, quando vê a presença de um Espírito amigo que lhe afirma incisivamente: "Fala! Eu falarei por ti e contigo!" (...). Estava estabelecida a sintonia

---

1. SCHUBERT, Suely C. *O Semeador de Estrelas*. 8ª ed. LEAL, 2016, cap. 14, p. 124.

mediúnica (que persiste até hoje, completando setenta anos, em 2017), ocorrendo, então, de público, com toda naturalidade, a psicofonia, a xenoglossia e até o raro fenômeno de transfiguração. Pode haver uma semi-incorporação ou, em certos casos, uma incorporação completa, ou seja, o transe mediúnico, inconsciente ou não, existindo, contudo, outras variações (...).

(...) As palestras tiveram etapas bastante definidas e marcantes. Bem no início Amélia Rodrigues orienta os temas do Evangelho. Conta Divaldo que ela o fazia ver as passagens evangélicas e sentir-se como participante delas. Eram quadros fluídicos maravilhosos de uma policromia indescritível (...). Mais tarde a assessoria espiritual mais constante passou a ser de Vianna de Carvalho, podendo ser também, algumas vezes, de Ivon Costa, Carneiro de Campos, de Francisco Spinelli, dependendo do assunto enfocado. Esse novo período assinala uma mudança na temática das palestras, que passam a ter diferentes linhas de abordagem do tema (...), o que atende aos diferentes níveis intelectuais e emocionais do público presente.

(...) Dentro desse novo método, Divaldo explica que, ao fazer citações, os Espíritos colocam os trechos dos livros ante os seus olhos para que os leia. Esses trechos podem surgir também como se fossem uma fita de telex, suspensa no espaço à sua frente e que ele lê para o público.

É evidente – e cumpre ressaltar – que Divaldo trouxe, ao reencarnar, os recursos próprios para a oratória, pois se os não tivessem seria apenas um repetidor dos mentores, sem conseguir transmitir de modo convincente o pensamento deles. Assim, o incrível poder de atrair o auditório, de prendê-lo às suas palavras, de galvanizar emoções, advindas do seu magnetismo pessoal e do profundo amor com que realiza o seu trabalho, enfim, do seu inegável carisma. (SCHUBERT, 2016, capítulo 14, p. 124.)

Enquanto fala expondo o tema, ele consegue perceber as pessoas na plateia, identificando as que estão necessitadas de ajuda, de amparo, observando a movimentação dos bons Espíritos que socorrem, medicam e fortalecem inúmeras delas, tanto quanto as Entidades perturbadas, sofredoras ou mal-intencionadas.

Os fenômenos mediúnicos acontecem, pois, num só bloco de várias maneiras e intensidades. São vários tipos de mediunidade postos em ação ao mesmo tempo. O fato de ver as ocorrências nos dois planos atesta a visão psíquica em avançado grau de expansão.

A respeito da oratória de Divaldo Franco, oportuno apresentar trechos do artigo do deputado Mendes Ribeiro,[2] considerado grande comunicador no Rio Grande do Sul, publicado no CORREIO DO POVO, edição de 5 de outubro de 1993, dois dias após o orador e médium baiano receber o Título de Cidadão Honorário de Porto Alegre, que lhe foi entregue pelo prefeito da capital gaúcha.

O GRANDE PREGADOR

Não havia um só policial. Não era preciso. As seis mil pessoas presentes domingo, no Tesourinha (3 de outubro de 1993), queriam ouvir um pregador. O maior de todos. Ao mesmo tempo desejavam assistir a homenagem prestada pela Câmara Municipal, fazendo Cidadão de Porto Alegre a Divaldo Pereira Franco. A fé era o grande denominador comum. Sobretudo a esperança na possibilidade de acontecimentos acima dos limites de cada um. De todas as suas conferências, esta marcou primazia.

Não foi por outra coisa o mar de aplausos interrompendo a fantástica fluência do orador em várias ocasiões (...).

Divaldo, Cidadão de Porto Alegre, cidadão do mundo, tem o condão de transmitir esperança com credibilidade. Confiança com doçura infinita. Afirmação de um mundo melhor como mil lições de amor. Um dia inesquecível para quem teve o privilégio de ver e ouvir a grande estrela.

---

2. Jorge Alberto Mendes Ribeiro – Jornalista e apresentador da TV Gaúcha, hoje RBSTV. Vide, na parte final deste livro, o capítulo intitulado "Divaldo no programa *Histórias Extraordinárias*", que relata a relação de Mendes Ribeiro e o Espiritismo através do médium Divaldo Franco.

Movimento Você e a Paz em 2016, ano 19, na Barra, em Salvador, na Bahia.

Culminância do Movimento Você e a Paz em 2016, ano 19, no Campo Grande, em Salvador, na Bahia.

11
A Psicografia

E os Espíritos escrevem, escrevem.
Por intermédio de médiuns escreventes ou psicógrafos, assim denominados por Allan Kardec, em *O Livro dos Médiuns*.

Ao médium Divaldo Franco, já iniciado na oratória a partir do ano de 1947, os Espíritos suscitam novo trabalho a ser desenvolvido, o da escrita mediúnica. O ano de 1949 marca as primeiras experiências de Divaldo como psicógrafo.

Era um domingo de carnaval, fugindo das confusões do reinado de momo, ele vai para a cidade de Muritiba, interior da Bahia, em companhia de alguns amigos. Naquela manhã o médium acorda com uma sensação diferente no braço, uma espécie de formigamento estranho e, até então, inexplicável. Comentando a situação com um dos presentes, Abel Mendonça, este, pessoa de muita experiência e conhecimento doutrinário, sugere que ele tome de um lápis e papel e faça uma tentativa, para verificar se haveria alguma comunicação; não foi preciso mais nada, o lápis passou a deslizar com facilidade, enquanto era grafada uma mensagem, escrita automaticamente e de imediato assinada pelo Espírito Marco Prisco, intitulada *Na subtração e na soma*.

Era o início de uma longa e brilhante vertente do intercâmbio espiritual, que proporcionaria a Divaldo uma constante participação da presença de Espíritos e mais Espíritos em sua vida. Sessenta e oito anos depois, o médium continua grafando as letras luminosas, que escorrem, qual ouro liquefeito do tesouro do conhecimento perene, para compartilhá-lo com seres humanos.

Páginas e mais páginas se vão somando, são milhares, em breve passam a constituir uma das coisas mais belas e úteis da Humanidade em todos os tempos – os livros!

Surge o primeiro, ditado por Joanna de Ângelis, *Messe de Amor*, lançado em 5 de maio de 1964, pela Editora Sabedoria, contando com o apoio de um amigo, Carlos Juliano Torres Pastorino, filósofo, poliglota, teólogo famoso, que lhe abriu as portas para um trabalho promissor que já se delineava.

Entretanto, em meio aos júbilos do primeiro lançamento, Divaldo recebe de sua mentora, que enxergava os dias futuros, advertências severas, conforme narrado no livro de nossa autoria, *O Semeador de Estrelas*, do qual extraio pequeno trecho de um dos meus comentários:

> Escrever um livro, ou ser médium de um, e depois vê-lo materializar-se em páginas e páginas formando um volume, tê-lo nas mãos, é realmente uma belíssima emoção, das mais significativas para o ser humano. E quando esse livro é fruto de um labor conjunto entre o plano físico e espiritual, torna-se algo precioso, pois transcende ao esforço comum do escritor, para representar a soma de duas mentes que vibram na mesma frequência, que se expressam nas mesmas faixas de interesse e de dois corações que se afinizam nos mesmos ideais. Somente assim, pode a obra psicográfica se desenvolver a contento, saindo do plano do ideal para a concretização no plano humano. São "as vozes do Céu que, encontrando instrumentos afinados, na Terra, transmitem o "divino concerto", conforme está no prefácio de *O Evangelho segundo o Espiritismo*. (SCHUBERT, 2016, cap. 8, p. 63.)

Convém ressaltar, o que já é conhecido por alguns, que o médium baiano possui a psicografia mecânica, cujas características foram explanadas pelo codificador no capítulo XV, item 179, em *O Livro dos Médiuns*, do qual registramos o trecho:

> Quando atua diretamente sobre a mão (do médium), o Espírito lhe dá uma impulsão de todo independente da vontade deste último. Ela se move sem interrupção e sem embargo do

médium, enquanto o Espírito tem alguma coisa que dizer, e, para, assim que ele acaba. (...) Nesta circunstância, o que caracteriza o fenômeno é que o médium não tem a menor consciência do que escreve. Quando se dá, no caso, a inconsciência absoluta, tem-se os médiuns chamados *passivos ou mecânicos*. É preciosa esta faculdade, por não permitir dúvida alguma sobre a independência do pensamento daquele que escreve. (KARDEC, 2013, cap. 15, item 179.)

Temos no texto acima a explicação a respeito da sensação que Divaldo sentiu, naquele primeiro dia em Muritiba, visto que ali estava, podemos dizer, o Espírito Marco Prisco inaugurando um novo e notável labor, conectando o médium a falanges de Espíritos que escreveriam, pela vida afora, através das suas abençoadas mãos não apenas em nosso país, mas igualmente em suas viagens ao exterior, o trabalho psicográfico não cessa, prossegue sempre.

Os Espíritos escrevem e encontram, na mediunidade de Divaldo, o meio.

Hoje são cerca de trezentas obras de vários autores espirituais, cada um com seu estilo peculiar e temas diversificados, abrangendo saberes de todos os ramos do conhecimento humano.

Divaldo Franco psicografando com o auxílio de Nilson de Souza Pereira.

Divaldo Franco psicografando na Sessão Mediúnica no Centro Espírita Caminho da Redenção.

Segunda Parte

Materializações e transportes

Depoimento de Neuza Ajuz

AS PRIMEIRAS REUNIÕES DE MATERIALIZAÇÕES EM PONTA GROSSA

Era meados da década de 50. Divaldo Franco estava em Ponta Grossa e era hóspede de Guaracy Paraná Vieira (1918-1991) e sua esposa, Célia. Sem que nada fosse preparado, logo após a palestra de Divaldo, já no lar do Guaracy, em meio às conversas, Divaldo proporcionou a materialização do Espírito Scheilla, que se apresentou com uniforme de enfermeira e com um pequeno aparelho nas mãos. Nós, Jorge Miguel Ajuz, meu esposo, e eu, não estávamos presentes, mas tudo foi anotado pelo Álvaro Holzmann, que assistiu a essa surpresa espiritual e nos relatou. Depois disso, combinou-se fazer uma reunião de materialização na Sociedade Espírita Francisco de Assis de Amparo aos Necessitados, de Ponta Grossa, no salão que era da juventude, na época.

Tendo sido convidados, o Jorge e eu fomos os últimos a chegar e ficamos bem atrás, pois o salão estava cheio, eram noventa pessoas presentes. Mas logo depois o Sr. Guaracy aproximou-se e falou-nos que Scheilla pediu, através de Divaldo, que fôssemos ficar mais próximos ao local onde ele estava. Nós fomos. Havia um biombo e Divaldo estava deitado num colchão no chão. Dois senhores o revistaram, ele estava de mangas curtas. De onde estávamos, tínhamos a visão do médium deitado. Ele estava consciente e depois ele foi ficando transformado, à medida que exteriorizava o ectoplasma. Podíamos vê-lo deitado ali e a plateia para trás de nós. Um fenômeno maravilhoso.

Primeiramente, materializou-se o Espírito Meimei, que estava com seu véu de noiva. Ela andou entre os participantes e punha o véu no colo de algumas pessoas que podiam pegá-lo. Eu nunca pensei que veria uma coisa tão linda. Era um tecido muito delicado, muito fino, muito bonito. A emoção de ver um Espírito materializado é muito grande.

Em seguida, veio o Espírito Scheilla, que percorreu a sala toda, ela parecia flutuar, não caminhava, estava a alguns centímetros do chão.

Por fim, veio o Espírito de um franciscano, com um cordão grosso na cintura e um crucifixo, ele era bem mais alto, estava com uma vela na mão, uma vela enfeitada, acesa, e andou até o fim da sala, mas a chama não balançava, ele falou e todos ouviram.

Durante a reunião muitas flores recaíam sobre as pessoas, que as apanhavam.

Comigo aconteceu um fato muito interessante, porque desde a primeira vez quando se deu a notícia de que viria a Ponta Grossa um jovem baiano, que falava sobre o Evangelho de Jesus, chamado Divaldo Pereira Franco, eu me emocionei quando ouvi este nome, como nunca havia me emocionado por pessoa alguma. E senti uma saudade imensa, porque parece que nós estivemos no México, na Itália, na Inglaterra, em outras vidas, com o querido Divaldo, inesquecível amigo, com o qual mantemos, Jorge e eu, um afeto antigo e gratidão infinita pelo muito que ele representou e representa em nossas vidas.

Depoimento de Nancy Westphalen Corrêa

O médio Divaldo e as reuniões de materializações e transportes

Em 24 de abril de 1954, conheci Divaldo Franco, que veio pela primeira vez ao Paraná. Ele veio participar da Semana Espírita do Paraná – terceira semana do mês de abril. Tendo o orador da noite falado apenas 15 minutos, o Sr. João Ghignone, Presidente da Federação Espírita do Paraná (FEP), deu a palavra a Divaldo, que emocionou a todos. A palestra de Divaldo não havia sido programada pela FEP.

Ele me convidou para ir a Paranaguá no dia seguinte, onde proferiria palestra na rádio.

Antes de ir para Paranaguá, apareceu a Divaldo o Espírito Leocádio José Correia, que foi médico, apóstolo do amor e da caridade, que disse ter muito amor àquela cidade. Divaldo não relatou esse fato porque não sabia de nada. No almoço, já em Paranaguá, Divaldo perguntou quem era Leocádio José Correia, explicando o motivo de seu interesse. O Sr. Tonhá, líder espírita da região, passou a discorrer sobre a vida do Espírito Leocádio, para que todos soubessem quantos benefícios ele realizou.

No dia seguinte, Divaldo foi para Ponta Grossa, onde se identificou com a cidade e os espíritas. Até hoje não vem ao Paraná sem ir a Ponta Grossa.

Sr. Abibe Isfer contou-me, segundo o que o próprio Divaldo comentara, que Lins de Vasconcellos se apresentou a ele, ainda no avião, e disse: *"Você vai conhecer o João Ghignone, ele é um italiano bigodudo e de chapéu cinza enterrado na cabeça. Vai estar ao lado dele um turco, baixo-*

te, gordo e de chapéu preto (Abibe Isfer). Você vai se hospedar no Albergue Noturno."

Descendo do avião, ele se dirigiu aos anfitriões, como se já os conhecesse há muito.

Quando lhe perguntaram como sabia quem eram, ele disse que um Espírito que não conhecia, que se chamava Lins de Vasconcellos, havia dado as referências.

Dias depois, em 10 de maio de 1954, recebi um cartãozinho de Divaldo avisando que retornaria a Curitiba. Já teria ido a Ponta Grossa e feito sucesso lá, para onde retornaria. Mais tarde, as palestras, devido à grande aceitação, não eram mais feitas na Federação Espírita do Paraná por ser pequeno o auditório.

Passando por Salvador, em escala para Recife, fui procurar Divaldo, que me convidou para um trabalho mediúnico na Mansão do Caminho.

Terminada a reunião, que foi muito bonita, Nilson me disse: *"Nancy, abra aquele fichário."* Eu não sabia por que, mas abri o fichário, e, para minha surpresa, encontrei uma peça de roupa minha, que havia ficado no hotel e que estava dentro do fichário. Havia sido transportada do hotel para ali, na cidade baixa, na Calçada, sede, à época, do Centro Espírita Caminho da Redenção e da Mansão do Caminho.

Quando me despedi, Divaldo disse: *"Quando você voltar de Recife, a Scheilla gostaria que você passasse uns dias na Mansão".*

Eu havia feito uma cirurgia para retirar as amígdalas. A cirurgia não foi muito boa, porque ficou um pólipo nas minhas cordas vocais e eu fiquei rouca.

Já na Mansão, quando voltei a Salvador, foi feita uma reunião mediúnica, quando Scheilla materializou-se. Ela trazia um aparelho que parecia feito de gás néon, era de luz azul e brilhava muito. Ela colocou esse aparelho no meu pescoço. Fiquei muito emocionada naquele momento. No dia seguinte, quando acordei, eu não estava mais rouca.

Pouco tempo depois, eu tive toxoplasmose, que não era conhecida no Brasil, e por causa disso tive uma lesão na vista. Fiz um *checkup* e procurei um otorrino, a fim de examinar a minha garganta. Surpreso, o médico me perguntou: *"E esta cicatriz, esta cirurgia tão perfeita, quem fez?"*. Ainda tínhamos certo *preconceito*, há mais de 60 anos, mas eu disse: *"Foi uma cirurgia espiritual"*. Ele não disse uma palavra e ficou por isso.

Após a primeira visita do Divaldo, Sr. Abibe me convidou para fazer parte da reunião mediúnica que ele dirigia.

Numa outra oportunidade, quando o Divaldo veio a Curitiba e se hospedou no albergue, participou de uma reunião mediúnica na Federação Espírita do Paraná. No correr da reunião, a Scheilla veio, comunicou-se através do Divaldo e eu ouvi um *barulhinho*. Abri os olhos. Cada membro da mesa tinha uma flor na sua frente, e eu não.[1] Então pensei: *Por que será que eu não ganhei?* E Scheilla respondeu: *"Nancy, querida, você vai escolher a flor que você quer"*.[2] Eu disse que qualquer uma me servia. Ela, porém, disse-me: *"Eu sei que você quer um botão de rosa"*. E logo o botão apareceu na minha frente. As flores foram transportadas mediunicamente do albergue.

Sou conhecedora de alguns outros fatos. Em Ponta Grossa, Divaldo participou de algumas reuniões de efeitos físicos.

Este é o DIVALDO, DIVALDO médium, DIVALDO representante maior, hoje em dia, da Doutrina Espírita no Brasil, o médium-caridade! O médium-amor!

COMENTÁRIO DA ORGANIZADORA:

No relato de Nancy Correia vários fatos podem ser destacados.

Inicialmente, observamos que as duas primeiras visitas de Divaldo Franco às cidades de Paranaguá e Curitiba foram precedidas das apresentações de dois Espíritos, ambos benfeitores, da região, como a lhe dar as boas-vindas, pois que bem sabiam da importância da chegada do médium e orador baiano – o que o tempo confirmou. Por outro lado, tais presenças espirituais evidenciam um programa superior, adrede preparado, a fim de que se cumprissem ali algumas significativas etapas do trabalho de Divaldo, como médium e orador.

---

1. Neste momento do depoimento, Nancy Correia emocionou-se.
2. Neste ponto, em lágrimas, Nancy falou com voz muito embargada (notas da organizadora).

Entretanto, cabe destacar a presença espiritual de Lins de Vasconcellos, que se tornaria, a partir daquele momento, um grande amigo do médium. A apresentação que ele faz dos dois dirigentes da Federação Espírita do Paraná é bem engraçada e minuciosa, evidenciando a autenticidade da captação mediúnica. Ao longo dos anos, Divaldo psicografou várias mensagens desse amigo espiritual, que vieram a compor o livro "Lins neste mundo e no outro".[3]

Nancy teve o ensejo de participar de reuniões mediúnicas nas quais aconteceram efeitos físicos espetaculares: as materializações de Scheilla, que conversava diretamente com os participantes, trazendo aparelhos luminosos que, aplicados nas pessoas, tratavam e curavam fisicamente; como também o transporte de uma peça de roupa que estava no hotel onde se hospedava e foi aparecer dentro do fichário, isso nos leva a concluir que os Espíritos que assessoram o médium baiano, desejaram, naquele dia, apresentar um fenômeno com um complicador maior, do que simplesmente jogar a peça sobre um móvel ou nas mãos da sua própria dona, o que já seria um fenômeno raro.

---

3. FRANCO, Divaldo; VASCONCELLOS, Lins [Espírito]. *Lins neste mundo e no outro.* FEP, 2004.
(*) O depoimento da Sr.ª Nancy foi filmado em DVD pelo Sr. Paulo David em 2011, a meu pedido, para constar neste livro. Em 2016, os amigos João Sérgio e Ana Maria Boschirolli tiveram uma entrevista com a Sr.ª Nancy, com a finalidade de apresentar-lhe este depoimento, a fim de que esta tivesse o ensejo de fazer algumas correções ou acréscimos, o que foi feito apenas em pequenas mudanças. Todo o conjunto foi, portanto, aprovado por ela.
NANCY WESTPHALEN CORRÊA é palestrante, tendo exercido diversos cargos ao longo de sua vida. Em 1951, começou a frequentar a União da Mocidade Espírita de Curitiba (UMEC), coordenada por Honório Mello. Em 1954, passou a integrar a equipe que realiza o Natal no Albergue Noturno. Colaborou no *Lar Icléia* e no então *Sanatório Bom Retiro*. Diretora da *Associação Protetora do Recém-nascido* e da *Associação das Senhoras Espíritas* por um grande período. Hoje participa do *Centro Espírita Abibe Isfer*, onde foi a primeira diretora administrativa. Na *Federação Espírita do Paraná*, na gestão 2012-2013 e 2014-2015, passou a compor a diretoria do Departamento de Orientação ao Serviço Social Espírita da FEP, na qualidade de membro colaborador.

Depoimento de Lycurgo Negrão

REMEMORANDO

Nos primeiros tempos da Mocidade Espírita Cristã de Ponta Grossa (nossa inesquecível UMEC), eram sumamente maternas as reuniões de estudos e atendimentos sociais que os jovens promoviam, principalmente na Sociedade Espírita Francisco de Assis de Amparo aos Necessitados, *casa-máter* do movimento juvenil.

Sob a competente direção do presidente Álvaro Holzmann, a Mocidade colaborava com entusiasmo e eficiência, em todas as atividades doutrinárias, assistenciais e culturais da veneranda instituição, decana das entidades espíritas de Ponta Grossa.

A Mocidade mantinha, com sacrifício, o Jornal Voz da Espiritualidade, único periódico espírita, naquela época, no estado do Paraná.

Foi a Mocidade que iniciou, com sucesso, as semanas espíritas e algumas apresentações do teatro espírita. E realizou também, com o mesmo sucesso, a primeira exposição de jornais e revistas espíritas publicados no Brasil.

Algumas dessas reuniões realizavam-se, às vezes, na residência do jornalista Guaracy Paraná Vieira, presidente da Mocidade Espírita. Célia, sua esposa, também participava desses conclaves, quase sempre prolongados em memoráveis serões.

Certa vez, com a presença de Divaldo, Álvaro Holzmann, João Haddad e nós, a irmã Scheilla materializou-se e participou duma memorável reunião.

Foi realmente uma surpresa. Por largos momentos o *living-room* ficou suavemente iluminado, trescalando perfume.

Trajando o uniforme de enfermeira, Scheilla conversou, demoradamente, com todos os presentes, exceto Divaldo, que estava mediunizado. Materializou dois pequenos projetores (desconheço a denominação técnica) de rádium e infravermelho.

O projetor de rádium foi para aplicar na laringe do Haddad, a qual apresentava, segundo informou, perigo de câncer.

O infravermelho foi aplicado em todos os presentes, e depois deixado de mão em mão, satisfazendo a curiosidade reinante. Era macio e luminoso, mais ou menos media 14 cm de comprimento, por 10 cm de largura e 4,5 de espessura. O projetor de rádium, cuidadosamente, foi apenas manuseado pela irmã Scheilla. Parecia, pela luminosidade, igual ao projetor infravermelho.

Ao despedir-se, pediu permissão a Célia para colher no jardim da frente da casa, algumas flores. Flores essas que distribuiu aos presentes, orvalhadas do sereno da noite.

Na noite seguinte, a reunião realizou-se na Sociedade Espírita Francisco de Assis, com bastante assistência (90 pessoas).

Mas, apesar de tudo, materializaram-se, ligeiramente, a irmã Scheilla, uma Entidade (que não recordo o nome),[1] e um frade franciscano.

O frade, com um castiçal, acendeu uma vela de 400 anos e caminhou entre os presentes.

Mas o que chamou permanente atenção foi a materialização de um botão de rosa, vermelho e fulgurante, que flutuou no ambiente durante toda a reunião, intensamente perfumosa.

Dessa reunião, Divaldo saiu gravemente exausto. Tinham pessoas que não se prepararam para assistir a essa *sagrada reunião de materialização*.

Lycurgo Negrão, Ponta Grossa, 16 de dezembro de 2010.

---

1. Trata-se do Espírito Meimei (nota da organizadora).
LYCURGO NEGRÃO nasceu em 16 de maio de 1916 e desencarnou em 29 de dezembro de 2012, aos 96 anos, em Ponta Grossa.
(*) Este depoimento foi escrito pelo Sr. Lycurgo Negrão em 16 de dezembro de 2010, na cidade de Ponta Grossa (PR), e ele próprio deu o título: *Rememorando*. Escrito à mão, com sua assinatura, foi-me enviado no mesmo mês.

Depoimento de Eulécia Martins Rezende

AS ROSAS DE DIVALDO

No ano de 1978, por essa época, Divaldo tinha condições de ficar mais dias em Ponta Grossa, onde resido, quando então visitou o Centro Espírita Paz, Amor e Caridade (Rua Engenheiro Rebouças, 38, Vila Ana Rita, Ponta Grossa).

A reunião era de estudos de *O Evangelho segundo o Espiritismo* e estavam presentes 20 pessoas.

Logo após a prece, houve a leitura de um trecho de *O Evangelho segundo o Espiritismo*, tendo Divaldo feito a explanação sobre o tema, com a competência e beleza que lhe são peculiares.

Ao término de sua palavra, foi-lhe entregue um lindo buquê de rosas, que eu mesma havia comprado, eram 12 rosas, escolhidas uma a uma. Divaldo o pegou, acariciou-o, passando a mão por cima das rosas e, em seguida, num gesto de delicadeza, deu uma para cada senhora que lá se encontrava – nós éramos 14 trabalhadoras desta Casa espírita. Divaldo, pegando as rosas, ia dando a cada uma sem sair do lugar, nós é que íamos até ele.

Nesse momento em que ele as distribuía, sentimos um perfume muito intenso e muito agradável, e Divaldo nos disse que era a presença da querida mentora Scheilla.

Todas receberam rosas. Entretanto, no primeiro instante, não nos demos conta de que foram ofertadas 14 rosas, embora o buquê tenha sido constituído com duas a menos.

Para minha surpresa, ao constatar o fato, mencionei às companheiras o inusitado acontecimento, comentamos na frente do Divaldo que eram 12 rosas, mas 14 pessoas as receberam. Ele não disse nada, apenas sorriu.

Interessante citar que as rosas duraram bastante.

Muita gente ficou sabendo, porque todas comentaram fora do Centro também.

Algumas das senhoras que ali se encontravam: Eulécia Resende, Hilária Gomes, Izaura Godofredo, Arlete Rocha.

Que trabalho maravilhoso esse seu, Suely, de resgatar tanta coisa bela desse nosso adorado e querido Divaldo Franco.

EULÉCIA MARTINS RESENDE foi presidente da União Regional Espírita – URE, 2ª Região, por quatro gestões. Trabalha atualmente na Sociedade Espírita Francisco de Assis (SEFAN) como coordenadora de grupo mediúnico, participa do grupo de estudo de *O Livro dos Espíritos* do trabalho de passes e palestras públicas. É palestrante da mesma Sociedade e da URE. Na Organização, a irmã Scheilla participa da sopa e no artesanato.

Depoimento de Marcelo Netto

RARO FENÔMENO DE MÚSICA ESPIRITUAL

Querida Suely! Não sei se você segue coletando casos especiais ligados à mediunidade impressionante do nosso Divaldo Franco, mas mando-te este depoimento, relativamente recente, que aconteceu em minha casa, em Miami, no dia 22 de março de 2016.

Eu e Andreia, unindo esforços para ajudar a Mansão do Caminho, fundamos uma Editora, aqui em Miami, de nome *Leal Publisher*, com o intuito de traduzir, editar e distribuir as obras de Divaldo em inglês e outras línguas. Todos os lucros e resultados financeiros serão, integralmente, repassados a obra da Mansão.

Na noite de terça-feira, dia 22 de março de 2016, tivemos um evento memorável, com uma palestra pública para 515 pessoas na loja maçônica *Scottish Rite Temple*, em Miami, com Divaldo brindando-nos com sua oratória inigualável e o anúncio oficial da *Leal Publisher* na mesma noite.

Ao final, Divaldo, nossa amiga Maria Piedade Bueno Teixeira e eu voltamos para casa, onde aguardaríamos Andreia, que ainda organizava alguns detalhes finais do encerramento, para que jantássemos juntos.

Logo depois do jantar, aqui em nosso lar, conversamos um pouco a respeito da memorável noite e das esperanças nesta nova empreitada que tem como objetivo divulgar o bem e arrecadar fundos para a Mansão do Caminho. Finalizamos as conversas e preparamo-nos para o repouso da noite. Divaldo estava no quarto da frente da casa, eu e Andreia no quarto do meio, e Piedade no quarto de trás – nossa casa tem três quartos. Foi então que, mais ou menos trinta minutos depois, já deitados, uma música altíssima, como se fosse a abertura de uma orquestra sinfônica, de melodia desconhecida e bela, ecoou por todo o ambiente. Eu e Andreia levamos um susto, e, imediatamente, imaginamos que alguém havia ligado um sistema de estéreo por toda a casa, pois o som não vinha de um local específico, mas de todos os lados, como se estivesse no ar.

Eu confesso que fiquei imaginando quem teria posto este som altíssimo, embora a música belíssima, com medo de acordar o nosso Divaldo e a amiga Piedade. Tudo isto durou de 10 a 15 segundos, mais ou menos, e subitamente sumiu o som, como em um encerramento. Ficamos sem jeito de bater à porta do Divaldo, e tentamos dormir, com a esperança infantil de que ele não tivesse escutado, embora fosse impossível, devido à altura do som. Adormecemos querendo entender o que havia se passado naqueles instantes.

No dia seguinte, durante o café da manhã, perguntamos ao Divaldo e a Piedade se eles também ouviram a música daquela noite. Piedade disse que também se assustou, e pensou que havíamos ligado algum som na televisão ou outro aparelho qualquer, mas Divaldo, para nossa surpresa, esclareceu dizendo ter sido um fenômeno mediúnico raro, e a música era proveniente do Plano espiritual, anunciando algo importante. E nos disse também que os benfeitores queriam que escutássemos, por isso a majestosa sinfonia se fez audível na casa toda.

Perguntamos por que durou tão pouco tempo (10 a 15 segundos), e ele nos disse que o fenômeno exigiu muita energia para ser produzido. Pensei, então, que ele, como médium, teria doado a energia necessária para a produção do fenômeno.

Minha querida Suely, foi algo impressionante e muito tocante para todos nós. Espero que mais essa história possa ilustrar os casos maravilhosos que ocorrem com a presença do nosso incomparável Divaldo.

COMENTÁRIO DA ORGANIZADORA:

O fenômeno ocorrido no lar de Marcelo e Andreia é muito raro. Para que isso acontecesse, foi preciso que Divaldo doasse ectoplasma talvez muito específico, quem sabe num padrão vibratório que não conhecemos, porque o som era muito alto e os três ouviram, alcançando também o quarto da Piedade.

Existe um fenômeno denominado voz direta – pneumatofonia – em que a voz do Espírito se torna audível por todos os presentes. Entretanto, o que ocorreu foi que os Espíritos que trabalham com Divaldo – e através das energias ectoplásmicas que dele emanam, talvez acrescida de doação dos três, que inconscientemente também poderiam doar – tornaram audíveis os sons espirituais, os acordes do Infinito!

Este é um caso de fenômeno de efeitos sonoros, citado pelo escritor Zalmino Zimmermann (2011), em sua obra já referenciada, *Teoria da mediunidade*, na qual registra algumas experiências notáveis produzidas pela poderosa faculdade mediúnica do médium Daniel Dunglas Home, segundo ele próprio escreve em sua autobiografia *Incidents in My Life*:[1]

> Ao ir para Boston, meu poder retornou e, com ele, a mais impressiva manifestação de música, sem qualquer instrumento terreno. À noite, quando eu estava adormecido, meu quarto era tomado por sons harmoniosos e estes, gradualmente, ficavam mais altos, até que pessoas em outras partes da casa, pudessem ouvi-los distintamente; se por qualquer motivo eu fosse acordado, a música instantaneamente cessava. (HOME, 1864.)

Na mesma obra, o notável médium refere-se a uma experiência vivida na casa de S.C. Hall, em Easter Eve, no ano de 1866:

> Primeiro nós tivemos música simples, doce, suave, por alguns minutos; então ela se tornou intensamente triste; a seguir, o som de passos, como de um grupo de homens marchando, misturou-se com a música, e eu exclamei "A Marcha do Calvário". Então, três vezes o som de um martelo sobre um prego (como dois metais se encontrando). Seguiu-se um estrondo e lamentações que pareciam preencher a sala. Depois, veio o irromper de música triunfal gloriosa, mais do que qualquer uma que nós tivéssemos ouvido, e exclamamos "A Ressurreição". Isso emocionou o coração de todos. (Ibidem.)

---

1. HOME, Daniel Dunglas. *Incidents in My Life*. Cosmo Classics, 1864.

Zimmermann registra ainda uma surpreendente experiência realizada por William Crookes com o médium D. Home, que se tornou clássica.

> Em uma gaiola de madeira e fio de metal, especialmente construída, o cientista colocou um acordeão e, em pleno dia, enquanto o médium segurava o instrumento com uma só mão, o instrumento movendo-se para cima e para baixo, tocava as mais variadas árias em execução perfeita. Em determinado momento, o médium retirou a mão do acordeão e o instrumento continuou a tocar sozinho.
>
> O fenômeno aconteceu no próprio domicílio de Crookes, sob as mais minuciosas precauções. Dois observadores colocaram seus pés sobre os do médium e o próprio cientista viu-o vestir-se, para então atestar que nenhum instrumento foi introduzido sob sua roupa e que também não utilizava sapatos pessoais.[2]

Como vimos, o fenômeno é raro, porém foi objeto de investigações e pesquisas de renomados cientistas que tiveram o ensejo de comprovar a sua autenticidade.

Com relação a Divaldo, esta é mais uma de suas especificidades mediúnicas. Importa esclarecer que os efeitos físicos raramente se manifestam com essa gama de fenômenos em um único médium, como ocorre com ele, anotando que igualmente era próprio do saudoso e querido médium Chico Xavier.

A exemplo de Daniel Dunglas Home, que se conservava absolutamente consciente dos efeitos que iam sendo produzidos através dele, o transe mediúnico de Divaldo, conforme já mencionado, também tem a mesma característica, ressaltando que pode acontecer em plena luz do dia e à vista de todos, sem que nada em seu semblante ou postura corporal denote qualquer alteração.

Podemos constatar isso no episódio que denominei de "As rosas de Divaldo", um dos capítulos deste livro, uma bela comprovação do

---

2. CROOKES, William. *Recherches sur le phénomênes du spiritualisme – Nouvelles expériences sur la force psychique.* Paris, Leymarie, 1903.

seu transe mediúnico tão consciente e natural como a própria interpretação do texto de *O Evangelho segundo o Espiritismo,* que ele acabara de expor.

O que torna esse momento de efeito musical absolutamente surpreendente e impressionante é também o fato de ter sido produzido (em 22 de março de 2016) por um médium que estava prestes a completar 89 anos de idade – o que aconteceu dois meses depois, em 5 de maio de 2016.

Depoimento de Maria Piedade Bueno Teixeira, que estava presente

Nossa amiga Piedade estava em Miami, hospedada no lar de Marcelo e Andreia, e testemunhou o raro fenômeno de música espiritual. Abaixo segue o seu depoimento.

Em relação à ocorrência do fenômeno de efeito físico na residência do Marcelo, tenho na mente até hoje aquele som de um momento clímax de uma orquestra sinfônica. IMPRESSIONANTE!

Tínhamos acabado de deitar, eu ainda estava no *lusco-fusco*, havia apagado a luz instantes atrás. O som surgiu na sala, cuja parede divide os quartos do casal e o que eu me hospedara. No momento, obviamente, despertei, abri os olhos e olhei em volta para tentar identificar aquele som de orquestra, e pensei que pudesse ser na TV, que poderia estar programada, etc., porém, ao mesmo tempo, eu pensava que não poderia ser, pois a TV não tem capacidade para emitir um som tão alto daquele e tão presente. No dia seguinte, Andreia, Marcelo e eu, no café, falávamos se todos ouviram e levantamos hipóteses. Eles pensaram que fosse meu celular, então eu disse que seria impossível em face do tom da orquestra. Enfim, logo Divaldo chegou e esclareceu que se tratava de um som do Mundo espiritual anunciando a chegada dos benfeitores.

COMENTÁRIO DA ORGANIZADORA:

Solicitei ao amigo Marcelo que explicasse o trabalho editorial que ele e Andreia realizam em Miami. Segue abaixo a sua explanação.

Falando um pouco das editoras, temos a *Edicei of America*, que a pedido do ex-presidente da FEB e ex-secretário do Conselho Espírita Internacional (CEI), o querido Nestor Masotti, convidou-nos, em 2010, a iniciarmos o trabalho de edição, distribuição (em formato digital e físico) e *marketing* das obras traduzidas ao inglês, ao espanhol e outras línguas, ampliando a visibilidade do monumental trabalho de Francisco Cândido Xavier e outros autores consagrados pela FEB aqui nos EUA.

Neste trabalho da *Edicei of America*, o livro *Pão Nosso*, traduzido ao inglês por Darrel Kimble e Ily Reis (Our Daily Bread), ganhou o prêmio dentro dos EUA de "Livro Iluminativo Cristão" do ano. Foi uma emoção imensa.

Da mesma forma, em 2015, com as bênçãos do nosso incomparável Divaldo, iniciou-se um trabalho com a gigantesca obra literária de Divaldo Franco, formando-se a *Leal Publisher,* que seria o braço editorial, aqui nos EUA, do Centro Espírita Caminho da Redenção/Mansão do Caminho – em comunhão total de pensamentos e ideias com a Editora LEAL do Brasil (Departamento editorial e gráfico do Centro Espírita Caminho da Redenção/Mansão do Caminho).

A *Leal Publisher* tem como objetivo primordial a distribuição, a tradução ao inglês, a formatação e edição, em formato digital (*e-books* etc.) das obras espíritas produzidas por Divaldo Franco e outros seareiros, encarnados e desencarnados, vinculados ao trabalho do Bem.

Objetiva também a arrecadação de fundos para apoiar os trabalhos assistenciais da Mansão do Caminho, em Salvador, Bahia, Brasil.

Andreia Marshall Netto, minha esposa, conduz os trabalhos das duas editoras, *Edicei of America* e *Leal Publisher,* e, embora eu ocupe o cargo de presidente nas duas editoras, tenho que, por dever de consciência, dar quase todo o mérito desta empreitada a minha querida Andreia.

MARCELO JORGE DA COSTA NETTO reside em Miami Beach, EUA, desde 1997 e foi presidente da Federação Espírita da Flórida de dezembro de 2009 até dezembro de 2013, da qual é atualmente o vice-presidente. Foi também tesoureiro do Conselho Espírita dos EUA (USSC) de 2011 a 2013 e é um dos fundadores da Casa Espírita *Conscious Living Spiritist Group*, em Miami, fundada em 2006, na qual atualmente exerce a vice-presidência. É presidente da *Edicei of America* – braço editorial do Conselho Espírita Internacional nos EUA – e da *Leal Publisher*, ambas em Miami, EUA.

Depoimento de Ruy Holzmann

SOBRE REUNIÕES DE EFEITOS FÍSICOS

Após uma série de incertezas, felizmente removidas, aportamos em Salvador em 3 de maio de 1955.

Rumamos para a cidade alta e, mal nos instalamos, ao cair da noite, dirigimo-nos à cidade baixa, ansiosos para abraçar o querido irmão Divaldo Pereira Franco.

Chegamos à Mansão do Caminho no exato momento em que ele se aprestava para presidir a reunião pública da noite. Abrilhantada pelo verbo fascinante, espiritual e espirituoso do conhecido pregoeiro do Evangelho, a sessão inundou-nos o coração de sã alegria.

Dois dias após, assistimos à jubilosa comemoração do natalício do Divaldo, em 5 de maio, no curso da qual lhe foram prestadas tocantes homenagens. Novamente ouvimos sua palavra, despertando-nos indescritíveis emoções.

A irmã Scheilla espargiu perfumes nos assistentes e lhes arremessou pétalas de rosas. Coube-nos uma pétala que, ciosamente guardada na bolsa da esposa, não foi encontrada na manhã seguinte, por ter-se desmaterializado.

À noite, sessão mediúnica de caridade, sobressaindo-se volumoso receituário.

Em cumprimento a espontânea promessa dos mentores da Casa, assistimos ao trabalho de "efeitos físicos", do qual guardamos gratíssimas recordações.

Impossível reproduzir todos os detalhes da cativante conversação geral entabulada pela irmã Scheilla materializada que, dedicando-nos a sessão, produziu diversos fenômenos.

Transportou, a portas fechadas, o paletó que um dos assistentes deixara no corredor, arremessando-o com estrépito aos nossos braços, além de diversas rosas frescas, inclusive duas para nós. Ensopou-nos o lenço com suavíssimo perfume, que perdurou vinte dias.

O Espírito da jovem alemã materializou dois véus, permitindo-nos tocá-los e examiná-los à vontade. Como se o tato manual não bastasse, envolveu-nos demoradamente a cabeça e o corpo com eles. Revelando dimensões, urdidura e peso diferentes, as duas peças exalavam pronunciado odor, peculiar ao vestuário muito tempo encerrado em velhos baús.

Quase ao término da sessão, fez-se ouvir, em voz pausada e grave, o incansável médico dos pobres, Bezerra de Menezes, à guisa de preciosa exortação.

Em seguida, sempre no sotaque teuto-espanhol que a caracteriza, despediu-se a irmã Scheilla, para o pesar de todos que lhe apreciaram a atuação desembaraçada e repassada de imenso carinho, com acentos de arguta psicologia no trato dos problemas de cada um.

Foi uma semana festiva, desde a fundação da "Casa de Jesus", para moribundos pobres, até a inauguração do pavilhão destinado à "Caravana Auta de Souza", anexo à Mansão do Caminho.

Extremamente satisfeitos, constatamos a impecável orientação do "Caminho da Redenção", valoroso atalaia dos princípios doutrinários codificados por Allan Kardec.

Graças ao fraternal acolhimento de que fomos alvo, testemunhamos o sincrônico funcionamento dos serviços assistenciais da Mansão, através de movimentados departamentos. Dispondo de uma colmeia de colaboradores infatigáveis, Divaldo imprime a tudo invejável cunho organizador e disciplinar.

Não obstante as ciladas constantemente forjadas pelas trevas do mal e da ignorância, o bem e a justiça sempre triunfam na Mansão do Caminho, porque ela inscreveu, na sua bandeira de amor e paz, o dístico de Jesus: *"Vinde a mim as criancinhas..."*.

RUY HOLZMANN – Do jornal "Voz da Espiritualidade", da União da Mocidade Espírita Cristã de Ponta Grossa, (PR), ano VII, nº 81 de junho de 1955.
Redação: Rua Santos Dumont, nº 646, Caixa Postal 800, Ponta Grossa (PR), Brasil.
Artigo cedido por Alcione Madalosso Vieira, em março de 2008, a Nivalda Steffens, que gentilmente repassou-nos para constar desse livro.

Depoimento de Nivalda Steffens

AMPOLAS DE PERFUME CAINDO DO TETO APÓS A PALESTRA

Em abril do ano de 1986, Divaldo Pereira Franco esteve em Santa Cruz do Sul, RS, Brasil, pela primeira vez, a convite da Sociedade Espírita A Caminho da Luz, que comemorava o seu 42º aniversário, tendo sido fundada em 30 de abril de 1944.

Desde então, laços invisíveis de rica e profunda amizade criaram-se entre Divaldo, a comunidade espírita de Santa Cruz do Sul e demais cidades que compõem a região do Vale do Rio Pardo.

Cenas inesquecíveis ficaram gravadas para sempre em nossas memórias, ao longo destes anos, graças à presença constante de Divaldo em nossa região, em nossas vidas, educando-nos com sua ação sempre benéfica, seu atendimento incansável, pacientioso, somado a sempre crescente riqueza amorosa da sua personalidade, independente da ação dos benfeitores espirituais, através da sua mediunidade-amor.

Neste período, aconteceram dois extraordinários momentos de efeitos físicos belos, significativos, em meio a tantos outros ocorridos, que nos envolveram numa indescritível atmosfera saudável, plena de paz e encantamento.

O primeiro momento aconteceu na noite do dia 22 de outubro do ano de 1990, por ocasião da inauguração da nova sede da Sociedade Espírita "A Caminho da Luz", no mesmo local do antigo e velho chalé, à Rua Marechal Deodoro, nº 336.

Nesta noite deslumbrante, os espaços da nova sede encontravam-se superlotados, graças a presença de homenageados, autoridades representando a comunidade, convidados das demais sociedades espíritas e região em geral, fundadores, ainda encarnados, nas pessoas de Jorge e sua esposa, Nair Teixeira, membros da Diretoria, destacando-se o então presidente Jorge Luiz Steffens e nós, Nivalda Steffens, na ocasião primeira secretária. Os trabalhadores da casa, simpatizantes do Espiritismo e outros mais, todos reunidos com a finalidade de assistir à conferência de Divaldo Pereira Franco, que foi brilhante, reverenciando o Espiritismo e o Evangelho de Jesus, emocionando a todos.

Ao final, quando Divaldo proferia a prece de encerramento, ampolas com intenso perfume caíram do teto estourando no chão, desaparecendo e, em seguida, impregnando, inundando e dividindo o espaço-ambiente, metade com éter e metade com perfume de rosas.

Os fundadores, Jorge e Nair Teixeira, sentados lado a lado, em lugar de destaque, logo atrás de Divaldo, sussurravam baixinho: *"Éter"* – dizia o Sr. Jorge; *"Rosas"* – dizia a Sr.ª Nair Teixeira.

Os demais convidados, acomodados no salão de conferência, nas restantes dependências, salas e corredores, muitos sentados, alguns de pé, conforme o lado em que se encontravam, murmuravam, divergindo: *"Éter"* – diziam uns! *"Rosas"* – apregoavam outros!

Alguns arriscaram explicações, certamente diziam: *frascos foram amarrados; uns, contendo éter balsâmico; outros, contendo perfume de rosas... e em momento oportuno, foram arremessados... e estouraram no chão.*

Porém, nenhum frasco foi encontrado, nem durante nem após o término do evento e em nenhum outro momento posterior dele.

E o belo arranjo de flores que enfeitou a mesa de conferência nesta noite, confeccionado com lindas e coloridas orquídeas de tipos variados, sempre que buscado para ser recolhido, nos dias subsequentes, era encontrado todo tempo fresco e orvalhado, a cada manhã, permanecendo intacto trinta dias após o término desta inauguração, sempre aromatizando e embelezando o ambiente, até que, no trigésimo primeiro dia, apresentou-se completamente seco, sendo, então, retirado.

Mais tarde, Divaldo esclareceu para alguns trabalhadores mais próximos que no momento em que ocorreu a impregnação com éter e perfume de rosas, as equipes dos Espíritos Dr. Adolfo Bezerra de Menezes – éter –, mentor da Sociedade Espírita "A Caminho da Luz", e Joanna de Ângelis – rosas –, mentora do médium, fizeram a assepsia do ambiente, trazendo da Espiritualidade as energias puras, saudáveis, balsâmicas, para dar continuidade aos trabalhos de assistência espiritual e atendimento fraterno, na nova sede, a partir do momento presente e nos dias porvindouros.

Posteriormente, no dia 9 de maio do ano de 1997, Divaldo retornou a Santa Cruz do Sul para proferir um Seminário sobre o tema *Desperte e Seja Feliz*, baseado no livro com temática psicológica de mesmo nome, ditado pelo Espírito Joanna de Ângelis, tendo como local o auditório da Universidade de Santa Cruz do Sul (UNISC), situada na Avenida Independência, nº 2293.

Narra Jorge Luiz Steffens, um dos diretores da "A Caminho da Luz", que durante o atendimento ao público, com fila imensa, ocorreu um fenômeno de ectoplasmia, através de Divaldo, tornando jubilosos e gratos todos que ali se encontravam, por aquela noite de luzes.

O perfume impregnou todo o recinto. Todos que se aproximavam de Divaldo, para os cumprimentos da noite, receber o autógrafo nos livros, impregnavam-se do perfume que se tornava mais forte.

Ao apertar a mão de Divaldo, as mãos das pessoas ficavam perfumadas, e era possível perceber que as roupas de Divaldo estavam molhadas pelo perfume.

A Sr.ª Nair Teixeira, esposa de um dos fundadores da Sociedade Espírita "A Caminho da Luz", ao aproximar-se de Divaldo e cumprimentá-lo, sentiu gotas de perfume que pingavam, molhando sua mão, molhando e perfumando o livro que ela lhe entregava para ser autografado.

Outras pessoas que estavam na fila também foram impregnadas pelo perfume, que permaneceu intacto, mesmo após as mãos terem sido lavadas e o tempo de durabilidade ter se estendido além das vinte e quatro horas após o evento.

Foram momentos abençoados, bons, proporcionados a todos, graças à mediunidade com Jesus, graças a esses sublimes momentos da

Espiritualidade vividos com Divaldo e que gostamos de recordar com alegria e gratidão.

Ao receber esses perfumes, essas lições de amor, essas bênçãos plenas de consolo, essas notícias dos Espíritos amigos que vivem no Mundo espiritual, esse hálito de amor do "Senhor da Vida", só nos resta dizer: – *Muito obrigada, Senhor! Muito obrigada, Divaldo!*

NIVALDA STEFFENS atua no Movimento espírita desde 1981 como trabalhadora e integrante do Conselho Deliberativo da Sociedade Espírita "A Caminho da Luz", em Santa Cruz do Sul, onde reside.

Depoimento de Tracy Zulmira de Sant'Anna

Divaldo Franco e os fenômenos mediúnicos

1 – Materialização do Espírito Scheilla na reunião pública

Encontrava-me no Cenáculo do Centro Espírito Caminho da Redenção – superlotado, como sempre, quando contava com a presença de Divaldo Franco –, em sua antiga sede na Rua Barão de Cotegipe, nº 124, na cidade de Salvador-BA. Este acontecimento teve lugar nos idos de 1956.

Todos fomos surpreendidos com a materialização de uma Entidade de traje branco, longo, meio esvoaçante, atravessando todo o salão, que estava com apenas algumas luzes acesas. Surgira, não sei como. O portão de entrada era, na realidade, o fundo do salão. Na extremidade oposta, havia um estrado e a mesa, onde os palestrantes se postavam. Como estava sempre superlotado, os que não encontravam lugar para sentar ficavam de pé no fundo do salão, na porta lateral, sentados à beira do estrado e onde houvesse algum lugar. A Entidade veio caminhando do fundo para a frente do salão. Era alta, irradiava uma luz diáfana, clara, mas de tom indefinível. Todos ficaram magnetizados com aquela aparição e, parece-me que se esvaiu, pois não detectei o rumo tomado por ela. Só sei que foi marcante e emocionante demais.

Vale ressaltar que Divaldo ainda não havia adentrado o salão, o que aconteceu logo depois.

COMENTÁRIO DA ORGANIZADORA:

Iracy menciona, quanto ao Espírito materializado na reunião pública, que, naquele momento, Divaldo ainda não estava no recinto, mas logo em seguida ele se fez presente. O fenômeno de efeito físico pode ocorrer, em circunstâncias mais raras, se na proximidade do local estiver um médium com essa especificidade mediúnica. Neste caso, os Espíritos que desejam promover o efeito retiram do médium o fluido necessário para produzi-lo – o ectoplasma –, entretanto, isso exige do médium outro potencial peculiar e raro: o de permanecer consciente, isto é, não entrar no transe mediúnico comumente apropriado a esse tipo de trabalho. O que sabemos a respeito da mediunidade, em nossos dias, ainda é um conhecimento bastante precário, e existem incontáveis processos que, por enquanto, ainda não desvendamos.

Divaldo, portanto, estando próximo ao local, forneceu o ectoplasma suficiente para que a materialização ocorresse. Devendo levar-se em conta que a aparição do Espírito (que depois foram cientificados que era a irmã Scheilla), que a todos surpreendeu, teve algumas características marcantes, porque atravessou o salão e irradiava uma luz diáfana, desaparecendo logo em seguida. O médium baiano não entrou no transe inconsciente, permanecendo lúcido enquanto exteriorizava o fluido necessário para produzir a manifestação que emocionou aos que a presenciaram.

2 – Izildinha e a luva de parafina

Naquele mesmo ano, 1956, em outra ocasião, fui convidada para assistir a uma sessão de materialização, às 20 horas, também no Centro Espírita Caminho da Redenção. Era uma noite chuvosa e todos deixaram os seus guarda-chuvas, bolsas e pertences no andar térreo.

No primeiro andar, onde se processaria a reunião, fomos levados para um cômodo amplo, com umas vinte cadeiras arrumadas em três ou quatro filas horizontais. A casa, estilo senhorial, antiga, tinha paredes muito largas e portas pesadas e muito altas. A porta foi fechada com ferrolhos laterais e com chave, fazendo um barulho característico.

Divaldo encontrava-se sentado numa cadeira à nossa frente, sem nada ao redor. Apagadas as luzes, foi feita a prece. Poucos minutos após, ouvimos a voz, muito grave, do Espírito Joseph Gleber. Falava com alguns dos presentes, inclusive comigo, dando-me forças para prosseguir com o meu trabalho – instalação do Serviço Social em Hospital de *doentes mentais* onde eu iniciaria, sozinha, a função de assistente social, ainda não totalmente desvinculada da Universidade – muito difícil e árduo, dando-me alento, simpatia e bom ânimo.

Surge, então, a mesma Entidade que apareceu no Cenáculo. Era a irmã Scheilla. Saudou todos com o seu português ainda carregado pela acentuação germânica. Era aquela mesma figura nimbada de luz, contagiando-nos com a sua vibração de carinho e de amor fraterno. Transportes surpreendentes de guarda-chuvas e bolsas, que estavam no térreo, foram acontecendo e surgindo no recinto, e a Entidade entregava-os aos seus respectivos donos.

Depois, Scheilla ofereceu rosas a várias pessoas. Também tive a ventura de receber uma rosa orvalhada, com o talo quebrado (não era cortado). A minha rosa, ainda desabrochando, era linda. Em seguida, Scheilla comunicou que uma menina, a Izildinha, estava presente e que iria nos deixar uma lembrança. Tinham sido levados para a sala, antes do início da sessão, um balde com água e vasilhames para serem aquecidos com fogareiro elétrico. Izildinha pediu uma moeda, e um dos presentes, um funcionário do Banco do Brasil, ofereceu-lhe – vale ressaltar que a moeda era de um novo modelo, que iria entrar em circulação. Pouco depois, foi apresentada uma pequenina mão, à semelhança de luva, em parafina e, embutida, no centro, a nova moeda. É realmente uma lembrança inolvidável.

No encerramento, outro fenômeno de ectoplasmia, através de Divaldo, tornou-nos jubilosos e gratos por aquela noite de luzes. O perfume impregnou todo o recinto e ainda era possível senti-lo nos corredores. Para os médiuns videntes, Divaldo estava envolto em uma aura de luz branca de grande amplitude, como o luar, e, ao chegarmos perto dele para as despedidas da noite, o perfume tornava-se mais forte. Ao abraçá-lo, nossas mãos ficaram perfumadas e verificamos que suas roupas estavam molhadas pelo perfume...

COMENTÁRIO DA ORGANIZADORA:

A moldagem é um processo realizado pelos Espíritos, podendo ser, quase sempre, por um Espírito materializado, com o uso de parafina ou cera, ferventes e liquefeitas, para produção de mãos, pés, dedos que apresentam, quando realizada a moldagem, os detalhes das dobras da pele, as unhas e até mesmo as veias.

As primeiras moldagens foram obtidas em 1875, pelo pesquisador norte-americano William Denton, professor de geologia e autor de algumas obras conhecidas com a médium Mary Hardy (uma de suas obras, *Segredos da Natureza*[1]). Outras experiências foram sendo realizadas na Europa e nos Estados Unidos, com médiuns famosos, como Eusápia Paladino, os irmãos Devenport, Eglinton, etc.

Para a realização desse fenômeno, é imprescindível a presença de um médium de ectoplasmia.

André Luiz relata em *Nos domínios da mediunidade*, uma sessão de efeitos físicos, quando a certa altura dos trabalhos foi realizada uma moldagem, vejamos a seguir:

> Nesse aposento, sobre pequeno fogão elétrico, grande balde de parafina fervente requisitava-nos a atenção.
>
> Um amigo de semblante simpático cobriu a destra com a pasta dúctil que manava fartamente do médium e materializou-a com perfeição, mergulhando-a, logo após, na parafina superaquecida, deixando aos componentes da reunião o primoroso molde como lembrança.
>
> Uma jovem que nos saudou, cordial, trabalhou igualmente o ectoplasma, modelando três flores que, submersas no vaso, ficaram, depois, em mesa próxima para os assistentes, à guisa de doce recordação daquela noite de tolerância e carinho. (XAVIER, 1955, cap. 28.)

Estive algumas vezes em instituições espíritas que realizaram sessões de materializações, aqui mesmo, em Juiz de Fora, e em outras cidades, tive o ensejo de observar, fechadas em armários de vidros, luvas e flores de parafina, feitas por Espíritos materializados, conservando-se perfeitas depois de muitos anos. Essas reuniões foram realizadas, em geral, nas duas primeiras décadas do século XX.

---

1. DENTON, William. *Nature's secrets*. London, University of California Libraries, 1863.

3 – Flores alvas caindo do céu

Essa reunião seria bem especial, pois o Plano espiritual a preparara com muito carinho, como um ágape de bênçãos e luzes.

Quando inúmeros Espíritos sofredores já haviam sido socorridos e instruídos com amor através da carinhosa atenção dos benfeitores da Casa Espírita, ocorreu belíssimo fenômeno de transporte! O Espírito Walter, antigo companheiro espiritual do médium, estava presente e preparou-o para o fenômeno. Divaldo estendeu as mãos e as mais belas angélicas – flores do campo – foram caindo sobre elas esparzindo beleza, perfume e bons fluidos ao ambiente. As angélicas estavam frescas, pois haviam sido colhidas naquele instante. Prova mais doce e mais suave dos laços eternos do amor, não poderia existir. Flores alvas, belas e perfumadas caindo do céu, abençoando a Terra... Algumas pessoas que estavam nesta reunião abençoada puderam levar para a casa uma angélica como símbolo da alegria, da paz, da união entre o plano físico e o espiritual.

4 – Encontro fraternal em Itaparica

Ocorreu a transfiguração de nosso Divaldo, quando recebeu o Espírito Bezerra de Menezes, dando ensejo ao fenômeno da ectoplasmia, podendo-se observar as gotas resinosas de perfume delicioso que brotavam de seus dedos impregnando todo o ambiente, molhando a toalha da mesa, derramando-se pelo chão. Todos nós, que tocamos as mãos de Divaldo, naquele momento especial, ficamos com esse aroma impregnado nas nossas. Um lenço que oferecemos para Divaldo segurar ficou banhado com as gotas perfumadas por muitos dias. Esses momentos felizes ficarão registrados nos arquivos profundos do ser, garantindo alimentos de paz e luz para o futuro.

COMENTÁRIO DA ORGANIZADORA:

Camilo, o mentor de Raul Teixeira, na obra *Correnteza de Luz*[2] refere-se a alguns fenômenos de efeitos físicos. Ao explicá-los, aborda uma questão que muito nos interessa, ou seja, a produção de perfume, éter, etc. Observemos:

---
2. TEIXEIRA, Raul J.; CAMILO [Espírito]. *Correnteza de Luz*. Editora Fráter, 1991.

Com a ação de Espíritos enobrecidos em determinados ambientes, podem eles realçar perfumes suaves não captados, mas que já existiam ali, valendo-se de seu domínio sobre os fluidos físicos, como podem também produzir sobre esses fluidos diversificados olores que se vão modificando de acordo com seus interesses e sua vontade. É graças à neutralidade dos fluidos básicos que isso pode dar-se. (...) Não descartamos, é certo, a possibilidade dos Espíritos, nos variados graus de evolução, poderem produzir luzes, sons ou olores, dentro de suas capacidades, valendo-se dos fluidos ectoplásmicos, nos fenômenos mediúnicos de variado porte, uma vez que a ectoplasmia pode ser trabalhada por indivíduos em diversos níveis de progresso intelectual e moral, conforme os caracteres dos grupos humanos que a eles se liguem, ou em função das necessidades de aprendizados que se imponham. (Caps. 1 a 3.)

IRACY ZULMIRA DE SANT'ANNA trabalha como voluntária no Centro Espírita Caminho da Redenção (Mansão do Caminho), em Salvador (BA). Após aposentar-se como assistente social e professora do ensino médio, foi convidada para colaborar de modo mais efetivo, residindo na Mansão, o que ocorreu em 22 de março de 1985, e por lá está há mais de 30 anos. Àquela época, ainda existiam as Casas-lares, e ela passou a orientar nos estudos das crianças e adolescentes ao lado de outras tarefas. Também cuidou de todo o acervo de Divaldo (correspondência recebida, títulos, diplomas, placas, etc.) e, posteriormente, cuidou da organização e preservação do Acervo Divaldo Pereira Franco, inaugurado em 1998. Em 2011 foi inaugurado o Memorial Divaldo Pereira Franco, com requisitos mais modernos e atuais, ambos sob responsabilidade dela, que também é responsável pela Casa Grande, residência de Divaldo e Nilson, quando encarnado, e de mais 4 pessoas. A casa recebe diariamente os chefes de departamento para a principal refeição, atende as ligações telefônicas e é a referência para alguns encaminhamentos.
Iracy tornou-se espírita quando, por acaso, acompanhou sua irmã, convidadas por colega de trabalho, espírita, para assistir a uma reunião que se processava aos domingos, na Barão de Cotegipe, no Centro Espírita Caminho da Redenção. Ouviu Divaldo e ficou encantada, passando a frequentar aos domingos, sozinha, embora sua irmã e colegas não tivessem sido tocadas, como ocorreu com ela, pois continuaram católicas. O trabalho dela no Memorial e no Acervo é o de preservação, constituição de equipes para o atendimento aos inúmeros visitantes, recebimento constante dos frutos das homenagens a Divaldo, procurando distribuí-los da melhor maneira, para que estejam sempre de acordo com algo que necessita ser preservado através dos anos, enquanto a Instituição estiver capacitada para o trabalho dignificante que exerce.

Depoimento de Milciades Lezcano Torres

EL LIBRO DE SOR JUANA INÉS DE LA CRUZ

Era el año 1996 cuando el Ilustre orador espírita Divaldo Pereira Franco vino a Paraguay para dictar una serie de conferencias organizadas por el Centro de Filosofía Espiritista Paraguayo (CEFEP), tuvimos la oportunidad de participar en dichas conferencias invitados por mi madre Laudelina Torres de Lezcano que frecuentaba al Estudio Sistematizado de la Doctrina Espírita y otras actividades del Centro.

Esas conferencias fueron desarrolladas en la Manzana de la Rivera con el tema "Los cuatro caminos" donde participamos un poco distantes por la gran cantidad de público que asistió al evento, en el Centro Paraguayo Japonés abordó el tema "La Reencarnación" donde ya tuvimos la oportunidad de adquirir algunos libros y aprovechamos la oportunidad para saludar al conferencista y en el local del CEFEP el tema fue "Ricky y el flagelo de la drogadicción" donde preguntamos a Divaldo cuál era su parecer con respecto a dar dinero a los niños de la calle y él nos respondió con gentileza y la bondad que lo caracteriza: – *Que nos reunamos personas con los mismo ideales nobles y busquemos otras formas de ayudarlos con alimentos, abrigos y sobre todo con lecciones de moral que se encuentran en el Evangelio.* – Realizar esas orientaciones me parecía un poco distante en ese entonces.

Además, en esas jornadas, escuchamos comentarios al respecto de su mentora espiritual Joanna de Ângelis quien fuera la reencarnación de Juana Angélica de Jesús, Sor Juana Inés de la Cruz, Clara de Asís y Juana de Cusa en otros tiempos.

En el mes de diciembre del año 1997 había viajado a México para la Feria de Libros y estaban expuestos en un stand unos libros sobre la personalidad ilustre Sor Juana Inés de la Cruz que fueron publicados en conmemoración de los 300 años de su nacimiento (1695-1995). Traje un ejemplar que me obsequiaron y lo guardé en una biblioteca con otros documentos, catálogos y revistas, que quedaron allí archivados por un largo tiempo.

Ya en el mes de marzo del 2003 más adentrados en los trabajos de la Doctrina Espírita teníamos planeado viajar a la ciudad de Curitiba para participar en el Encuentro Estadual que organiza la Federación Espírita de Paraná (FEP) – con los hermanos Nelson Lezcano, Víctor Luraghi, Luis Segovia, Jorge Segovia y Gustavo Lugo – e invitar a Divaldo a venir a Asunción para participar como conferencista del 1er. Congreso Espírita Paraguayo que se realizaría en septiembre del 2003, y que no pudo ser posible debido a su agenda comprometida para esa fecha.

En la víspera del viaje, me recordé del libro que había traído de México y decidí buscarlo para obsequiar a Divaldo, pero una vez que lo encontré íntimamente me causaba una sensación de no querer desprenderme del libro, entonces decidí fotocopiarlo para mí para no quedar sin él. Ya en el evento, en la fila de los autógrafos decidimos autografiar el libro que íbamos a obsequiar a Divaldo y le manifestamos que el obsequio era con el fin de que conozca mejor a su mentora espiritual, y reímos todos.

Pasado algún tiempo volví a dicha biblioteca y buscaba no sé qué cosa, y para sorpresa mía apareció allí nuevamente el libro de Sor Juana Inés de la Cruz. Mi asombro fue tal que lo palpé, lo hojeé, lo revisé una y otra vez para estar seguro de que no era una ilusión. Luego pasé a guardar el libro en un lugar más seguro y a verificarlo cada cierto tiempo de tal forma que no volviese a desaparecer.

En el mes de abril del año 2006 Divaldo regresa a Paraguay después de 10 años, para realizar una serie de conferencias en el marco de la Semana Espírita y la reunión del Consejo Espírita Internacional (CEI). Con el hermano Jorge Segovia nos sentimos honrados de tener la dicha de convertirnos en sus anfitriones trasladándolo del hotel donde se hospedaba a los lugares de las conferencias. Además, tuvimos la oportunidad de conversar sobre varios aspectos de la Doctrina Espírita y del Movimiento Espírita, y Divaldo atendía nuestras inquietudes con la bondad y ternura que caracteriza a un hombre sabio.

Coincidentemente la conferencia final fue realizada en el CEFEP con el mismo tema de hace 10 años atrás "Ricky y el flagelo de la drogadicción". De camino al hotel le recordé que el programa desarrollado en el día fue el mismo de aquella vez en 1996 y nos dijo: – *Sí, me recuerdo.* – También le comentamos sobre la pregunta de la asistencia a nuestros hermanos carentes y se sonrió y nos dijo: – *Sí, me recuerdo.* – Y le comentamos que ya habíamos iniciado hace un tiempo los trabajos sociales que en aquel tiempo nos parecía distante, se sonrió una vez más y nos dijo: – *Que cosa la de Dios.* Fue entonces que tomamos el coraje de comentarle sobre el suceso del libro de Sor Juana Inés de la Cruz y él con toda naturalidad y sencillez nos respondió: – *Que cosa la de Dios.*

En *El Libro de los Médiums,* de Allan Kardec en la segunda parte en el capítulo 5 en el ítem 91 nos dicen que *"estos hechos (de efectos físicos) son llevados a cabo por Espíritus inferiores, pero esos fenómenos son provocados a menudo por Espíritus de un orden más elevado, con el fin de demostrar la existencia de seres incorporales, así como de un poder superior al del hombre".* De esa manera el suceso del libro Sor Juana Inés de la Cruz fue un fenómeno que nos afirmó que nuestro objetivo como Espíritas debe ser el estudio serio, continuo, regular, perseverante, libre de prejuicio y animado por la firme y sincera voluntad de alcanzar un resultado para comprender los diversos matices de esta nueva Doctrina que nos impulsa de repente a un orden de cosas tan nuevas e importantes.

Además, comprendimos, que la práctica de la caridad constante nos ayuda a realizar nuestra transformación moral y el dominio de nuestras malas inclinaciones conforme nos orienta el maestro Allan Kardec en *El Evangelio según el Espiritismo.*

O livro de Sor Juana Inés de la Cruz

Era o ano de 1996 quando o ilustre orador espírita Divaldo Pereira Franco veio ao Paraguai para proferir uma série de conferências organizadas pelo Centro de Filosofía Espiritista Paraguayo (CEFEP). Tivemos a oportunidade de participar dessas mencionadas conferências, convidados por minha mãe, Laudelina Torres de Lezcano, que frequentava o Estudo Sistematizado da Doutrina Espírita e outras atividades do Centro.

Essas conferências ocorreram na Manzana de la Rivera com o tema "Os quatro caminhos", das quais participamos um pouco distantes devido à grande quantidade de público que assistiu ao evento. No Centro Paraguayo Japonés, o conferencista abordou o tema "A reencarnação", quando tivemos a oportunidade de adquirir alguns livros e aproveitamos a oportunidade para cumprimentá-lo. Na sede do CEFEP, o tema foi "Ricky e o flagelo da drogadição", onde perguntamos a Divaldo qual era sua opinião sobre dar dinheiro às crianças de rua, e ele nos respondeu com a gentileza e a bondade que o caracterizam: – *Que nos reunamos com pessoas com os mesmos ideais nobres e procuremos outras formas de ajudá-los, com alimentos, abrigos e sobretudo com lições de moral que se encontram no Evangelho.* – Pôr em prática essas orientações parecia-me um pouco distante nessa ocasião.

Ademais, nessas jornadas escutamos também comentários sobre sua mentora espiritual, Joanna de Ângelis, que foi a reencarnação de Joana Angélica de Jesus, Sóror Juana Inés de la Cruz, Clara de Assis e Joana de Cusa em outros tempos.

No mês de dezembro do ano de 1997, eu havia viajado ao México para a Feira de Livros, e estavam expostos em um estande alguns livros sobre a personalidade ilustre Sóror Juana Inés de la Cruz, que foram publicados em comemoração aos 300 anos de seu nascimento (1695-1995). Trouxe um exemplar com o qual me presentearam e o guardei em uma biblioteca com outros documentos, catálogos e revistas, que ali ficaram arquivados por muito tempo. Já no mês de março de 2003, mais incorporados aos trabalhos da Doutrina Espírita, tínhamos planejado viajar para a cidade de Curitiba a fim de participar do Encontro

Estadual organizado pela Federação Espírita do Paraná (FEP) – com os irmãos Nelson Lezcano, Víctor Luraghi, Luis Segovia, Jorge Segovia e Gustavo Lugo – e de convidar Divaldo para vir a Assunção participar como conferencista do Primeiro Congresso Espírita Paraguaio, que se realizaria em setembro de 2003, mas sua participação não foi possível devido à sua agenda comprometida para essa data.

Na véspera da viagem, lembrei-me do livro que havia trazido do México e decidi procurá-lo para presentear Divaldo com ele, porém, quando o encontrei, tinha intimamente uma sensação de não querer desprender-me do livro. Decidi, então, fotocopiá-lo para mim, a fim de não ficar sem ele. Durante o evento, na fila dos autógrafos, decidimos autografar o livro com que presentearíamos Divaldo e dissemos-lhe que o presente era para que conhecesse melhor sua mentora espiritual – rimos todos. Passado algum tempo, voltei à biblioteca e procurava não sei o quê, quando, para minha surpresa, apareceu ali novamente o livro de Sóror Juana Inés de la Cruz. Meu espanto foi tanto que o apalpei, folheei-o, revisei-o várias vezes para ter certeza de que não era uma ilusão. Depois passei a guardar o livro em um lugar mais seguro e a verificá-lo periodicamente para que não voltasse a desaparecer.

No mês de abril do ano de 2006, Divaldo voltou ao Paraguai, depois de dez anos, para realizar uma série de conferências no âmbito da Semana Espírita e da reunião do Conselho Espírita Internacional (CEI). Com o irmão Jorge Segovia, sentimo-nos honrados de ter a felicidade de nos convertermos em seus anfitriões, levando-o do hotel onde se hospedava aos lugares das conferências. Além disso, tivemos a oportunidade de conversar sobre vários aspectos da Doutrina Espírita e do Movimento Espírita, e Divaldo atendia a nossas inquietudes com a bondade e a ternura que caracterizam um homem sábio.

Coincidentemente, a conferência final foi realizada no CEFEP com o mesmo tema de dez anos antes: "Ricky e o flagelo da drogadição". No caminho para o hotel, lembrei-o de que o programa desenvolvido no dia foi o mesmo daquela vez em 1996, e ele nos disse: – *Sim, lembro--me.* – Comentamos sobre a pergunta de assistência a nossos irmãos carentes, e ele sorriu e nos disse: – *Sim, lembro-me.* – E comentamos que já havíamos iniciado há algum tempo os trabalhos sociais que, naquela época, pareciam-nos distantes, ele sorriu mais uma vez e nos disse: – *Que coisa a de Deus*. – Foi então que tomamos coragem e contamos sobre o episódio do livro de Sóror Juana Inés de la Cruz, e ele, com toda a naturalidade e simplicidade, respondeu-nos: – *Que coisa a de Deus*.

Em *O Livro dos Médiuns*, de Allan Kardec, na Segunda Parte, no capítulo 5, item 91, diz-se que "*esses fatos (de efeitos físicos) são executados por Espíritos inferiores, mas esses fenômenos são provocados com frequência por Espíritos de uma ordem mais elevada, com a finalidade de demonstrar a existência de seres incorpóreos, assim como de um poder superior ao do homem*". Dessa maneira, o episódio do livro de Sor Juana Inés de la Cruz foi um fenômeno que nos reafirmou que nosso objetivo como Espíritas deve ser o estudo sério, contínuo, regular, perseverante, livre de preconceitos e animado pela firme e sincera vontade de alcançar um resultado para compreender os diversos matizes desta nova Doutrina que nos impulsiona de repente a uma ordem de coisas tão novas e importantes. Além disso, compreendemos que a prática da caridade constante ajuda-nos a realizar nossa transformação moral e o domínio de nossas más inclinações, conforme nos orienta o mestre Allan Kardec em *O Evangelho segundo o Espiritismo*.

Milciades Lezcano Torres.

MILCIADES LEZCANO TORRES é presidente da Federación Espírita Paraguaya e diretor doutrinário do Centro Espírita Paraguayo "Joanna de Ângelis".

Depoimento de Wagner Damásio Cruz

Divaldo e a água fluidificada por um ano

Era o ano de 1990, e, como oficial do Exército, eu estava cursando a Escola de Aperfeiçoamento de Oficiais (EsAO), na Vila Militar do Rio de Janeiro. Coincidentemente, na organização do roteiro anual de Divaldo Franco, na Cidade Maravilhosa, liderado pela Sr.ª Ana Maria Spränger, e seu marido, Isaac, decidiram incluir a Zona Oeste para receber uma das palestras. O local selecionado para a apresentação foi justamente a Escola Militar, no dia 20 de agosto, uma tardinha de temperatura muito agradável naquela época do ano.

Como sempre acontece nas palestras desse Embaixador da Paz no Mundo, e no Rio de Janeiro não é diferente, um grande público acorreu ao local do evento, o que obrigou os organizadores, infelizmente, a limitar o acesso da assistência ao auditório da EsAO.

A temática abordada pelo *Semeador de Estrelas* – como bem definiu a autora e organizadora deste livro –, o nosso querido Divaldo, não me recordo, mas a alegria estampada nos rostos dos presentes ante os casos mais descontraídos, as expressões de emoção quando o orador relatou um caso de sofrimento e da esperança renovada ante as luzes esclarecedoras da Doutrina Espírita, anunciando o Reino dos Céus ao alcance de todos, tudo isso me marcou sobremaneira.

Após declamar o *Poema da Gratidão*, de autoria do Espírito Amélia Rodrigues, encerrando o evento, e os aplausos entusiásticos, de pé, do público presente pelas benesses recebidas, Divaldo conclui a sua palestra. Ele ainda atendeu a todos, que assim desejaram, para um cumprimento, um autógrafo ou uma palavra de conforto.

Em seguida, rumamos com Divaldo, Heloísa, minha esposa, e os amigos Ana Maria Spränger, seu esposo, Isaac, a filha, Isabela, e algumas poucas pessoas, para a minha residência, ali na Vila Militar, no pequeno apartamento destinados aos alunos da EsAO, motivo pelo qual o nosso grupo era reduzido.

Adrede, a Heloísa havia organizado um jantar, preparado com muito amor e carinho, pois àquela hora, início da noite, com a presença do dileto amigo, era como uma grande festa, tal a alegria que sentimos.

Após os comentários sobre os acontecimentos do *plano de cá* e do *Plano de lá* ocorridos na palestra, antecedendo a nossa refeição, realizamos um ligeiro Evangelho no Lar em agradecimento às dádivas da vida.

Como é recomendável nessas ocasiões, foi colocada uma garrafa com água, geralmente fechada, para ser fluidificada, oportunidade em que os Espíritos benfeitores depositam as soluções medicamentosas nela, para fortalecimento físico-espiritual daqueles que a irão utilizar.

Terminada a leitura do texto evangélico, dos comentários e feita a prece, Divaldo levantou-se e aplicou passes em cada um dos presentes, mediante a imposição das mãos, para transmissão de energias do Plano superior, fazendo o mesmo sobre a garrafa com água... Nesta oportunidade, o ambiente foi envolvido por um suave e marcante perfume de rosas, que caracteriza a presença da querida benfeitora Joanna de Ângelis. Este perfume permaneceu em nossa sala por várias semanas depois.

Como já havíamos preparado alguns copos pequenos com água para serem servidos após o Evangelho, não bebemos da água acima mencionada.

O jantar foi servido em ambiente de muita alegria e fraternidade, sem esquecer os elogios às mãos de fada que o produziu. Saudade daquele tempo...

Depois das despedidas, quando Divaldo e os demais convivas retornaram para as suas residências, Heloísa e eu nos servimos da água fluidificada por Divaldo e qual foi a nossa surpresa ao constatar o gosto e o forte aroma de flores e perfumes, numa mistura bastante harmônica, que a impregnava.

Nos dias seguintes, diariamente, antes de dormir, sempre bebíamos uma pequena dose de nossa água fluidificada, tendo o cuidado de completá-la quando atingia a metade, conforme orientação do *Peregrino do Senhor*, como bem o denominou a saudosa Altiva Noronha, o nosso convidado especial. Por incrível que pareça, um ano depois, sempre completando o volume da água, ela mantinha o mesmo gosto de flores e perfumes, mostrando-nos o grande poder mediúnico de Divaldo.

WAGNER DAMÁSIO DA SILVA CRUZ reside em Cascavel (PR), opera no Movimento Espírita desde 1983 e é o atual presidente da Sociedade Espírita Joanna de Ângelis dessa cidade.

Depoimento de Guaracy Paraná Vieira

Scheilla materializada depois da palestra

Do livro *Nas pegadas do Nazareno*,[1] de autoria de Miguel Sardano, extraímos parte do importante depoimento de Guaracy Paraná Vieira, que, a certa altura, referindo-se à oratória e às várias especificidades mediúnicas de Divaldo Franco, relata:

"Além dos dotes da inspiração no momento empolgante da oratória, numa quase permanente psicofonia, a clariaudiência, a psicografia, as manifestações de efeitos físicos culminando com materializações extraordinárias, valendo registrar sucintamente três a que assisti, com o testemunho de outros líderes do Movimento Espírita local, tendo Divaldo como médium.

A primeira em minha casa, surgida espontaneamente enquanto conversávamos após um café, servido pela Célia,[2] no retorno de uma palestra, com a presença do Espírito Scheilla, trazendo flores, lâmpadas de aplicação de rádium e de luz infravermelha e essência de eucalipto com que perfumou e coloriu uma jarra de água.

Duas na Sociedade Espírita Francisco de Assis de Amparo aos Necessitados, perante 100 pessoas, quando tivemos novamente a presença de Scheilla, do Dr. Joseph Gleber e do Frei Joaquim, um frade português do século XV, que trouxe uma bonita vela rendada que, acesa

---

1. SARDANO, Miguel de Jesus. *Nas pegadas do Nazareno*. 2ª ed. Salvador: Editora LEAL, 2016, cap. 8.
2. Célia Madalosso Vieira, esposa de Guaracy (nota da organizadora).

por um assistente, foi usada enquanto ele transmitia uma mensagem em linguagem da época, andando pela sala sem que a chama da vela oscilasse com o deslocamento do ar.

Mas, além do capítulo da mediunidade, que vem enriquecendo com o correr do tempo e o mérito da tarefa realizada nesse longo período, além do orador ímpar e inimitável e do médium de matizes tão ricos, ressalta a figura do *irmão* que se revela no cotidiano.

O orador tem empolgado multidões em todos os recantos do mundo onde a missão de Divaldo Pereira Franco o tem levado inúmeras vezes. Ministrando cursos, respondendo a entrevistas para o rádio, televisão, jornais, revistas, participando de painéis, pinga-fogos, debates, sempre de improviso, abordando todos os temas que lhe são propostos com extraordinária precisão e brilhantismo...

O médium, revelado em muitas ocasiões, tem regularmente colocado sua faculdade na psicografia de dezenas de livros e centenas de mensagens. Algumas particulares, de consolo, de notícias seguras de entes queridos que voltam para esclarecer e amenizar a saudade.

Entretanto, é preciso não esquecer que o desempenho dessas sublimes atividades no campo da oratória e da mediunidade, fundamentadas na base sólida de uma vivência cristã, tem seu sustentáculo no valor moral desse querido irmão, cujo dia a dia é uma permanente lição de disciplina no cumprimento do dever assumido quando se candidatou a ser um obreiro na Seara de Jesus, porque assim ele tem agido, desde que, nesta encarnação, as luzes da Doutrina Espírita lhe clarearam os horizontes da vida.

O verdadeiro espírita-cristão revela-se na sua maneira de agir nas mais diferentes circunstâncias.

Isso tenho testemunhado ao longo desses 33 anos de fraternal amizade.

Nesse período, Divaldo tem vindo a Ponta Grossa pelo menos duas vezes por ano."

Guaracy Paraná Vieira

Terceira Parte

Vidências de Espíritos que trazem notícias

m *O Livro dos Espíritos*, na Parte Quarta – Das esperanças e consolações, na resposta à questão 935, Allan Kardec escreve uma nota que se sobressai por sua importância e por sua lógica absolutamente irretorquível:

> A possibilidade de nos pormos em comunicação com os Espíritos é uma dulcíssima consolação, pois nos proporciona meio de conversarmos com os nossos parentes e amigos, que deixaram antes de nós a Terra. Pela evocação, aproximamo-los de nós, eles vêm colocar-se ao nosso lado, nos ouvem e respondem. Cessa assim, por bem dizer, toda separação entre eles e nós. Auxiliam-nos, testemunham-nos o afeto que nos guardam e a alegria que experimentam por nos lembrarmos deles. Para nós, grande satisfação é sabê-los ditosos, informar-nos, por seu intermédio, dos pormenores da nova existência a que passaram e adquirir a certeza de que um dia nos iremos a eles juntar. (KARDEC, 2013, cap. 1.)

Mais adiante, o codificador aduz uma nota à resposta da questão 936, nos seguintes termos:

> Pelas provas patentes, que ministra, da vida futura, da presença, em torno de nós, daqueles a quem amamos, da continuidade da afeição e da solicitude que nos dispensavam; pelas relações que nos faculta manter com eles, a Doutrina Espírita nos oferece suprema consolação, por ocasião de uma das mais legítimas dores. Com o Espiritismo, não mais solidão, não

mais abandono: o homem, por muito insulado que esteja, tem sempre perto de si amigos com quem pode comunicar-se. (Ibidem.)

Vale ressaltar aqui uma notável peculiaridade do trabalho mediúnico de nosso amigo Divaldo Franco. Por meio da psicografia, ele recebeu mensagens de entes queridos para seus familiares que vieram a compor três obras: *Vidas em triunfo*, *Depois da vida* e *Vitória da vida*.

Entretanto, observemos atentamente a especificidade desse labor que integra o superior programa espiritual do médium baiano, pois que Divaldo exerce a capacidade mediúnica de transmitir recados, pequenas mensagens de Espíritos que o procuram desejosos de dizer algumas palavras aos familiares, algum conforto, relatando e transmitindo diretamente o que dizem os desencarnados que estão presentes, para que ele repita verbalmente a mensagem.

Não se pode perder de vista que a missão de Divaldo é de tal maneira multifacetada que várias vertentes luminosas se abriram para que ele exerça a mediunidade com Jesus e Kardec não apenas no Brasil e na América do Sul, mas pelo mundo afora, nos cinco continentes, como um legítimo *Semeador de Estrelas*. Diante disso, sob a supervisão da mentora Joanna de Ângelis, o trabalho de consolação, em parte e dependendo das circunstâncias e necessidade, seria agregado ao da oratória, o que viria a ser duplamente benéfico para o público alvo dessas mensagens, pois as pessoas estariam sendo esclarecidas e, simultaneamente, consoladas.

Em verdade, o Espiritismo consola porque esclarece. O que não quer dizer que fique adstrito a essa peculiaridade, porquanto Divaldo também o faz por inúmeras outras oportunidades, lugares e épocas.

Esse trabalho mediúnico tem três aspectos notáveis quando é exercido na fila de autógrafos: primeiro, é imprescindível que o médium veja o Espírito ou escute o que ele diz; segundo, o processo de captação com fidelidade do que o Espírito transmite sem precisar entrar em transe; terceiro, a impressionante capacidade de passar o recado/mensagem com segurança e, ainda mais, em rápidos segundos ou minutos, porque muitos estão esperando a vez na fila.

Por fim, há um fator extremamente importante: em muitas ocasiões, a pessoa é desconhecida e nem pediu coisa alguma. Isso é fantástico, porque pode estar ali o Espírito de um ente querido interessado em dizer que está vivo, que está bem ou mesmo pedindo preces.

São as dulcíssimas consolações a que se refere nosso amado Allan Kardec.

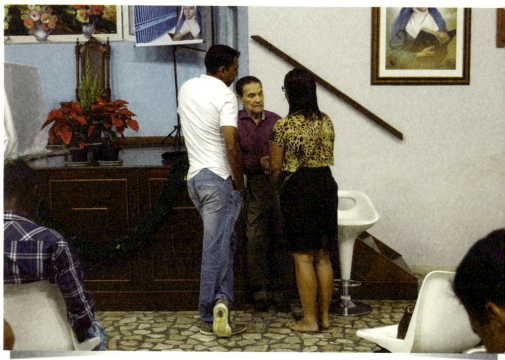
Divaldo Franco conversando com visitantes antes da palestra, no Centro Espírita Caminho da Redenção.

Frequentadores do Centro Espírita Caminho da Redenção horas antes do início da Sessão Doutrinária. Ao fundo, fila aguardando para atendimento com Divaldo Franco.

o dia 25 de dezembro de 2005, com meu irmão, Manoel Petitinga Júnior, comparecemos ao Hotel Fiesta, em Salvador (BA), para o lançamento do livro *José Petitinga: apóstolo da unificação*,[1] de autoria do meu tio Archibaldo Petitinga Filho.

O autor proferiu uma palestra sobre o conteúdo da obra, e estando presente nosso amigo Divaldo Franco, a este foi passada a palavra para suas considerações acerca do homenageado, José Petitinga, meu bisavô.

Para surpresa geral, ele próprio se comunicou, por intermédio da mediunidade de Divaldo, discorrendo sobre a imperiosa necessidade de que a paz se estabeleça no planeta.

Ao final, formou-se uma longa fila, todos procurando abraçar o autor, que autografava o seu livro, e Divaldo.

Enquanto aguardávamos a nossa vez, pois estávamos ainda bem longe do palco, Manoel passou a comentar algumas situações familiares e citou que guardava muita mágoa de nosso pai, pois nunca tinha recebido um abraço ou um beijo, enquanto ele estava encarnado, e sempre foi tratado duramente. Eu tentei melhorar a situação dizendo que naquela época os pais tratavam seus filhos homens daquela maneira, mas não consegui convencê-lo.

Estávamos bem longe de Divaldo, porque uma multidão acorreu para abraçá-lo. Finalmente, ao chegarmos junto ao médium, ele imediatamente abriu os braços para o meu irmão e falou:

— *Venha cá, meu filho! Seu pai está aqui presente e me pediu para te abraçar, beijar-te, e pedir-te perdão, pois ele sente muito não ter feito isso em vida!*

Foi um momento de grande emoção para nós.

Essa foi mais uma das caridades de Divaldo, que muito tem feito pela paz da Humanidade.

ÂNGELA CONCEIÇÃO LOUREIRO PETITINGA reside em Salvador (BA). Nasceu em família espírita, é museóloga, participa das atividades do Centro Espírita Caminho da Redenção e colabora com a Mansão do Caminho, em Salvador.

Depoimento de Adilton Pugliese

1 – O Centro Espírita Cristo Redentor

Quando o Centro Espírita Cristo Redentor completou 50 anos de existência, em 1º de janeiro de 2008, o médium Divaldo Franco foi convidado para proferir a conferência. Naquele dia, acompanhei-o com o amigo Mário Sérgio Almeida. Minhas afinidades com a Instituição datavam desde julho de 1975, quando em um domingo ali compareci com o meu querido pai, Aimone Pugliese, e dei início a uma fascinante experiência redentora que durou até o ano de 1991, tendo exercido a sua presidência durante dez anos, quando então fui presidir a Federação Espírita do Estado da Bahia e, logo em seguida, encerrada a gestão, a partir de agosto de 1994, passei a ser voluntário na Mansão do Caminho.

Naquela memorável data do cinquentenário do Centro Espírita Cristo Redentor, logo após a palestra instrutiva e arrebatadora do tribuno baiano, encontrava-me, com Mário Sérgio, na mesa coordenadora da solenidade. Divaldo estava sentado entre nós dois, com as mãos voltadas para o piso do tablado. Foi quando reparei que de suas mãos saía um líquido que molhava o chão. Inclinei-me e toquei o líquido, que era denso, oleoso e exalava um odor especial de perfume inebriante, ora meio amadeirado, ora parecendo aroma de rosas. Divaldo tocou as minhas mãos, e elas ficaram várias horas com aquele perfume.

2 – Na Mansão do Caminho em 31 de dezembro de 1995

Lembro-me de que no encerramento do ano de 1995, em 31 de dezembro, na Mansão do Caminho, foram realizadas as atividades de confraternização e de boas-vindas ao ano de 1996. Após a palestra de Divaldo, subi ao palco para cumprimentá-lo e a Nilson. Quando toquei as mãos do médium, senti o líquido oleoso e o odor inebriante, como se fosse de flores. O cheiro agradabilíssimo e a sensação oleosa em minhas mãos permaneceram muitas horas depois, encantando-me e levando-me a refletir acerca do potencial mediúnico dele e sobre as formas com que os Espíritos manifestam as suas presenças e seus cumprimentos junto aos seres encarnados.

Em sua obra *A mediunidade segundo o Espiritismo*,[1] o pesquisador e escritor baiano Carlos Bernardo Loureiro (1941-2006), autor também, entre outras, do livro *Os Investigadores da Alma e do Espírito*, cita o pesquisador Nandor Fodor (1895-1964), americano de origem húngara, que em sua *Encyclopaedia of Psychic Science*[2] afirma que ainda se desconhecem os íntimos mecanismos por meio dos quais são produzidos os perfumes espirituais no campo da mediunidade de efeitos físicos.

Refere-se, ainda, Bernardo Loureiro, ao médium psicógrafo inglês William Stainton Moses[3] (1839-1892), no qual os perfumes líquidos e oleosos emanavam do alto de sua cabeça (do centro coronário) e que quanto mais limpavam o lugar, mais os odores se tornavam ativos, alternando-se entre o almíscar, a verbena e o feno recém-cortado, percebendo-se, não raro, suave fragrância de rosas que inebriava a assistência. Eram perfumes maravilhosos.

Loureiro cita, também, fenômenos semelhantes produzidos pelo famoso médium escocês Daniel Dunglas Home (1833-1886): "Home, usando um maço de flores, separou o seu perfume em duas partes distintas. Uma tinha um cheiro de terra, a outra era adocicada". (LOUREIRO, 1966, pp. 49 e 50.)

Clóvis Tavares (1915-1984), em sua obra *Mediunidade dos Santos* [Prestígio Editorial, SP, 2005], refere-se ao fenômeno de olorização, que seria a produção de aromas, concomitante ou não com a clarividência ou clariaudiência. (TAVARES, 2005, p. 139.)

Nesses casos do médium Divaldo Franco, pode-se afirmar que, além do fenômeno de olorização ou de efeito odorante, ocorria, simultaneamente o de efeitos químicos,[4] por meio da materialização do líquido oleoso perfumado.

Houve uma página psicografada por Divaldo Franco, em 10 de agosto de 1977, no Centro Espírita Cristo Redentor, Salvador (BA), quando da inauguração da sua sede própria, e eu estava presente no momento da psicografia. Aquele era o primeiro Centro Espírita que eu começava a frequentar, a partir de julho de 1975, graças à iniciativa de meu querido pai, Aimone Pugliese (1920-2002). Divaldo chegou cedo e foi convidado a percorrer as novas instalações. Lembro-me como se fosse hoje: no segundo andar, uma lâmpada azul iluminava uma pequena sala, e, no recinto, apenas uma pequena mesa, com papéis e lápis. Divaldo entra e observa em silêncio. Inesperadamente, senta-se, e o lápis corre célere. Logo depois, lê a mensagem que a todos emociona.

A mensagem é de autoria de Joanna de Ângelis, foi ditada sem título e creio que não consta em nenhum dos livros de Divaldo. Guardo-a como verdadeira relíquia, norteando os meus passos desde então, embora dirigida a todos os que na época trabalhavam na Instituição. Anos depois, coloquei um título: *O Caminho da Redenção*, posteriormente aprovado pelo médium.

O CAMINHO DA REDENÇÃO

Meus amigos:
Muita Paz!
Desdobra-se-nos à frente o caminho da redenção.
Pedras e problemas em desafio, conclamando-nos à luta...
Dificuldades e sofrimentos esperando por nós...
Lágrimas e óbices em contínuo desacato à nossa capacidade de serviço e paciência...
Cansados, no entanto, de percorrer as torpes vias, somos atraídos pela voz do Mestre, que nos roga apascentar as ovelhas perdidas, ovelhas tresmalhadas que somos quase todos nós...
Ao embalo suave-doce da Sua voz, encorajamo-nos à renovação do "eu" enfermiço e reconsideramos as atitudes infelizes, aceitando o compromisso novo em prol da nossa libertação perene...
Não temamos, portanto, nem nos deixemos desnecessariamente afligir.
Esta é uma hora que urge em favor de nós mesmos, quanto da sofrida Humanidade em cujo contexto nos engajamos.
Todo o esforço do bem é ensementação do amor no solo árido dos corações doridos e nas mentes aturdidas sem fé.
Atualizar os ensinos de Jesus em "espírito e verdade", oferecendo o pão da esperança na ação do exemplo dignificante – eis o nosso compromisso novo e inadiável.
Realizemos, assim, o dever que ora nos cabe, sem olhar para trás.
De mãos dadas e corações unidos no ideal superior que nos irmana, avancemos intimoratos e intemeratos, certos de que o Cristo Redentor conosco realizará aquilo que não nos seja possível produzir.
Rogando a Ele, o nosso Celeste Benfeitor, que nos abençoe e guarde, sou a servidora humílima de sempre.

JOANNA DE ÂNGELIS

ADILTON SANTOS PUGLIESE reside em Salvador (BA) e é escritor, palestrante, membro do Conselho Diretor do Centro Espírita Caminho da Redenção, integrante do Conselho Editorial e articulista da *Revista Presença Espírita*, articulista da revista *Reformador* (FEB) e da *Revista Internacional de Espiritismo* desde julho de 1975.

Depoimento de Hélio Ribeiro Loureiro

Yvonne Pereira e a campanha contra o suicídio

Este fato ocorreu em agosto de 2000, na cidade de São Gonçalo (RJ), durante uma palestra promovida pelo Conselho Espírita daquela cidade fluminense.

Na época, estávamos no ano inicial de nosso primeiro mandato à frente da então Federação Espírita do Estado do Rio de Janeiro – FEERJ, com sede em Niterói, e, percebendo o alto número de candidatos ao suicídio que iam em busca de orientação e socorro no serviço do Atendimento Fraterno, resolvemos implementar o "Mês Yvonne Pereira", no qual, através das seis reuniões públicas existentes na Casa, iríamos divulgar a obra de D. Yvonne, em cujo bojo está um convite à reflexão sobre dar valor à vida, principalmente contra o suicídio.

Era a primeira vez que fazíamos algo neste sentido, com expositores abordando as suas obras, uma verdadeira ode à vida.

Na noite da palestra de Divaldo Franco, realizada às 20h, numa quadra de esportes do Clube Mauá, um dos maiores da cidade, cerca de 3 mil pessoas estavam presentes.

Divaldo encontrava-se autografando, e me aproximei para uma breve saudação, quando, de inesperado, ele olhou-me e disse-me que D. Yvonne Pereira estava ao meu lado, esclarecendo que a avistou desde o momento em que adentrei o local. Acrescentou que ela pedia para dizer-me que estava satisfeita com os resultados obtidos com o "Mês Yvonne Pereira", em curso na FEERJ. Embora sabedor da capacidade mediúnica de Divaldo, não me foi possível esconder a surpresa agradabilíssima da notícia.

Vale registrar um fato marcante ocorrido na semana anterior – que eu não havia contado nem para minha esposa –, trata-se de um atendimento a um senhor que portava uma arma e estava disposto ao suicídio, quando uma pessoa que lhe é desconhecida mandou-o falar com o Dr. Bezerra de Menezes e deu-lhe o endereço da FEERJ. O prédio sede dessa Instituição tem o nome do querido benfeitor e de vez em quando chega uma pessoa ou outra em busca de atendimento com o Dr. Bezerra. Todos são encaminhados para a palestra pública, na qual é anunciado o serviço do Atendimento Fraterno, que ocorria, naquela época, logo após a Reunião Doutrinária. Esse fato marcou significativamente a nossa caminhada e somos gratos a Divaldo por ter escolhido seguir Jesus através de sua mediunidade e da prática caridosa, servindo de exemplo para todos nós.

erta vez, quando Divaldo Franco chegou ao nosso lar, em Juiz de Fora (MG) – onde se hospedou por mais de 50 anos –, para mais uma de suas palestras anuais, foi logo cumprimentando efusivamente a minha família, afinal ele vinha à cidade desde o ano de 1959 e, naquele dia, estávamos em 1975.

Entretanto, quando foi abraçar minha irmã Mariana, ele disse:

– *Olá, vovó Mariana!*

Imediatamente minha irmã, que estava com 35 anos de idade, respondeu:

– *Oh, Divaldo, eu estou tão velha assim, que você me chama de vovó?*

E ele redarguiu:

– *É que cumprimentei sua avó Mariana, que está ao seu lado!*

Foi realmente uma surpresa. Nós não conhecemos nossa avó Mariana Costa, que desencarnou em 1924, quando nossa mãe, Zélia, contava 12 anos de idade. Era raríssimo mencionarmos qualquer coisa relacionada a ela, muito menos pensar em sua presença.

A notícia de que a avó Mariana estava ali, naquele precioso dia, alegrou-nos, especialmente à nossa mãe, que sempre teve a certeza de que ela a amparava com muito amor.

Mariana Costa (1884-1924), casada com Astolpho Costa, ambos espíritas, era médium e fundou em sua casa, em Lavras (MG), o Grupo Espírita Dr. Augusto Silva. Teve doze filhos, sendo que, dos homens, dois eram médiuns psicofônicos.

Este é DIVALDO FRANCO, médium, orador e missionário de Jesus, que anda pelo mundo divulgando o Espiritismo e evangelizando almas, pregando o amor e a paz.

A ele perene gratidão e afeto de toda nossa família pelos anos de abençoado convívio entre nós.

Suely Caldas Schubert e Divaldo Pereira Franco.

Depoimento de Paulo Salerno

Interessante caso de psicometria

Foi em 26 de junho de 2007, no Ginásio de Esportes Irajá, na Av. Saldanha da Gama, em Santana do Livramento (RS).
Antes da conferência, que se iniciaria às 20h de uma noite extremamente fria – experimentávamos uma temperatura de quase -1ºC –, Divaldo estava concedendo autógrafos e chamou-me discretamente, informando-me de que Joanna de Ângelis estava apresentando-lhe uma mulher jovem que ele já havia visto várias vezes em suas conferências, sem, contudo, saber quem era. Tratava-se de Ana Maria Malta Salerno, desencarnada em junho de 1991, como minha esposa e mãe de nossos filhos. Divaldo descreveu que ela estava com muito boa aparência, recuperada e trabalhando no auxílio aos necessitados sob os auspícios de Joanna de Ângelis.

Para mim, esse fato se constituiu uma grande alegria, pois até então não tinha a menor ideia de como Ana Maria se encontrava no Mundo espiritual. Foi uma bênção. No exterior, uma temperatura enregelante; por dentro, um vulcão em plena atividade, aquecendo-nos a alma, animando-nos a prosseguir o trabalho com o Cristo, em ambos os lados da vida. Destaco que em momento algum perguntei a Divaldo se ele poderia dar-me informações sobre Ana Maria. Nunca conversamos a respeito dela.

Divaldo concedia autógrafos antes da conferência, e eu me encontrava sentado ao seu lado, quando se aproximou um homem aparentando menos de 30 anos de idade, entregando-lhe uma carta. Divaldo informou-o que não responde cartas, por absoluta falta de tempo, e o homem demonstrou ter ficado frustrado. O médium, percebendo, incentivou-o a falar ali mesmo sobre o conteúdo da missiva. Com a carta na mão, ele mais uma vez inquiriu sobre o que o rapaz desejaria falar. Não obtendo respostas, ele, sem abrir o envelope, foi discorrendo sobre o conteúdo, respondendo e orientando. Por parte do jovem havia expressões faciais e corporais, bem como afirmativas verbais concordando com o teor da carta, absorvendo as orientações. Inquirido por Divaldo se o que ele dizia correspondia ao real teor retratado na carta, o rapaz respondeu afirmativamente.

Este é um caso espontâneo de psicometria, num momento muito improvável, que entretanto ocorreu, atestando que Divaldo possui essa faculdade, exercida com total naturalidade diante de um homem desconhecido que estava na fila dos autógrafos e lhe entregara uma carta na presença de Paulo Salerno.

Ao explicar que não teria tempo de responder a carta, ele demonstrou ter ficado frustrado. Percebendo a reação, Divaldo o incentivou a relatar o conteúdo da missiva, mas o rapaz não se dispôs a falar. Para surpresa geral, Divaldo, sem abrir o envelope, começa a discorrer sobre o conteúdo e ao mesmo tempo transmite a orientação necessária. Não é difícil imaginar a surpresa da pessoa, que deve ter saído do local praticamente sem entender o que presenciara.

Surge então a pergunta: o que é a psicometria?

É uma faculdade anímica que possibilita àquele que a possui a condição de, ao contato com certos objetos, fazer uma "leitura" ou percepção da história deles. Assim, o psicômetra, mesmo não vendo o objeto e não tendo a menor informação a respeito, apenas colocando as pontas dos dedos no invólucro que o envolve, é capaz de identificá-lo e dizer, com absoluta segurança, de onde ele veio, a quem pertencia; em outros casos, se for, por exemplo, uma pedra qualquer, pode relatar em que região estava antes de chegar às suas mãos. Se o objeto pertencia a uma pessoa, consegue descrevê-la e também perceber os seus sentimentos, detalhando o local onde reside e muitos outros pormenores.

Em alguns países, como a Inglaterra, por exemplo, psicômetras colaboram com a polícia para encontrar pessoas desaparecidas, esclarecendo se estão vivas ou mortas e em que local estão. Se estão mortas, conseguem ver o lugar onde está o corpo e até a sua posição.

Para que isso ocorra é necessário que seja entregue ao psicômetra algo de uso particular daquele que está sendo procurado e que ele o tenha nas mãos. Pode-se deduzir, portanto, que os objetos guardam as vibrações daqueles que o manusearam e, em outras condições, as vibrações da própria Natureza da região de onde são originários.

Existe ainda a psicometria de ambientes, que Divaldo Franco apresenta tal como Yvonne Pereira e Chico Xavier também possuíam. Em relação a Divaldo, ao visitar alguns campos de concentração, que hoje são museus, ele captou toda a ambiência bem como as atrocidades que ali eram realizadas, percebendo o sofrimento dos que foram vitimados.

Ao mencionar ser a psicometria uma faculdade anímica, proveniente da própria alma do psicômetra, desejo ressaltar que este não precisa necessariamente ser médium ostensivo, contudo a psicometria pode ser, em determinadas circunstâncias, uma faculdade também mediúnica, desde que um Espírito esteja presente, atuando diretamente no fenômeno.

Para mais detalhes, aqueles que se interessarem encontrarão um aprofundamento do assunto no meu livro *Mentes interconectadas e a Lei de Atração*, publicado em 2010 pela EBM Editora.[1]

Depoimento de Elsa Rossi

E O ESPOSO ESTAVA NA PLATEIA OUVINDO DIVALDO

No ano de 1994, houve um grande evento organizado pela Federação Espírita do Paraná, nas dependências do então Colégio Lins de Vasconcelos, a 1ª CONFERÊNCIA ESTADUAL ESPÍRITA, que aconteceu durante os dias 12 a 14 de agosto de 1994 com o tema "A visão espírita do mundo contemporâneo".

Após trabalhar com a equipe na montagem da exposição histórica – Stella Maris Martins e Lea Dirce Pimentel –, eu fui agraciada pela FEP, na organização do evento, com a incumbência específica de ser o transporte, a acompanhante e a atendente do nosso querido palestrante convidado: DIVALDO PEREIRA FRANCO.

Imaginem a minha alegria por poder apanhá-lo com meu carro no aeroporto e levá-lo aonde fosse necessário durante toda a sua permanência na cidade de Curitiba?

Essa tarefa específica me encheu de alegria, pois foi uma oportunidade ímpar em minha vida. Senti-me realmente agraciada pela bondade divina. O fato é que nossos diálogos foram esclarecedores aprendizados com essa enciclopédia de luz que é o Divaldo. Para mim foi realmente um prêmio.

Por ser trabalhadora da Federação Espírita do Paraná e tê-lo em Curitiba para a 1ª Conferência Estadual Espírita, adicionou-se a mim também a tarefa de permanecer ao seu lado durante as entrevistas, os autógrafos, além de acompanhá-lo ao hotel e buscá-lo na manhã seguinte. Assim, eu não desgrudava dele nem por um minuto, somente o deixava quando ia repousar.

O que eu realmente desejo considerar aqui é o seguinte: após o cerimonial inicial do evento, às 19h da noite curitibana, as apresentações dos ilustres convidados José Raul Teixeira e Divaldo Franco feitas, inicia-se a palestra deste. Tomei assento bem em frente a ele, na primeira fila de cadeiras, a poucos metros.

Quando Divaldo estava fazendo a conferência, percebi que ele esboçava um lindo sorriso a alguém atrás de mim. Plateia de um imenso público, podia ele sorrir a centenas de pessoas ao mesmo tempo, e todos recebíamos seu sorriso com gratidão.

A estratégia de sentar-me já em cadeira reservada à sua frente era para, imediatamente ao final da conferência, ir até a mesa e sentar-me ao seu lado para os autógrafos e cumprimentos à longa fila de amigos e assistentes que já se preparava no recinto do evento.

Após quase uma hora assinando livros e conversando com um e outro, cumprimentando-os etc., chega à mesa para saudar o velho amigo Divaldo um casal de amigos em comum, de Belo Horizonte, mas que residia em Curitiba à época – Waldemar Duarte e Regina Duarte. Neste exato momento, Divaldo falou:

– *Anotem o que vou dizer, pois daqui a pouco não me lembrarei do que eu disse. Elsa, seu esposo, Luiz Nelson Rossi, esteve ao seu lado o tempo todo, sorrindo, feliz. Ele está muito bem, trabalhando no Plano espiritual, totalmente recuperado do câncer que o separou do corpo físico em agosto de 1991. Ele esteve ao seu lado, Elsa, durante toda a conferência, sorridente, muito feliz.*

Luiz Nelson Rossi foi um trabalhador espírita, e fomos casados por 23 anos. A nossa união foi abençoada com três filhos: Daniel Rossi, Giovana Rossi e Janine Rossi, todos dentro da Doutrina Espírita, uma vida de luz e amor. Um câncer o acometeu por um ano e seis meses. Resignado e muito religioso, partiu em paz, inclusive escrevendo no domingo pela manhã, dia de sua partida, o horário em que deixaria o corpo físico – 17h... e assim se deu... Com esse aviso, foi possível alertar os irmãos e irmãs, sobrinhos e sobrinhas, que puderam estar juntos, ao redor de sua cama no quarto, orando e cantando as Glórias a Deus... Exatamente às 17h, deu apenas um suspiro e partiu.

Ficamos todos emocionados, o casal amigo e eu. Foram essas testemunhas queridas que puderam participar dessa experiência com nosso Divaldo.

Divaldo nos disse o seguinte:

– *Elsa, o Luiz, seu esposo na Terra, levou com galhardia a doença, câncer no cerebelo, consequência do período em que, reencarnado na França, derrubava Deus para anular sua imagem, época da* eminência parda... *Assim, agora ele esta livre desses débitos adquiridos no passado.*

E, após falar isso, nosso Divaldo continuou a cumprimentar as pessoas, que passaram na fila à sua frente. E a noite foi exitosa.

Depoimento de Glória Guimarães Caribé

O Santuário do Amor

No dia 17 de janeiro de 1971, estávamos – meu marido, Francisco Caribé, e eu – inaugurando um pequeno e modesto Grupo Espírita no lindo espaço que era o nosso lar, uma chácara que ele havia batizado de Vila Glória, situada em São Bernardo do Campo (SP).

Para abrilhantar o momento tão especial, convidamos o querido amigo DIVALDO PEREIRA FRANCO, além de outros confrades, também amigos e familiares. Nosso propósito era que Divaldo proferisse uma prece para assinalar, definitivamente, aquele recanto destinado ao trabalho para Jesus, de caridade e amor ao próximo.

Em meio às bênçãos que todos sentíamos, desde o primeiro momento da reunião, ocorreu, para nossa emoção, a comunicação psicofônica da nobre mentora Joanna de Ângelis, através da mediunidade luminosa de Divaldo, que em formosa mensagem declarava a importância do trabalho que ali aconteceria no futuro que se avizinhava. A certa altura, Joanna disse uma frase que ficou indelevelmente registrada em nossas almas, referindo-se à beleza da Natureza em toda a chácara:

– *Aqui, neste SANTUÁRIO DO AMOR, estamos inaugurando uma Casa para servir a Jesus...*

Enquanto a mentora pronunciava essas comoventes palavras, o recinto ficou saturado do odor de éter, mas, logo depois, do perfume de rosas, como se estas estivessem por todos os cantos.

Dali em diante, nosso Grupo Espírita passou a ter a denominação de SANTUÁRIO DO AMOR. Hoje, transcorridos mais de 45 anos, tendo meu esposo, Caribé, retornado ao Grande Lar, em 22 de agosto de 1984, prossigo na tarefa que me foi confiada. Nossa Casa, aos poucos, passou a desenvolver um trabalho específico, buscando aliviar as dores humanas, e, atualmente, aos sábados, com a presença de um médium abnegado, que está conosco há 13 anos, atende uma média de 400 pessoas. Também realiza igualmente reuniões públicas e de estudos.

Ao nosso querido Divaldo, a gratidão eterna por tudo o que ele representa para nossas vidas, pois o trabalho que é realizado no Santuário do Amor, que Joanna de Ângelis antevia no dia da inauguração, jamais deixou de ser realizado nestas mais de quatro décadas.

No ano de 2000, minha amiga Marcia Nanni Rodrigues de Carvalho, médica cardiologista, foi submetida a um transplante de fígado. Nos meses que antecederam ao transplante, Marcia passara por grande sofrimento, que se intensificava, culminando com a resolução que não mais poderia ser adiada.

A cirurgia foi realizada com sucesso, e o período de convalescença se iniciou com todos os cuidados que o procedimento requeria. Entretanto, poucos meses depois, fiquei sabendo que amado amigo Divaldo Pereira Franco palestraria na Creche Amélia Rodrigues, como faz anualmente.

Imediatamente participei a vinda do orador e médium baiano à estimada amiga, animando-a a comparecer ao evento, na certeza de que seria imensamente beneficiada. Marcia animou-se, e no dia aprazado fomos para a Creche onde ele estaria apresentando-se. Todavia, ela ainda não se restabelecera plenamente, sentindo-se enfraquecida e com muitas dores, com muita dificuldade para andar, e precisou ser carregada até ao local. De imediato, Divaldo percebeu a nossa chegada e, solicitamente, providenciou um lugar no qual ela ficasse mais comodamente instalada; em seguida, requestou a um dos membros da equipe uma garrafa com água para ser fluidificada. Ele informou-nos da presença do venerável Dr. Bezerra de Menezes, que ali estava orando em seu benefício; nesse instante, um forte odor de éter inundou o recinto, impregnando o ambiente, e segundos depois imperou o perfume maravilhoso de rosas, especialmente envolvendo a Marcia, que, ao fazer uso da água, esta se apresentava imbuída de perfume. Ela utilizou essa água por algum tempo, sentindo-se mais fortalecida e sem as dores, desde o primeiro momento.

Este é Divaldo Franco, apóstolo de Jesus, que cumpre com fidelidade e amor a missão que lhe foi confiada pelo Mestre. A ele nossa gratidão perene.

Depoimento de Armandine Dias

❦

DIVALDO: UM MENSAGEIRO DE JESUS NAS NOSSAS VIDAS

A presença de Divaldo nas nossas vidas é uma das maiores bênçãos desta nossa encarnação. Desde que começamos a frequentar Divaldo e tio Nilson, a nossa visão espírita se expandiu.

Conhecendo-o há vários anos, foi a partir do ano 2000 que nunca mais faltamos às suas conferências aqui em França.

Jamais poderemos esquecer o quanto fomos beneficiados ao longo de todos estes últimos anos.

Em 2002, assistindo a uma palestra em Paris, fui tomada de uma grande emoção, chegando às lágrimas, pois o ambiente ficou impregnado do cheiro de éter, e, logo em seguida, de um perfume que me fez lembrar com muita saudade do meu marido Manuel, desencarnado no ano 2000.

No dia seguinte, fui solicitada por Claudia Bonmartin a acompanhar Divaldo e tio Nilson à estação de trem em Paris. Foi nessa ocasião que Divaldo me disse, sem que nada perguntasse, que o meu marido estava ao meu lado no dia anterior...

Muito emocionada, interroguei:

– *Mas o senhor não o conheceu!*

Ele respondeu:

– *Mas Joanna me disse.*

Foi em 2004, em uma viagem ao Brasil com meu atual marido, Dominique, ao visitarmos a Mansão do Caminho e assistindo a uma conferência de Divaldo, que uma ligação profunda se iniciou. Sensibilizados pela imensa obra social, novos rumos foram tomados nas nossas vidas.

Sempre intimidada ao lado de seres de grandeza incomparável, começamos a acompanhá-los, Divaldo e Nilson, em vários países da Europa, enquanto Dominique ia filmando as conferências, estas sempre com apoio consolador seja no trabalho espiritual, seja nas nossas vidas pessoais.

Divaldo tem sido para nós um pai, amigo, anjo consolador; tio Nilson, *idem*, palavra que ele usava muito... Ele está gravado para sempre em nossos corações, hoje e no Além... Quanta saudade! Agradecemos ao Senhor da Vida por tudo quanto vivenciamos com esses dois seres extraordinários.

Convivendo com Divaldo aqui em casa por tanto tempo, podemos afirmar que ele é disciplina, humildade, sabedoria, paz, amor... Ele é alegria de viver!

Quando realizamos o Evangelho no Lar com ele, o que vem acontecendo estes últimos anos, somos tocados por grande emoção, por uma harmonia inefável.

Aconteceu fenômeno curioso no dia 3 de junho de 2013, quando, com um grupo de amigos vindos de Portugal, de Luxemburgo e com os acompanhantes de Divaldo do Rio Grande Sul, todos fomos impregnados de bênçãos inesquecíveis, envolvidos por um perfume de rosas...

No dia seguinte, em viagem para uma conferência no interior da França, encontrando-me ao lado dele no trem, revelou-me que o meu marido Manuel e o meu paizinho, Leandro, estiveram presentes no culto do Evangelho no dia anterior.

Graças à mediunidade abençoada de Divaldo, Dominique e eu fomos beneficiados com mensagens de ordem pessoal da mentora Joanna de Ângelis e de outros benfeitores, como o Dr. Bezerra, sempre com o objetivo de nos fortalecer em face dos desafios existenciais.

Fui agraciada novamente em 2014, isto na altura do roteiro da Europa com o Divaldo, quando fui curada de um problema de leucopenia, do qual estava sofrendo há bastante tempo. O médico pensava em fazer pesquisas, entretanto, logo depois do roteiro, fui fazer uma análise e, para surpresa de todos, tudo estava normal. O médico ficou muito surpreso, questionando-se o que teria acontecido.

Não encontramos palavras suficientemente ricas para expressar a profunda gratidão que temos pelos estimados Divaldo e tio Nilson, este agora no Mundo espiritual, que são dois verdadeiros exemplos de amor para a Humanidade.

Depoimento de Miguel Sardano

Divaldo e os Espíritos no programa de rádio em Juiz de Fora[1]

No dia 15 de novembro de 1985, Divaldo Franco realizava a sua visita anual à cidade de Juiz de Fora, hospedando-se no lar da família Caldas Schubert, como sempre acontecia. Nesta ocasião, Suely conseguiu uma entrevista para o orador baiano em um dos programas matinais de maior audiência da então Rádio Capital, comandado pela consagrada comunicadora Helena Bittencourt, no horário das 9h às 10h30.

Com a nossa chegada ao estúdio – Divaldo, Suely e eu –, ela nos recepcionou com muito carinho, demonstrando, em suas palavras de agradecimento pela presença do conceituado orador e médium, um conhecimento bem amplo da sua extensa obra, pois, conforme afirmou, já assistira a várias de suas palestras quando na cidade.

Como habitualmente fazia, Helena Bittencourt abriu a programação com uma oração de louvor a Deus e à Vida para, em seguida, transmitir notícias e enfoques diversos, sempre com a tônica de infundir esperança e otimismo aos seus ouvintes.

Após anunciar a presença de Divaldo Franco, o entrevistado daquela manhã, ela disse:

– *O programa hoje é seu, Divaldo. Nossos microfones estão abertos para que você transmita aos nossos ouvintes a sua palavra plena de sabe-*

---

1. Algumas informações foram extraídas do artigo de Miguel Sardano, de seu livro *Nas pegadas do Nazareno*, que esteve presente e assistiu a tudo (nota da organizadora).

doria e amor, bem como para responder às perguntas que certamente virão daqueles que nos ouvem.

Depois da saudação ao visitante, Helena apresenta a primeira pergunta, que ele responde com sua conhecida competência. As perguntas vão sendo apresentadas e cada resposta é um aprendizado, um ensinamento, uma palavra que abre a visão mental de quem ouve *com os ouvidos de ouvir*.

A certa altura, a entrevistadora pergunta:

— *Divaldo, você vê Espíritos?*

— *Sim* — afirma o médium.

— *Neste momento há aqui algum Espírito?*

— *Sim* — responde ele. — *Aqui estão vários Espíritos conosco* — e passou a enumerar alguns nomes, que ia identificando como benfeitores da cidade e da região.

Logo em seguida, Divaldo começa a dizer, no ar, em plena entrevista:

— *Há um Espírito que me chama a atenção, em particular. É um senhor magro, cabeleira alva, muito sereno. Está vestido com um terno e colete, muito distinto, como se fosse um traje domingueiro. A roupa está muito bem passada, colarinho engomado, gravata, como se tudo tivesse saído do cabide. Ele me diz que é seu pai e se chama Benjamim. Que desencarnou há pouco tempo, que era um homem de muita fé e estava vinculado à Igreja dos Santos dos Últimos Dias, ele era Mórmon. Ele está me dizendo que a fé o salvou; que agora já entende melhor a Vida espiritual onde se encontra.*

Houve um profundo silêncio. Helena Bittencourt, tomada pela emoção, ficou sem fala por breves segundos, as lágrimas descendo-lhe pelo rosto. Os que estávamos no estúdio também fomos contagiados pela emoção e pela surpreendente revelação. Aos poucos ela foi confirmando cada um dos detalhes citados pelo médium: seu pai havia falecido há dois meses, era muito religioso e se trajava muito bem, a barba bem-cuidada e realmente pertencia àquela religião.

A esta altura, a mesma emoção deveria estar ocorrendo com os ouvintes, que acompanharam o inusitado fato mediúnico através da notável vidência de Divaldo Franco. Recobrando a serenidade, a dirigente do programa, confirmando tudo, acrescentou:

– Meu pai e eu tínhamos grande afinidade, éramos muito ligados. Ele era um homem maravilhoso.

A entrevista foi encerrada minutos depois, após as perguntas de alguns ouvintes desejosos de compreender mais profundamente a mediunidade, como acontecia a vidência etc.

COMENTÁRIO DA ORGANIZADORA:

Temos, nesse memorável episódio, excelente comprovação da mediunidade de Divaldo Franco. Primeiramente ele constata a presença de vários Espíritos, para, em seguida, a de um em especial, porque ali estava o pai da locutora, com o propósito de evidenciar a sua presença. Nesse instante, o médium passa a captar o pensamento daquele que se identifica como Benjamim, declarando a sua ligação afetiva com a filha.

É de se notar a segurança de Divaldo ao transmitir a informação espiritual diante não apenas dos que estavam no estúdio, dos técnicos e de outras pessoas em outras salas, mas especialmente perante os ouvintes, cujo número não se pode precisar, que tiveram uma demonstração prática sobre mediunidade, atestando a continuidade da vida no Mundo espiritual e a possibilidade de intercâmbio com os entes queridos.

Oportuno aprofundarmos um pouco mais acerca dessa faculdade que é denominada de *dupla vista*.

Allan Kardec aborda esse tema em *O Livro dos Espíritos*, capítulo VIII – Da emancipação da alma, questão 455, intitulada "Resumo teórico do sonambulismo, do êxtase e da dupla vista". Vejamos o que ele ensina:

> A emancipação da alma se verifica às vezes no estado de vigília e produz o fenômeno conhecido pelo nome de segunda vista ou dupla vista, que é a faculdade graças à qual quem a possui vê, ouve e sente além dos limites humanos. Percebe o que exista até onde estende a alma a sua ação. Vê por assim dizer, através da vista ordinária e como uma espécie de miragem.
>
> (...) Aos dotados desta faculdade ela se afigura tão natural como a que todos temos de ver.

> (...) O poder da dupla vista varia, desde a sensação confusa até a percepção clara e nítida das coisas presentes ou ausentes. (KARDEC, 2013, cap. 8.)

Em *O Livro dos Médiuns,* no capítulo VI – Das manifestações visuais, outros ângulos do assunto são explicados por Kardec, especialmente o item 105:

> (...) Quando o Espírito nos aparece, é que pôs o seu perispírito no estado próprio a torná-lo visível. Mas, para isso, não basta a sua vontade, porquanto a modificação do perispírito se opera mediante sua combinação com o fluido peculiar ao médium. Ora, esta combinação nem sempre é possível, o que explica não ser generalizada a visibilidade dos Espíritos. Assim, não basta que o Espírito queira mostrar-se; não basta tampouco que uma pessoa queira vê-lo; é necessário que os dois fluidos possam combinar-se, que entre eles haja uma espécie de afinidade. (KARDEC, 2013, p. 120.)

Depoimento de Tereza Matos Richardson

O Espírito que retornou

Meu nome é Tereza Luiza Matos Richardson e meu esposo é Warren Richardson, moramos em Düsseldorf, Alemanha. Em abril de 2009, três dias antes do meu filho Gabriel nascer, ele morreu, sendo então categorizado como criança natimorta. Foi um grande choque para todos nós, Warren, Amina, minha filha, que à época tinha 6 anos, e eu. Os médicos não encontraram a razão física. O médico chefe veio até a mim e disse:

– *Apesar de todos os meus diplomas, eu não encontrei a causa da morte do seu filho.*

O mais peculiar é que dias antes da morte eu, por intuição, olhei para o hospital que fica próximo de minha casa e disse:

– *Hotel de pobre é hospital. Vou entrar e verificar se Gabriel está bem.*

Fizeram todos os exames e me disseram que ele estava muito bem e pronto para nascer!

Na mesma época, uma grande amiga minha, Henie Seiferd, estava muito doente. Uma semana depois da minha saída do hospital, estava sentada na minha cama e escutei uma voz doce, mas enérgica, que me dizia:

– *Levanta dessa cama e vai trabalhar. Nós precisamos de você.*

Eu estava muito sensível com o que tinha acontecido e pensei: – *Que Espírito é este? Estou sofrendo com a partida do meu filho, e ele me pede para trabalhar!? Como? Não sustento minhas dores, que dirá a dos outros*. Porém, dez minutos depois, Henie me ligou dizendo que estava no hospital ao lado de onde moro e que gostaria de falar urgentemente comigo. Levantei-me e fui. Chegando lá, percebi que ela estava muito doente e preocupada. Ela me disse que o Divaldo estava chegando, faltava um mês, e não tinha ninguém para organizar o seminário em Bonn... Nessa situação, pediu-me para fazer isso. Eu lhe disse que estava sofrendo muito e também que não tinha experiência nesse tipo de evento, que organizava eventos relacionados à arte, mas não espírita, apesar de o ser! Ela então me pediu por favor, e eu escutei a voz outra vez! Daí aceitei. Organizei o evento com a ajuda de mais duas pessoas. No dia marcado, houve um almoço, e nessa hora vi tio Divaldo caminhando em minha direção, sorrindo. Eu estava em uma mesa com minha mãe, meu esposo, Warren, e Amina, minha filha. Ele parou, como se já soubesse que eu gostaria de falar-lhe algo e espera! Então falei:

— Divaldo, estamos passando uma prova muito grande, expiando um passado muito doloroso. Gabriel, meu filhinho, "nasceu morto"!

E ele respondeu: — *É, filha, mas não acabou por aí. Ele volta.* — E repetiu: — *Ele volta. Pode escrever o dia, a hora e o local em que estou dizendo isso. Ele volta. Depende de você.*

Então pensei: — *Que homem bondoso, ele está me consolando.*

Na mesma hora, ele respondeu: — *Não é consolo, ele volta.*

Diante disso, minha mãe manifestou-se: — *Sr. Divaldo, isso não é brincadeira!*

Isso aconteceu em maio de 2009. Em fevereiro de 2010, sonhei com alguém que não era muito claro de se ver, mas que me dizia, com a voz suave: — *Precisamos que tenhas fé. Você ficará grávida, se assim aceitar!*

Eu pensei que estava delirando: — *Não é possível, deve ser a repercussão do trauma* –, mas mesmo assim continuei com a ideia, criando forças em mim. O mais impressionante era a voz de tio Divaldo me dizendo: — *Ele volta!*

Isso era um bálsamo que me dava forças para aceitar a ideia. Conversei com Warren, e ele me disse: — *Tereza, nós pedimos tantas coisas a Deus, então não temos razão para negar um pedido que o Pai de Misericórdia nos faça! Aceitemos!*

Em dezembro de 2010, fiquei grávida. A princípio foi difícil, pois tinha medo de passar por tudo outra vez.

Em maio de 2011, tio Divaldo e eu nos encontramos no seminário de Bonn – eu com uma barriga já grandinha –, e ele, entre outras coisas, disse-me, quando se despediu de mim: – *Avise-me quando ele nascer!*

No mês de agosto de 2011, Ikaro nasceu, um momento divino!

Quando chegou maio de 2012, tio Divaldo veio para o seminário em Bonn. Ikaro estava no meu colo, estávamos em torno de uma mesa redonda, dez pessoas, e Divaldo conosco. Ikaro estava inquieto, então pensei: – *Vou colocá-lo no chão para que se acalme* –, e ele foi engatinhando por debaixo da mesa e, depois de alguns minutos, levantou-se segurando nas pernas de tio Divaldo, que olhou para ele e disse:

– *Finalmente você conseguiu o que queria, hein?*

Admirei aquela cena, e as lágrimas tomaram conta dos meus olhos. Agradeci a Deus a presença daquele homem tão simples que nos ensina a amar, que nos diz: *Ame, pois amar vale a pena*!

Suely, escreve sim. Mostra para o mundo o valor desse homem, pelo qual nutrimos imenso amor e profunda gratidão!

Mais uma vez, obrigada por suas palavras de carinho. Oro a Deus que a veneranda Joanna de Ângelis, com sua falange de Espíritos de luz, proteja-te e inspire-te em mais uma obra que nos faz conhecer melhor o tio Di, pois ele é uma luz em milhões de vidas!

TEREZA LUIZA MATOS RICHARDSON reside em Düsseldorf, Alemanha, e é casada com Warren Richardson, sendo ambos envolvidos com arte. Possui mestrado em Pedagogia da Dança e é professora de Balé Clássico. Teve seu primeiro contato com a Doutrina Espírita graças à sua bisavó, com quem conviveu até seus 20 anos de idade, a responsável por apresentar o Consolador à família.
Henie Seiferd abriu o Centro Freudeskreis Allan Kardec-Düsseldorf (Círculo de Amigos de Allan Kardec), nome sugerido por Divaldo Franco, há 30 anos. Após ela desencarnar, em 2009, Tereza e uma colega (Garcita Müller) assumiram o comando do Centro.

Depoimento de Erika Caldas Schubert

Caso de rubéola na gravidez

No início do ano de 1996, eu estava grávida de seis meses, vivendo, entretanto, uma expectativa preocupante em razão de ter contraído rubéola no segundo mês de gravidez.

O médico consultado, após os exames de praxe, confirmou a rubéola e, em seguida, passou a explicar-me os riscos que o bebê corria, enfatizando que havia 75% de probabilidade das consequências da doença. Por outro lado, sendo espírita, ressaltou que acreditava nos 25% de chance da criança nascer sem qualquer sequela. Comentou que algumas mulheres optavam pelo aborto em uma situação semelhante, mas sabendo que eu sou espírita, ambos afirmamos que a gravidez seria levada a termo, confiantes na Misericórdia Divina e de que há uma razão maior, conforme a Doutrina Espírita nos ensina. Entretanto, de minha parte, pensei inclusive na hipótese de a criança nascer com problemas e limitações, mas que seria amada da mesma maneira.

Eu e toda a minha família procuramos envolver o amado Espírito que estava retornando à vida terrena em energias sublimadas, através das preces e do tratamento fluidoterápico na Sociedade Espírita Joanna de Ângelis, em Juiz de Fora (MG).

Nessa época, Divaldo Franco visitou nossa cidade para proferir uma palestra e se hospedou, como de costume, na casa de meus pais, Lenier Schubert e Suely Caldas Schubert.

No dia da chegada do orador e médium baiano, após o recepcionar e enquanto aguardávamos o almoço, minha mãe passou a relatar a minha situação e perguntou-lhe se seria possível que me aplicasse um passe. De imediato, Divaldo se prontificou, e nos dirigimos para um dos quartos, estando presentes minhas duas irmãs, Lívia e Adriana, e nossa mãe.

Enquanto o médium proferia a prece inicial, um forte odor de éter invadiu todo o ambiente, dando-nos a sensação de que fomos transportados para um hospital.

Após a transmissão do passe, em clima de grande emoção, Divaldo revelou a presença de Joanna de Ângelis, que dizia: – *Fique tranquila, pois a criança está perfeitamente bem.*

Esta afirmativa da amada benfeitora, através da mediunidade de Divaldo, deu-nos a certeza de que o bebê seria saudável.

No dia 10 de maio, Eduardo veio à luz do mundo. Tudo nele evidenciava ser uma criança sadia, porém imprescindível que fossem realizados todos os exames que dariam o diagnóstico preciso, e assim foi feito. Um a um, testes e exames traziam o resultado de normalidade. Os médicos consultados explicaram que os tais exames deveriam ser feitos periodicamente, pois o vírus da rubéola ainda estava presente no organismo.

O acompanhamento perdurou por seis anos, embora não mais existisse o perigo do vírus recrudescer, o que foi confirmado quando Eduardo estava com 3 anos. Temos a certeza de que o tempo foi abreviado graças à intervenção amorosa da amada mentora Joanna de Ângelis e dos cuidados que lhe foram dispensados, visto que eu procurava fazer a minha parte, sempre levando o meu filho para o tratamento através dos passes.

Hoje (2016), Eduardo está com 20 anos, joga futebol, toca violão e está se preparando para ingressar na faculdade de Medicina.

Em nosso lar, durante meio século, a presença de Divaldo Franco, esse autêntico missionário de Jesus, honrou a nossa família Caldas Schubert, transmitindo-nos seus exemplos de bondade, de luz e amor, para todo o sempre. Nossa gratidão e afeto a esse amigo se estende pelos campos do Infinito.

As bênçãos de Deus são eternas e se derramam por todos os Seus filhos. Importante manter a fé e a certeza da Sua presença na vida de cada um, manifestando-se conforme se faz necessário.

Depoimento de Francisco Ferraz Batista

Clariaudiência a distância

Foi por ocasião do Congresso Estadual Espírita promovido pela Federação Espírita do Rio Grande do Sul, na cidade de Gramado, em outubro de 2011. Na semana que antecedeu ao Congresso, viajei com Eleonora, já na segunda-feira, com planos de acompanhar as conferências que o amigo Divaldo faria durante toda a semana naquele estado, antecedendo a abertura do congresso, que se daria na sexta-feira. Na terça-feira, em Santa Cruz do Sul, incorporamo-nos à caravana dos trabalhadores que atendem na organização e venda dos livros de Divaldo na região Sul, por ocasião das conferências espíritas, entre eles os amigos Jorge Moehlecke e Lucia, Paulo Salerno e Rosane, Enio e Jaqueline, Délcio e Carmen, Nivalda Steffens e Nubia, e com eles o próprio Divaldo. Assistimos à maravilhosa conferência de Divaldo naquela cidade, na qual também pernoitamos.

Logo pela manhã, saímos em caravana para a cidade de Santa Maria, ao encontro dos amigos de lá, para assistir a mais uma das conferências de nosso grande amigo da alma e pernoitamos lá mesmo.

No começo do dia subsequente, seguimos viagem com destino a Passo Fundo, local em que Divaldo faria um minisseminário. Eu estava dirigindo meu próprio veículo, no qual estavam minha esposa, Eleonora, e os amigos Nivalda Steffens e Milciades Lezcano, que é do Paraguai. A viagem estava ótima, a estrada, com pouco movimento, o dia, completamente ensolarado, e nós íamos trocando nossas impressões espíritas, conversando sobre outras coisas úteis, sobre o Movimento

Espírita etc. No meio do percurso, Nivalda nos contou que é formada em Música, toca piano e adora cantar, então iniciamos todos várias cantorias no interior do automóvel, uma música, depois outra e outra, e o amigo Milciades ora cantava em espanhol, ora na língua guarani. Foi mesmo uma viagem alegre, daquelas que marcam a lembrança. Nosso carro era o terceiro da fila, e, à frente do pelotão de carros, ia o de Jorge Moehlecke, que transportava Divaldo. Aproximadamente uns dez quilômetros antes de chegarmos a Passo Fundo, vimos, lá de trás da fila, que o Jorge adentrara em um posto de combustíveis com lanchonete ao lado. O segundo carro, que era o do amigo Enio, parou à esquerda do veículo de Jorge, e eu estacionei à sua direita.

Quando estacionamos, notamos que Divaldo já estava do lado de fora do carro que o transportara, em pé, conversando com a Lucia. Descemos do nosso carro, nós quatro, e nos aproximamos dele. Foi então que ele nos olhou e disse em voz alta, e todos os demais ouviram:

– *Mas que cantoria, hein? Uma música melhor do que a outra, em espanhol e até guarani. Que beleza!*

Ficamos estáticos. Olhamo-nos sem reação e, de imediato, veio-nos uma indagação: – *Como é que Divaldo sabia que estávamos cantando dentro do carro, que era o terceiro da fila na estrada, músicas até mesmo em espanhol e guarani, se estávamos com os vidros fechados?*

Todos refletimos e chegamos à conclusão de que isso somente se poderia dar em razão da excelência de sua mediunidade, da capacidade de audiência perfeita, ou mesmo da clariaudiência a distância.

Esse é Divaldo, o amigo de todos, o pai espiritual, o médium extraordinário, o homem de bem.

COMENTÁRIO DA ORGANIZADORA:

Anotemos o que Allan Kardec esclarece em *O Livro dos Médiuns*, capítulo XIV, item 165, sobre o médium audiente:

> Estes ouvem a voz dos Espíritos. É como (...) uma voz interior, que se faz ouvir no foro íntimo; doutras vezes, é uma voz exterior, clara e distinta, qual a de uma pessoa viva. Os médiuns audientes podem, assim, travar conversação com os Espíritos.

Entretanto, há outro aspecto a se considerar: existe no ser humano um potencial anímico que o propicia entrar em conexão com outro ser humano, sem que haja a presença de algum Espírito, e neste caso não é necessário que a pessoa seja médium. Inúmeras experiências foram feitas para se obter essa comprovação. No meu livro *Mentes interconectadas e a Lei de Atração*, publicado pela EBM em 2010, apresento algumas dessas comprovações de pesquisadores abalizados.

E foi o que aconteceu nesse episódio com Divaldo. A sua faculdade mediúnica, com essa multiplicidade de exteriorizações, de captações, de diversidade de fenômenos da ordem de efeitos físicos e intelectuais resulta em facilidade e espontaneidade de exteriorização de seu perispírito, que se expande e é moldável, produzindo uma multifacetada série desses fenômenos, que se tornam habituais, porém, em nuanças muito variadas.

Em síntese, ele captou as ondas sonoras que vinham dos amigos que cantavam no carro.

FRANCISCO FERRAZ BATISTA é escritor e palestrante espírita. Tornou-se espírita em junho de 1984, na cidade de Ribeirão Preto (SP), quando adentrou pela primeira vez num Centro Espírita, a Unificação Kardecista Eurípedes Barsanulfo.
Já exerceu os seguintes cargos no Movimento Espírita:
Presidente de Centro Espírita e presidente de União Regional Espírita, vice-presidente e presidente da Federação Espírita do Paraná e secretário da Comissão Regional Sul da Federação Espírita Brasileira.
Atualmente exerce estes cargos no Movimento Espírita:
Coordenador da Comissão Jurídica de apoio ao Conselho Federativo Nacional da Federação Espírita Brasileira e membro efetivo do Conselho Superior da Federação Espírita Brasileira.

Depoimento de Maria Trindade Nascimento

Orientando sobre a depressão

Estávamos em março do ano de 1999. Aos 42 anos, após estar com toda a assistência médica e espiritual, sentia-me perder acometida pela epidemia do século: a depressão.

Parte dos médicos de Juiz de Fora (MG), onde resido, não aceitavam que a depressão é um transtorno real, orgânico.

Trabalhadora da Sociedade Espírita Joanna de Ângelis, recebendo todo o apoio da minha família e da Casa abençoada em que eu milito até hoje, principalmente da companheira Suely Caldas Schubert, fui por ela convidada a ir à cidade de Barbacena (MG) para encontrar com nosso amigo Divaldo Pereira Franco, que estaria proferindo palestra.

Esperamos Divaldo no saguão de entrada. Quando ele chegou, após os cumprimentos, Suely lhe disse que eu precisava falar-lhe.

Imediatamente, num gesto carinhoso, ele já me conhecia há alguns anos, pegou-me pelo braço, levando-me mais à frente, fora da movimentação das pessoas, para conversamos. Com alguma dificuldade, pela emoção, fui contando a minha situação e quanto estava sofrendo. Perguntei-lhe por que estava naquela situação de quase demência, e ele me respondeu:

— *Você está como um "rádio mal sintonizado".*

A minha dificuldade era tanta que só depois pude entender o que ele me falou.

Perguntei então como proceder com relação ao tratamento médico, já que havia muitas controvérsias mesmo dentro da Medicina, ao que ele me respondeu:

– O médico saberá dosar a medicação, tenha confiança. – E continuou: – *Dr. Bezerra está aqui e lhe diz para fazer uso da homeopatia* aurum metallicum *na 30ª dinamização.* – Por fim, recomendou: – *Não se afaste do trabalho. Esteja presente, mesmo que não consiga assimilar os conteúdos dos estudos, pois que você receberá da ambiência as energias necessárias à sua recuperação.*

A orientação de Divaldo encheu-me de esperança. Ao retornar, levei para o médico que me acompanhou neste período a sugestão da homeopatia, este aderiu e foi dosando a dinamização dela com a alopatia, e eu fui me recuperando.

Contei com o apoio dos corações queridos da SEJA, que muito me animaram, especialmente a Suely Caldas Schubert, que sempre me apoiou, fornecendo-me palestras para ouvir em casa e conduzindo-me sempre nos eventos como um anjo guardião. Ela incentivou-me a retornar às atividades que eu tanto amo realizar e nas quais prossigo com amor e entusiasmo.

17 anos transcorreram, estou muito bem, tenho muito a agradecer ao amado Dr. Bezerra e ao estimado amigo Divaldo Franco.

MARIA TRINDADE DO NASCIMENTO reside em Juiz de Fora (MG), é palestrante e também dirigente da Reunião de Tratamento Espiritual na Sociedade Espírita Joanna de Ângelis, atualmente no Departamento de Divulgação Doutrinária.

Depoimento de Lucy Dias Ramos

Divaldo e as notícias consoladoras

No início da década de 90, minha filha Sandra mudou-se para Salvador (BA), indo morar em Inema, num condomínio da Marinha, porque seu marido foi transferido para aquela base. Residiram nesse local algum tempo, indo depois para a cidade de Salvador.

Fui visitá-la, mas, durante minha permanência em sua companhia, não tivemos como aproveitar a cidade, pois meu marido não estava passando bem...

Antecipamos a vinda para casa e, no dia de nosso regresso para Juiz de Fora, ainda no aeroporto, na hora do embarque, ele teve um AVC. Fomos para o Hospital Aliança, inaugurado recentemente, onde ele recebeu toda a ajuda necessária para sua recuperação. Acompanhada de meu neto, sentamos na parte da frente da ambulância, e Sandra foi com ele, já inconsciente na maca, na parte de trás. Depois de algum tempo, notei que o motorista estava sem saber direito o endereço, mas não o perturbei. Comecei a orar, lembrei do amigo Divaldo – tão perto fisicamente de nós – e mantive o pensamento elevado, tentando sentir a vibração espiritual e o que estava acontecendo na parte de trás do veículo...

Percebi, nesse momento, espiritualmente, a presença de uma equipe médica que começou a atendê-lo e também ouvi Dr. Bezerra de Menezes confortando-me:

– Fique calma, não se perturbe, estamos tentando amenizar as sequelas do acidente vascular. O atraso da ambulância é providencial. Seu amigo Divaldo ouviu seu apelo e está orando também por vocês...

Quando chegamos ao hospital, ele já estava consciente, e o atendimento ambulatorial foi rápido e eficiente, complementando os outros procedimentos durante a internação que durou apenas 7 dias. Retornamos para a casa de Sandra, aguardando mais algum tempo até que pudéssemos voltar para Juiz de Fora (MG).

Alguns meses depois, em Juiz de Fora, fui assistir à palestra do Divaldo e estava na fila, aguardando minha vez para cumprimentá-lo, quando ele mandou me chamar e, recordando o que ocorrera quando estive em Salvador, relatou:

– Dr. Bezerra manda lhe dizer que nosso amigo (referindo-se ao meu marido) *teve uma moratória de alguns anos para que ele possa solucionar certos problemas e que foi por sua causa, porque ele não queria realizar aquela viagem, mas você insistiu para que ele fosse...*

Dez anos depois, meu marido sofreu um acidente de carro em nossa cidade, ficando durante três anos em recuperação e tratando de várias sequelas graves, desencarnando em 2006. Após a sua desencarnação, minha filha Sandra teve nova recidiva do câncer, dessa vez com maior gravidade...

Quando ela morou em Salvador, frequentou com assiduidade a Mansão do Caminho – desde quando ainda era na Rua Barão de Cotegipe – e teve vários contatos com o Divaldo, que a chamava de "menina", por causa do seu aspecto frágil e delicado... Interiormente era forte e corajosa, trabalhando como médica, enfrentando o câncer, no final de sua vida terrena, com fé e confiança em Deus...

Por ocasião de outra vinda de Divaldo a Juiz de Fora, numa tarde em que ele visitava a Sociedade Espírita Joanna de Ângelis, fui com ela, que lhe desejava falar sobre sua enfermidade, encontrá-lo...

Após a palestra, ele a atendeu, e deixei-os a sós, mas, quando ia afastando-me, ele me chamou e disse: *– Dr. Ramos está mandando um recado para você. Está muito emocionado, mas a palavra que ele deseja que fique gravada em seu coração é "gratidão"...*

Ficamos emocionadas, e ela prosseguiu o diálogo com nosso irmão Divaldo, que a confortou com palavras de encorajamento diante daquela fase difícil...

Sandra desencarnou em 2008, dois anos após esse encontro.

Recebi dela confortadoras mensagens através da querida amiga Suely Caldas Schubert e algumas estão em meu livro *Maior que a vida*[1]...

Em janeiro de 2010, compareci ao encontro em São Paulo que o Divaldo realiza, organizado pelo Sr. Miguel Sardano e sua esposa, D. Terezinha...

Ouvindo a palestra que Divaldo proferia, em determinado momento ele fez referência ao *tsunami*, relatando uma passagem do livro *Transição planetária*,[2] na qual o autor espiritual, Manoel Philomeno de Miranda, descreve a angústia da mãe desesperada procurando a filhinha nas águas revoltas do oceano, sem saber que ambas haviam desencarnado... Emocionei-me e recordei a minha filha Sandra, justamente na hora de sua desencarnação, quando, orando ao seu lado, abaixei suas pálpebras e chorei baixinho para não perturbar seu desprendimento... A lembrança desse momento sempre angustiava meu coração...

Senti na mesma hora a presença de minha filha ao meu lado, envolvendo-me com seus braços, acariciando meus cabelos e dizendo com meiguice:

– *Mãezinha, já lhe pedi para não lembrar-se de mim naquele momento. Pense que estou bem, feliz e já trabalhando naquilo que mais gosto de fazer...*

Sandra estava se referindo ao exercício da Medicina, porque já estava podendo trabalhar como médica no Mundo espiritual, profissão que amava e exerceu com devotamento. Percebi que ela estava de branco, como gostava, com um semblante lindo, sorrindo para mim... Controlei minha emoção e voltei a prestar atenção ao que Divaldo comentava.

---

1. RAMOS, Lucy Dias. *Maior que a vida*. Rio de Janeiro: FEB, 2010.
2. FRANCO, Divaldo; MIRANDA, Manoel Philomeno de [Espírito]. *Transição planetária*. 1ª edição. Salvador: LEAL, 2010.

Ao terminar a exposição doutrinária, quando fui falar com ele, antes que eu dissesse qualquer coisa, ele, sorrindo, disse-me:

– *Nossa menina estava aqui. Você sentiu quando ela a abraçou, acariciou seus cabelos e disse: "Estou feliz, mãezinha, fazendo o que eu mais gosto?!".*

Sou imensamente grata por conhecer e compartilhar de momentos tão lindos e instrutivos por meio do querido amigo Divaldo Franco, esse verdadeiro missionário do bem.

LUCY DIAS RAMOS mora atualmente na cidade de Juiz de Fora (MG), onde frequenta há quase 50 anos o mesmo centro, denominado Casa Espírita. Desenvolve várias atividades nesta Instituição e em outras, divulga o Espiritismo e participa do Movimento Espírita.

Depoimento de Miriam Ester Theisen

O Espírito que é nome de um educandário

Meu filho, Thales Theisen, nasceu no dia 27 de julho de 1989 e desencarnou em 30 de janeiro de 1999, aos 9 anos de idade, em consequência de meningoencefalite, trazendo-nos grande dor e a toda nossa família.

Pouco tempo depois, meu marido, Nilvo Theisen, e eu resolvemos escrever ao médium e amigo Divaldo Franco pedindo, se possível, alguma notícia do nosso amado filho, porque eu sonhava muito com ele. A mensagem nos trouxe conforto muito grande, pois dizia o seguinte:

— *Nosso querido Thales encontra-se feliz sob a proteção dos bons Espíritos, que o têm trazido em visita à família, quando possível.*

Em 3 de outubro de 2008, comparecemos, Nilvo e eu, ao seminário apresentado por Divaldo Pereira Franco, ocorrido na Universidade Luterana do Brasil (ULBRA), cidade de Torres (RS), por ocasião da Semana Espírita. Para nossa surpresa e emoção, Divaldo chamou-nos e relatou:

— *Thales está presente e explicou-me o motivo da doença. Apresentou-se-me, inicialmente, com o aspecto da enfermidade, porém, em fração de segundos, sua fisionomia foi-se alterando e ele surgiu muito belo, com a roupa característica do período vivido na França. Ele explicou que a doença foi consequência de quando viveu no século XVIII, na época de Luís XVI, no período da Revolução Francesa, dos girondinos e jacobinos.*

Durante os anos de 2006 a 2008, nós residimos em Torres, a linda cidade do Rio Grande do Sul. Ali frequentávamos a Sociedade Espírita Bezerra de Menezes, e nesse período aflorou em mim uma forte vontade de construir uma escola. Sempre estive envolvida com educação e, pensando nesse novo milênio que nos convida a mudanças, queria ampliar este processo com uma metodologia que priorizasse o ser no momento de regeneração.

Em setembro de 2009, Nilvo e eu fomos convidados por Jorge Moehlecke para participar do Encontro Fraterno, na cidade de Salvador. Estando ali, a ideia de implantação da escola surgiu novamente, em conversação com os companheiros de Santa Cruz do Sul. Estavam presentes, além de nós, os amigos Enio Frederico de Medeiros e Jaqueline Ouriques Medeiros. Juntos, apresentamos o projeto educativo a Divaldo Pereira Franco e recebemos o seu apoio e incentivo: – *Deem prosseguimento ao projeto* – disse ele. A partir daí, era necessário seguir adiante: a ideia estava formada e aprovada.

Conseguido o terreno, por meio da prefeitura, arregaçamos *as mangas* para as providências iniciais do projeto

Em 2010, Nilvo e eu partimos para Sacramento (MG), com o propósito de conhecer mais de perto o colégio fundado por Eurípedes Barsanulfo, quando encarnado. Eurípedes, com sua visão superior, implantou àquela época uma metodologia muito avançada, cuja meta é a educação de Espíritos, a educação da inteligência, do amor, da bondade. É o grande trabalho dos tempos vindouros, que se realizará na individualidade de cada ser e, como consequência, atingirá a coletividade.

Em outubro de 2012, estávamos participando do Encontro Fraterno com Divaldo, em Salvador, quando solicitamos a ele uma sugestão para o nome da escola que estava por ser criada em Santa Cruz do Sul, ao que ele respondeu: – *O nome do anjo!*

Ficamos surpresos, mas à noite, conversando com o Nilvo, ele repetiu sobre o nome da escola a ser criada: – Tu sabes – disse Divaldo. – *O nome do anjo.* – A escola teria o nome de nosso filho: Thales Theisen.

Em janeiro de 2013, começaram as obras de construção do Educandário Thales Theisen, voltado ao atendimento de crianças de 3 a

6 anos de idade. A concretização desse trabalho na educação só foi possível graças à contribuição de muitos, que se engajaram para a construção de um ambiente em que o respeito e o afeto se somam ao afã comum de evolução.

Para a estruturação do plano pedagógico foi utilizado o método Montessori, citado na obra *Constelação familiar*,[1] da mentora Joanna de Ângelis, psicografada por Divaldo Pereira Franco, no capítulo 11.

No Encontro Fraterno 2013, no dia 10 de outubro, Divaldo Pereira Franco relata a um grupo de participantes que aguardava o início do seminário que ele iria apresentar: – *Eles* [referindo-se a Nilvo e Miriam] *transformaram a dor salvando vidas. Estão construindo uma obra para receber crianças.*

No dia 15 de maio de 2015, o Educandário Thales Theisen iniciou suas atividades, recebendo as primeiras crianças.

---

1. FRANCO, Divaldo; ÂNGELIS, Joanna de [Espírito]. *Constelação familiar*. 3ª ed. Salvador: LEAL, 2015, cap. 11, pp. 83-84 (nota da Editora).
MIRIAM THEISEN trabalhou na área da educação por mais de 30 anos.

Depoimento de Vânia Maria de Souza

O PODER DAS VIBRAÇÕES DE AMOR E DE PAZ

Pelos anos da década de 1980, meu esposo, Jader, passou a trabalhar com equipamentos de padaria no país vizinho, o Paraguai. O negócio foi crescendo, e então ele abriu uma exportadora em Foz do Iguaçu (PR) e uma importadora em Assunção, no Paraguai. Fazia semanalmente viagens ao país vizinho, e os empreendimentos prosperaram.

No entanto, a partir de 1995, os negócios sofreram uma crise muito forte. Desde então, ele travava uma luta intensa para prosseguir.

Em 29 de abril de 1999, voltando de uma viagem de Assunção para o Brasil, houve um acidente automobilístico, e meu esposo desencarnou ainda em uma estrada do Paraguai. Os anos seguintes foram um período de grande sofrimento para nós – minhas filhas e eu.

Divaldo telefonou-me logo após o acidente, confortando-me. Disse-me que ele tinha compromissos de reencarnações anteriores no país contíguo, notadamente com a Guerra do Paraguai, mas que havia cumprido com louvor os compromissos desta reencarnação. Periodicamente, escrevia-me, dando-nos a certeza de que estávamos no rol de suas preocupações.

Certo dia, desesperada com a situação difícil, encontrava-me só. As lágrimas corriam copiosamente, sentia-me sem forças e meu desejo era o de poder desaparecer da vida, não através do suicídio, de forma nenhuma, nem fugir do país, mas simplesmente desaparecer, porque não encontrava solução. Mas, o que fazer? Tinha que permanecer na vida e ser forte pelas três filhas dependentes da minha postura nas tomadas de decisões. Nesse estado de desespero em que estava, senti como se alguém me envolvesse em um abraço apertado, daqueles nos quais a gente entrega as dores, e, nitidamente, veio a figura de Divaldo à minha mente. Um bálsamo agradável percorreu meu corpo, minha mente, e instantaneamente saí do estado de desespero em que me encontrava para um estado de paz interior. Pareceu-me que alguém havia me aplicado uma anestesia.

Passei a sentir frequentemente as vibrações de Divaldo. É uma coisa inexplicável. Acredito que eu estava em seu caderninho de orações. Penso e sinto que as vibrações do querido amigo, suas preces e intercessões foram fundamentais para a recuperação da minha serenidade, tão necessária para continuar a luta.

Em junho do ano de 2006, sete anos após a desencarnação do meu esposo, fui participar de um roteiro de Divaldo pelo Rio Grande do Sul, acompanhada dos amigos estimados daquele estado. Foram sete cidades visitadas, nas quais Divaldo fez conferências enquanto nós o acompanhávamos. No dia 25 de junho de 2006, chegamos à cidade de Soledade, cuja conferência foi em um Centro de Tradições Gaúchas (CTG) para cerca de 3 mil pessoas, quando o caro amigo discorreu sobre a felicidade.

Pernoitamos em Soledade e na manhã seguinte, dia 26 de junho de 2006, rumamos para a cidade de Cruz Alta, a cerca de 135 quilômetros dali. Estávamos no carro com Divaldo: Jorge Moehlecke ao volante, Divaldo ao seu lado e no banco de trás a esposa do Jorge, Lucia, a amiga Nubia e eu.

A certa altura da viagem, Divaldo começou a falar, dirigindo-se a mim, dando notícias do Jader, meu marido:

— *Vânia, nesta noite (26 de junho de 2006, Hotel Ágata, em Soledade), o Jader me apareceu e pediu-me para lhe dizer que está muito bem. Disse que visitava sempre as filhas, que estava preocupado com uma delas e pedia que ela tivesse paciência com o esposo. Contou-me que devia tê-la preparado para cuidar dos negócios, pois era um homem empreendedor, mas que confiava muito nas pessoas e jamais imaginou que pudessem agir com traição após a sua partida. Ele citou que sofria com isso, mas que estava grato por ver que vocês haviam honrado os compromissos.*

Eu nunca disse nada a Divaldo sobre esses detalhes.

Ainda hoje, quando estamos em eventos espíritas, nosso amado Divaldo nos dá notícias, fala-nos da presença do esposo querido, que tornou-se um Espírito-espírita.

A nossa gratidão a Divaldo, esse autêntico missionário de Jesus, é infinita.

VÂNIA MARIA DE SOUZA reside em Cascavel (PR), é palestrante, coordenadora de grupos de estudos na Sociedade Espírita Paz, Amor e Luz, que fica nessa cidade, e conselheira da Federação Espírita do Paraná – FEP. É espírita desde 1987.

Depoimento de Maria Chede

NÃO ERA UM FRASCO DE PERFUME

Em 1964 tive a felicidade de conhecer Divaldo Pereira Franco ao ser convidada pela amiga Wagia Nacle para assistir à conferência que ele iria proferir no Colégio Estadual do Paraná, em Curitiba. Desde o primeiro momento, ao adentrar no salão de palestras, senti uma emoção diferente. Parecia-me que, de certa maneira, já conhecia tudo o que ali aconteceria. Eu me tornei espírita aos 30 anos de idade, mas não frequentava continuadamente.

Ouvir Divaldo representou, para mim, um despertar de consciência, pois a partir daquele instante eu realmente mudaria o rumo da minha vida para perspectivas mais espiritualizadas. O Espiritismo se me revelou, então, através da palavra dele, e uma séria proposta de mudança tomou conta da minha existência.

Alguns anos depois, outro convite, através de D. Margarida Meireles, levou-me a rever Divaldo Franco, cuja palestra seria na residência do casal Jorge e Neusa Ajuz, onde havia um enorme salão destinado a esse tipo de evento. No mesmo ambiente funcionava o Grupo de Costura Ana Franco, sendo este nome uma homenagem à mãe de Divaldo, cujo trabalho, que várias senhoras realizavam, atendia pessoas socialmente carentes.

Enquanto ele encaminhava o tema para a parte final, um perfume maravilhoso foi gradativamente se espalhando pelo salão. Na minha ingenuidade e pouco conhecimento, primeiro pensei que alguém tivesse derrubado um vidro de perfume que se derramou, entretanto, logo em seguida, veio-me a ideia de que era um perfume proveniente da Espiritualidade superior. Ao terminar, como as pessoas se aglomeravam para aproximar-se dele, eu fiz o mesmo e, ao cumprimentá-lo, tive uma surpresa maravilhosa quando o perfume me envolveu por inteiro, como se fosse um jato que dele emanasse. Depois daquele dia tão especial, passei a segui-lo, o que tenho feito através de mais de 50 anos, com a certeza de que Divaldo Franco é um emissário de Jesus, que veio pregar o Evangelho e o Espiritismo para abrir as consciências de quantos dele se acercam, enquanto demonstra, na sua própria vivência, que vale a pena amar.

Em uma ocasião fui a Ponta Grossa (PR), onde ele realizaria palestras no Clube Verde e na região. Ao cumprimentá-lo, em meio à fila, mencionei meu irmão já desencarnado, ao que Divaldo disse, imediatamente: — *Seu irmão Cezar está ao seu lado. Ele sofreu muito e quem o recebeu foi a sua avó.*[1]

Anos mais tarde, tive a felicidade de hospedá-lo em Florianópolis (SC), no Ingleses Praia Hotel, do meu irmão Antônio Chede, quando preparei a suíte com flores e outros detalhes para que ele sentisse quanto estávamos alegres em recebê-lo. Ao entrarmos, aproximei-o da janela para que apreciasse a linda vista ao mar e à praia. Foi nesse momento que ele disse: — *Seu pai está aqui. Ele é um Espírito muito esclarecido e está muito bem.*

Meu pai, Dieb J., foi imigrante e veio do Líbano com 13 anos de idade.

COMENTÁRIO DA ORGANIZADORA:

Ao dar este depoimento (dia 8/3/16), Maria Chede disse:
— *Assistindo a Divaldo Franco na Conferência Estadual Espírita do Paraná (dias 4 a 6/3/16) ao lado da minha amiga Neusa Ajuz e de muitos outros amigos, mais de 50 anos transcorridos desde o primeiro dia em que o conheci, e ele agora com 88 anos de idade — dentro de dois meses completará mais um ano de vida —, comentamos que está tão jovem quanto antes, na beleza e profundidade de sua palavra plena de sabedoria. Agradeço a Deus a felicidade de ser espírita e receber desse querido Semeador de Estrelas os ensinamentos de que todos necessitamos para crescer espiritualmente.*

1. Maria não sabe qual das duas avós era: se a materna, chamada Nazle, ou a paterna, de nome Chames (nota da organizadora).
MARIA CHEDE é trabalhadora da Sociedade Espírita Renovação – SER, localizada em Curitiba (PR).

Depoimento de Regina Zanella

Divaldo e o psiquiatra muçulmano em Milão

Conheci Divaldo Franco em 1994, no Centro Vita Nuova, na cidade de Milão, na Itália, fundado por Antonio Rosaspina, por ocasião de uma palestra sua. Eu não era espírita, nunca havia ouvido falar dele. Na época eu era jornalista, estava trabalhando para um jornal sobre o Brasil e há pouco havia conhecido um senhor brasileiro, Manoel Claudiano Filho, durante as comemorações da vitória da Seleção Brasileira na Copa do Mundo de 1994. Estava fazendo a cobertura das comemorações dos brasileiros, e Claudiano me convidou para assistir a uma conferência e fazer uma matéria para o jornal em que eu trabalhava, dali a alguns dias, sem me especificar de qual tipo de palestra se tratava. Após a palestra, Claudiano me apresentou ao palestrante, seu amigo Divaldo Pereira Franco.

Eu havia compreendido pouco da palestra e pedi que me esclarecesse alguns pontos, e ele me disse que lhe enviasse as perguntas pelo fax do hotel em que estava hospedado. Indicou que eu pegasse o número com o amigo que o acompanhava, Antonio Fortes, da cidade do Porto, em Portugal. De início, este me perguntou se eu ajudaria a divulgar na Itália o trabalho de Divaldo e se eu poderia escrever a sua biografia. Eu não era espírita, também nunca havia traduzido nenhum livro, apesar de haver frequentado a Faculdade de Tradutores no Brasil em alemão, inglês, português. Respondi ao amigo português que, não sabendo nada, não poderia traduzir, e ele me disse que eu poderia pedir a Divaldo alguma biografia sua já publicada para me inspirar. Foi assim que recebi mais tarde um pacote da Mansão com várias biografias de Divaldo, entre elas *O Semeador de Estrelas*. Fiz a biografia de Divaldo em italiano e, anos mais tarde, fiquei muito sem graça quando ele me pediu que autografasse uma cópia para ele.

Em 1995, meu pai desencarnou, e iniciei os meus estudos de Espiritismo com a companhia meu marido, Massimo, aqui na Itália. Mais alguns meses se passaram e recebi a resposta de Divaldo ao meu fax de 1994. Havia-se passado cerca de um ano da palestra no Vita Nuova, e, nesse meio tempo, o dirigente, Rosaspina, havia falecido. Fui informada de que provavelmente não mais convidariam Divaldo, pois sem os meios econômicos de Rosaspina, que o trazia à Itália desde 1973, para eles seria impossível continuar com os encontros internacionais. Enquanto isso, o meu interesse pela Doutrina Espírita aumentou.

Em 1996 enviei um fax a Divaldo convidando-o para uma palestra em Milão. Não havia um grupo formado, uma sala, só a vontade de divulgar. Depois de alguns meses ele respondeu aceitando o convite, já comunicando a data: seria uma segunda-feira (que é até hoje o nosso dia de palestra pública). Desanimaria qualquer um organizar um encontro em uma segunda-feira. Quem viria? Sim, quem viria? Soube da vinda de Divaldo para Genebra, na casa da Sr.ª Teresinha Rey e fui encontrá-lo, pois pensava: – *Ele nem me conhece, me viu uma única vez e aceitou meu convite!*

Apresentei-me, e ele perguntou somente: – *Quem vai me traduzir?*
Respondi: – *Eu!*
Ele indagou: – *Assim tão jovem, já traduziste alguma vez?*
Redargui: – *Você será o primeiro.*
No dia e hora marcados, ele chegou com uma luz que me deixou sem saber se quem brilhava mais era o Sol ou ele.

A única sala gratuita que eu havia encontrado era o Teatro Cesare Beccaria, com 215 lugares, e estava meio *sem graça* de dizer a Divaldo sobre o local, que era um presídio para jovens, mas quando eu disse Beccaria, ele me contou ser amigo do Espírito Beccaria e por isso ficaria feliz em falar em uma sala que levasse o seu nome.

À noite, o tempo mudou, segunda-feira chuvosa... mas mesmo assim as pessoas vieram e foi uma ótima experiência. Também o amigo português de Divaldo esteve presente e, na frente dele, elogiou a tradução, e Divaldo disse: – *Claro, com Joanna do lado dela ajudando!*

Em ocasião sucessiva na Itália, consegui que uma revista italiana, a *Revista Visto*, escrevesse um artigo sobre ele. Marcamos o encontro com o repórter para fotografá-lo em um apartamento no nosso prédio (onde hoje residimos). Durante o dia eu havia conversado com Divaldo, dizendo que as pessoas estavam preocupadas com a direção que tomaria a Guerra do Golfo. No momento das fotos, o fotógrafo pediu que déssemos a ele papel e uma caneta para simular a escritura. Sendo o apartamento quase vazio, não havia nem uma mesa, então improvisamos. Nós, mas não ele. Divaldo disse que não precisava simular, que ele psicografaria realmente, e assim o fez. A mensagem de Joanna foi a resposta sobre a conclusão da Guerra do Golfo. Ainda temos o original da página psicografada. Foi esta a única vez que meu marido viu um Espírito e foi Joanna, próximo de Divaldo.

Certa vez ele estava em Milão, acompanhado sempre pelo amigo Antonio Fortes. Deveríamos encontrá-los à noite para um jantar. Tina, de Roma, estava conosco, eu e Massimo. Na hora do almoço conversamos e cada um comentou: – *Como será que Divaldo faz isso e aquilo?* – A nossa conversa foi sobre ele, sobre o que gostaríamos de perguntar e saber. À noite, quando chegamos ao restaurante, sentamo-nos perto dele e, antes de começar o jantar, enquanto os amigos esperavam outros amigos, ainda conversando entre eles, Divaldo disse a nós três: – *Pois é, eu...* – e começou a falar, e cada palavra que ele dizia era a resposta do que havíamos conversado no período da tarde, como se ele estivesse ao nosso lado, escutado tudo. Ficamos mudos e até com certa vergonha. Dali em diante, aprendi que até em pensamento eu tinha que pensar bem dele.

De outra vez, em 2003, a palestra que ele faria era sobre a depressão. Eu havia traduzido Divaldo em Roma, no dia anterior e, viajando de trem para Milão, ele me disse: – *Hoje à noite usarei nomes difíceis para você pronunciar. Tome nota!* – Fui escrevendo, ele pronunciando e explicando o que eram os nomes. Eu havia escolhido e pedido que o tema fosse depressão, pensando na filha de uma amiga nossa, Arianna, que estava sofrendo desse mal. Uns três dias antes da palestra, porém, a moça teve uma crise, tentou o suicídio e foi internada. Fiquei triste, pois pensei: – *Que pena, ela não vai escutar a palestra do Divaldo!* De fato telefonei para a mãe, Antonia, a qual disse que não deixariam sua filha sair do hospital para uma palestra. Quando cheguei à sala da palestra, as primeiras pessoas que encontrei foram Antonia e sua filha, por isso fiquei muito surpresa. No momento em que Divaldo chegou, pedi para apresentar-lhe uma pessoa. Quando indiquei quem era, ele falou: – *Não precisa me dizer nada, Joanna já me explicou quem é ela.* – Eu fiquei muda.

Começou a palestra, e eu esperava os nomes por ele previamente ditos, mas ele mudou completamente o curso da palestra, contou uma história bem diferente do que disse que faria. No final, a primeira pessoa na fila para cumprimentá-lo era Arianna, e eu estranhei a iniciativa dela, que normalmente se apresentava muito tímida. Ele perguntou-lhe se gostou da palestra e presenteou-a com o livro *Vida feliz*.[1] Na manhã seguinte, quando fui acompanhá-lo na estação de trens, perguntei-lhe por que havia mudado a palestra, e ele me disse que tinha sido pela presença de Arianna, porque, enquanto ela estava internada em um hospital, Joanna contou-lhe que havia envolvido o médico com o intuito de liberá-la para assistir à palestra (de fato, depois da palestra, ela deveria voltar para o hospital).

Anos atrás, conheci um psiquiatra muçulmano, e ele me revelou ter capacidade mediúnica. Uma das pessoas mais inteligentes que conheci. Pedi a Divaldo para programarmos um encontro com ele em um jantar, e assim o fizemos, contando também com a presença de tio Nilson. Eles conversaram bastante, e Divaldo esclareceu-lhe sobre a desobsessão espírita; por sua vez, ele afirmou ter encontrado casos de obsessão e tentado realizar no seu consultório uma "cura", ficando encantado com as explicações de Divaldo. O Prof. Mandel era uma autoridade na Itália e, como Divaldo, tinha palestras praticamente todos os dias, ia assistir a essas palestras e era recebido com reverência em todos os ambientes. Após haver conhecido Divaldo, chamava-o irmão, adotou o livro *Grilhões partidos*[2] para os estudos, não perdeu mais uma

---
1. FRANCO, Divaldo; ÂNGELIS, Joanna de [Espírito]. *Vida feliz*. 1ª ed. Salvador: LEAL, 1992.
2. FRANCO, Divaldo; MIRANDA, Manoel Philomeno de [Espírito]. *Grilhões partidos*. 16ª edição. Salvador: LEAL, 2015.

palestra dele em Milão e dizia para os seus participarem também. Pouco antes de desencarnar, compareceu a uma palestra de Divaldo e foi ele quem abriu a solenidade, recitando a poesia *O iluminado*, de Rabindranath Tagore. Foi muito lindo ver o encontro dessas duas personalidades colaborando mutuamente, pois nessa noite foram feitas uma prece espírita e uma muçulmana.

Na penúltima vez que Divaldo aqui esteve, em 2013, ele fez a palestra numa sala de teatro para cerca 400 pessoas. Como sempre, fui inspecionar com intuito de que tudo ocorresse perfeitamente; mas, logo nos primeiros minutos da palestra, o microfone que ele utilizava deixou de funcionar. Eu estava em pé ao seu lado e fiz o gesto de passar-lhe o meu, temendo que as pessoas não o escutassem bem, mas ele me fez um gesto de "não", e continuamos, sem interromper. Ao final, comentei o incidente com amigos e me desculpei pelo teatro – aliás, reclamei por não ter nenhum técnico por perto para trocar o microfone. Ao me ouvir, ficaram surpresos, pois o escutaram igualmente, como se ele tivesse usado o ampliador de som.

Não serei a única a sonhar com Divaldo. Ultimamente até lhe escrevo contando, e, quando diz respeito a algo real, ele me explica. Tivemos episódios também de odores, tanto de perfume quanto de éter. Em geral, após a palestra, descrevia o ambiente espiritual, ou então, antecipando, dizia quantas pessoas estiveram presentes.

Conforme já dito, no dia e hora marcados, ele chega com uma luz que me deixa sem saber se quem brilha mais o Sol ou ele.

REGINA ZANELLA reside em Milão, na Itália, desde 1987. Em 11 de outubro de 1996, ela e o marido, o italiano Massimo Oliva, deram início ao grupo Sentieri dello Spirito, em Via Niccolò Machiavelli 2, onde permanecem ainda hoje. Divaldo esteve poucas vezes nessa sede, cuja capacidade é para 70 pessoas, e na ocasião de suas visitas era necessário um espaço maior.
Regina contou que a primeira vez que Divaldo atendeu ao seu convite, em 1997, era uma segunda-feira, noite de chuva, em uma pequena sala de teatro na periferia da cidade, e ela achou que seriam apenas umas 20 pessoas, mas foram 215, portanto considerou sempre bom divulgar e procurar espaços maiores para não privar ninguém de participar dessa grande festa espiritual. Ainda segundo ela, na última vez, em 2014, foram 545, sendo, provavelmente, fora Portugal, o maior público na Europa.

Depoimento de Rejane Planer

FATOS MEDIÚNICOS VIVENCIADOS COM DIVALDO NO EXTERIOR

1 – UM PASSE ESPIRITUAL

Nosso primeiro encontro com Divaldo Franco ocorreu em Viena, na Áustria, no verão europeu de 1990. Havíamos chegado uns meses antes para trabalhar na Agência Internacional de Energia Atômica (AIEA), um dos órgãos da Organização das Nações Unidas (ONU), com sede em Viena, e ouvimos falar que o famoso médium estaria proferindo palestra sobre manifestações mediúnicas no centro da cidade. Já havíamos ouvido falar de Divaldo, pois sua oratória é famosa, e ele era citado nos churrascos de família em Porto Alegre (RS), minha cidade natal. Eu estava fora do círculo familiar desde 1979, porque havia morado no Rio de Janeiro, depois na Alemanha e fiquei distante do Espiritismo desde o falecimento de minha avó, em 1974. Foi um primeiro contato muito esclarecedor. Nossa curiosidade avivou-se, relembramos momentos passados em família e, a partir daí, começamos a ler cada vez mais sobre os fenômenos espíritas, aumentando o nosso interesse pela Doutrina.

No entanto, foi em 1992, quando organizamos sua primeira palestra na sede da ONU, em Viena, que conhecemos pessoalmente o nobre amigo e benfeitor. De pensamento analítico e racional, por não conhecer ainda a Doutrina em profundidade, posicionávamo-nos como São Tomé: ver para crer. Divaldo cativou-nos com seu pensamento claro e objetivo, com sua postura elegante, séria e fraternal, sempre transmitindo carinho e compreensão, mas nunca ultrapassando as barreiras do comportamento social digno. Após a sua palestra, fomos convidados à casa de uma colega e amiga, Selma Chi Barreiro, que havia feito o primeiro contato com Divaldo. Éramos seis pessoas: Selma e seu marido, Divaldo, Nilson, Josef Jackulak e eu, e fizemos o culto do Evangelho do Lar.

Nesta ocasião, Divaldo, após as orações, disse que iria dar passe em todos que estavam em volta da mesa. Eu estava em oração quando senti que recebia o passe. Percebi o leve movimento de ar a minha volta, quase como uma brisa a envolver-me, e, curiosa, abri os olhos! Para minha surpresa, enquanto eu recebia o passe, ele estava também dando passe em outra pessoa, no outro lado da mesa, perfeitamente visível aos meus olhos. Divaldo olhou-me e simplesmente sorriu. Foi realmente o meu teste de São Tomé.

2 – Manifestações de perfumes de rosas, de éter ou de cânfora

Odor de éter, cânfora ou rosas

Olhando para trás no tempo, hoje entendemos como aceitamos fatos e fenômenos extraordinários como ocorrências normais de tão acostumados que ficamos com eles.

Em meados dos anos 90, começamos também a participar de seminários e palestras proferidos por Divaldo Franco em diversas cidades europeias, principalmente o ciclo destes durante o feriado de Pentecostes, que se realiza todos os anos na sede do G-19,[1] em Zurique.

Este seminário, inicialmente organizado pelo arquiteto suíço André Studer,[2] hoje em dia por sua esposa, Theres Studer, tem sido para nós um dos pontos altos desses encontros anuais com Divaldo Franco,

---

1. G-19 – Fundação para Desenvolvimento da Consciência Global (Stiftung zur Förderung globalen Bewusstseins).
2. André M. Studer (1926-2007) foi fundador do G-19 e um dos grandes nomes da arquitetura suíça no século 20, conhecido por suas ideias individuais e formas originais de pensamento na arquitetura do pós-guerra (notas da Editora).

não somente porque desde a primeira vez que participamos no seminário vivenciamos experiências inusitadas, mas principalmente pelas oportunidades de aprendizado que nos têm sido oferecidas por meio da convivência com estes homens de bem, Divaldo Franco e Nilson de Souza Pereira.

Os eventos, que relatamos a seguir, repetiram-se em tantas ocasiões quando estávamos próximo a Divaldo que os tomávamos por normais. O cheiro do éter, de cânfora ou do perfume de rosas eram ocorrências comuns. Aconteciam durante as viagens, as palestras e nos instantes finais dos seminários, na oração final ou na meditação de visualização sob orientação dele.

Normalmente viajávamos com Josef Jackulak de Viena a Zurique, de modo a chegarmos ao G-19 pela manhã na sexta-feira, para aproveitar o dia com Divaldo e Nilson. Naquela época, André Studer hospedava-os em um apartamento com três quartos, muito confortável, no primeiro andar do edifício do G-19 e generosamente permitia que nós ali também nos hospedássemos. Éramos jovens, dividíamos o trabalho da casa nestes dois dias: fazíamos o almoço e o jantar, tratávamos com carinho de filhos esses dois nobres amigos, que carinhosamente passamos a chamar de nossos velhinhos, os quais se tornaram queridos pais do nosso coração.

Assim, chegávamos ansiosos para preparar tudo que era necessário e usufruir da companhia de Divaldo e Nilson, e também daqueles que chegavam de outras cidades da Suíça e da Europa para revê-los. A convivência com eles era de breves momentos, roubados entre as atividades de psicografia de Divaldo Franco, que nunca para, os intervalos das palestras ou a conversa leve durante o almoço e o jantar.

Os fenômenos que relataremos aqui se iniciaram entre 2003 e 2004. Nesta época, além de enfrentarmos grandes batalhas no trabalho pioneiro de divulgação da Doutrina na Áustria, iniciamos um labor mais intenso de palestras mensais nas Repúblicas Tcheca e Eslovaca.

Até meados de 2000, viajávamos de trem durante a noite toda. Chegávamos pela manhã cansados da viagem, mas bem-dispostos e alegres como crianças. Recordo-me muito bem de certa ocasião quando, na entrada do prédio, ao buscarmos a chave deixada para nós por André Studer, fomos envolvidos por intenso cheiro de éter. Note-se que não há nas imediações qualquer local ou fonte de éter ou álcool. Brincamos que estávamos sendo "desinfetados", mas na realidade ali estávamos já recebendo as graças do Alto, benefícios para a nossa saúde do corpo e energias para a alma, esperança e força espiritual para os desafios da vida.

Na estada em Zurique também era comum esses fenômenos se repetirem no seminário no G-19. As manifestações ocorriam durante as palestras, individualmente, ou ao final. Os relatos das pessoas variavam: alguns sentiam cheiro de éter ou "cheiro de hospital", outros sentiam perfume de rosas ou outra fragrância floral. A fragrância floral que experimentamos algumas vezes era tão diferente que não posso definir bem, pois não a reconheço até hoje. Mesmo as pessoas sentadas lado a lado podiam sentir odores diferentes, caracterizando o fenômeno espiritual direcionado à necessidade e ao merecimento de cada um.

Mas não era somente em Zurique que vivenciávamos esses fenômenos. Em determinada ocasião, viajávamos de carro para Praga, onde desde 1989 Divaldo profere palestras traduzidas pelo nobre amigo e companheiro de lidas espíritas Josef Jackulak, e sentimos todos o perfume de rosas característico de Joanna de Ângelis.

Certa vez, estávamos viajando de volta para casa, depois do seminário em Viena, com o gaúcho Délcio Carvalho e sua esposa, Carmen, e o cheiro de éter inundou o nosso carro. Lembro que comentamos e eu ainda olhei para verificar se estávamos perto de algum posto de gasolina ou outra fonte do misterioso cheiro, mas não havia nada na estrada. Lembramos imediatamente do amigo e dos benfeitores espirituais, agradecendo a proteção na viagem de retorno.

Óleo de rosas

Outro evento marcante que vivenciamos ocorreu no final do seminário no G-19 em Zurique, creio que por volta de 2007.

Normalmente Divaldo encerrava o seminário com uma oração ou meditação acompanhada de visualização orientada por ele mesmo. Nesta ocasião, um silêncio de profunda paz preencheu o recinto. Divaldo caminhou entre nós, tocou no pulso ou na mão de cada pessoa, deixando ali gotas oleosas que ele produzia espontaneamente da palma de sua mão e de seus dedos. Cada pessoa recebeu essas gotas de óleo sagrado. Nada posso dizer sobre o odor desse óleo em outras pessoas, mas podemos dar testemunho de que Josef Jackulak, Tina Paternò e eu percebemos os cheiro de rosas, como creio que a maioria sentiu. Éramos cerca de 40 pessoas, incluindo André Studer, Theres Studer, Josef Jackulak, Tina Paternò, Edith Burkhard e outros. Esse óleo perfumado perdurou por bastante tempo na minha pele, pois até o dia seguinte eu ainda sentia o seu perfume.

ÁGUA FLUIDIFICADA[3] COM CHEIRO E GOSTO

Mais um dos eventos usuais era a fluidificação da água que levávamos para casa e tomávamos em doses homeopáticas durante o ano.

Em seminários, como é usual em qualquer Casa Espírita, as pessoas deixavam – e ainda deixam – garrafas com água mineral perto da mesa onde ele palestrava. Vi várias pessoas abrindo a garrafa ali na hora, portanto, era água pura mesmo.

Normalmente eu também colocava a minha garrafinha de água na mesa, junto a outras, mas certa vez estávamos com sérios problemas de saúde e enfrentamentos no campo da vida, e Divaldo disse que iria fluidificar a água separadamente das demais. Era usual que ele fizesse isso para algumas pessoas, por orientação dos nobres benfeitores.

Compramos a água mineral, e ele e Nilson fluidificaram a água após as palestras. Quando abrimos a garrafinha, a água tinha gosto e cheiro de cânfora. Levamos para casa e guardamos esta garrafa de água no guarda-roupa, no escuro, não ventilado, e tomamos pequenos goles

---

3. Entende-se por fluidificação da água o fenômeno espírita de impregnar as moléculas de água com energias espirituais.

o ano inteiro. Um ano recebemos cânfora, em outro, água com perfume de rosas. Ainda hoje, fevereiro de 2015, tenho o restinho da água que ele fluidificou em 2013. A água jamais criou bactérias, contaminou-se, nem alterou o gosto. Esse fenômeno aconteceu por vários anos, quando recebemos água fluidificada como tratamento e auxílio espiritual para as mazelas que todos temos que enfrentar na vida terrena. Esse fenômeno ocorreu também na água fluidificada recebida por Tina Paternò.

3 – Comunicações pela psicofonia com transfiguração

Têm sido muitas as graças e manifestações por intermédio da mediunidade missionária de Divaldo Franco. Estivemos também presentes em ocasiões nas quais Divaldo trouxe iluminadas comunicações dos benfeitores por psicofonia.

No Brasil, esse fenômeno pode ser comum, mas para nós que vivemos no exterior há mais de 26 anos e não temos contato com outros médiuns de escol, Divaldo Franco é um fenômeno ímpar.

Ouvir e ver Dr. Bezerra de Menezes por meio da psicofonia e transfiguração de Divaldo Franco no Congresso Espírita Internacional em Paris, no ano de 2004, foi de uma beleza indescritível – um atestado da imortalidade da alma. No fenômeno assistido por mais de mil pessoas no auditório do congresso, o tom da voz de Divaldo mudou, tornando-se rouca como a de um senhor muito velho, seu rosto transfigurou-se, parecendo-se com o do Dr. Bezerra, e seu corpo parecia encurvar-se. Pelo que observei naquela ocasião, Divaldo não se encurvava, mas parecia encurvar-se.

Escutar a voz da benfeitora espiritual Joanna de Ângelis, a quem consideramos uma mãe espiritual, deu-nos a certeza de que nunca estamos sós. Esse fato marcante ocorreu quando Divaldo Franco esteve conosco na Turquia, em 2007, para proferir a primeira palestra espírita na cidade de Istambul a convite de um colega da ONU de Viena, e por quatro ocasiões ele também proferiu palestras na sede de lá. Em suas palestras nesses locais, sua palavra eloquente atingiu pessoas de vários países e de diferentes crenças religiosas. Foi assim que surgiu o convite do Dr. Haluk Berkmen para Divaldo palestrar em Istambul, em 2007.

Viajamos a Istambul via Izmir, pois aproveitamos para visitar Éfeso, a cidade onde o apóstolo João havia pregado, e a Casa de Maria Santíssima, que fica em uma colina próximo às ruínas de Éfeso. Hospedamo-nos em um hotel perto da cidade, e à noite Divaldo chamou o pequeno grupo para o Evangelho no Lar, no seu quarto. Éramos seis pessoas: Josef Jackulak, Jorge Moehlecke e Lucia, sua esposa, Nilson, Divaldo e eu. No final do Evangelho, fomos agraciados por bela mensagem psicofônica de Joanna de Ângelis, que numa voz doce e suave deixou mensagem significativa a respeito do trabalho na seara espírita e das responsabilidades do trabalhador do Senhor. Uma mensagem de alento e coragem para que soubéssemos enfrentar os desafios do mundo e seguir o trabalho no ideal do Consolador.

4 – Notícias de familiares

Com frequência ouvimos Divaldo nos intervalos de suas palestras conversando com as pessoas, orientando, dando notícias de familiares.

Certa feita, estávamos almoçando no G-19, nos dias dos já mencionados seminários de Pentecostes. Éramos oito pessoas sentadas ao redor da mesa, e Divaldo passou a contar a André Studer sobre a sua conversa com Ahmad, o Espírito que cuidava do jardim de André. No ano seguinte a desencarnação de André Studer, Divaldo comunicou sua presença no seminário, bem como de outros Espíritos que o acompanhavam. Recebemos também notícias de meu pai, desencarnado em 1992, em várias ocasiões e, com o passar dos anos, a notícia de sua presença nas palestras e seminários de Divaldo.

Outras vezes, Divaldo aconselhava na educação de meus filhos. Houve ocasião em que viajávamos para Praga e meu filho menor, então com uns 13 anos, ligou contando o seu sucesso na sua prova do idioma russo. Eu queria desligar, pois não achava a ocasião apropriada, mas

Divaldo simplesmente disse: – *Minha filha, diga-lhe que você se orgulha dele*. Parece tão simples, mas foi mesmo importante! É ponto fundamental na educação dos filhos apreciar seus bons feitos, corrigir suas imperfeições através da palavra amorosa e do nosso exemplo.

Isso e muito mais aprendi com Divaldo nestes anos todos. Sou eternamente grata pelas lições de vida e de luz que recebemos de Divaldo Franco e Nilson de Souza Pereira – dois grandes amigos e pais do nosso coração!

REJANE DE SANTA HELENA SPIEGELBERG PLANER reside em Viena, na Áustria, e é cofundadora, vice-presidente e coordenadora de atividades doutrinárias da Verein für Spiritistische Studien Allan Kardec (Sociedade de Estudos Espíritas Allan Kardec), com sede nesta cidade. É palestrante, articulista da revista *Presença Espírita* e tem artigos publicados na *Revista Internacional do Espiritismo*, *O Consolador* e *Momento Espírita*.
É engenheira Elétrica e Nuclear, tem mestrado em Engenharia Nuclear e trabalha há mais de 26 anos na Agência Internacional de Energia Atômica, em Viena, Áustria. Nascida em família espírita, abraçou realmente a Doutrina em 1990, quando acordou para o trabalho na seara espírita após assistir a uma palestra com Divaldo Franco em Viena.

Depoimento de Abigail Guedes Magalhães

Divaldo e a receita do Dr. Bezerra de Menezes

Estávamos no ano de 1998, e minha filha Érika passava por sérios problemas de saúde, sendo diagnosticada com colite.[1] Como ficou bastante debilitada, teve que ser hospitalizada.

Às vésperas da chegada de Divaldo Franco, que viria realizar mais uma palestra e seminário em Juiz de Fora (MG), cidade onde residimos, minha filha saiu do hospital, retornando ao lar. Esperávamos ansiosamente conversar com ele sobre o acontecido com Érika e pedir-lhe uma orientação, porque no retorno ao lar ela apresentou sintomas de pânico, tendo dificuldades para sair de casa e retomar suas atividades habituais. Esse diagnóstico foi confirmado pela psiquiatra.

Nossa família tornou-se mais próxima do estimado médium devido à sua presença em nosso lar, por algumas vezes, dando-nos a alegria de estar conosco e também com amigos mais íntimos, o que se tornava uma verdadeira festa. Nesta oportunidade, ele almoçaria conosco e logo depois seguiria para o Rio de Janeiro.

Finalmente chegou o dia tão esperado, no qual fomos honrados com a presença de nosso amigo Divaldo. A própria Érika contou o que estava vivenciando, e Divaldo, prontamente, com o carinho que lhe é peculiar, informou que Dr. Bezerra de Menezes estava presente e lhe recomendava a medicação homeopática *aurum metallicum*, tendo ele

---

1. Inflamação no cólon – porção média do intestino grosso (nota da Editora).

mesmo escrito o nome do medicamento. Em seguida, disse-lhe palavras de bom ânimo, para que ela vencesse aquela situação com muita fé.

Dias depois, Érika estava com consulta marcada com uma médica homeopata, também espírita, quando então relatou o seu problema. Qual não foi a sua surpresa ao ver que o medicamento prescrito foi justamente *aurum metallicum*, o mesmo que Dr. Bezerra havia receitado. Muito emocionada, Érika tirou da bolsa o papel escrito por Divaldo e o entregou à médica, que por sua vez também se emocionou e falou:
– *Quanta honra para mim receitar a mesma medicação de um benfeitor espiritual como Dr. Bezerra!*

Ao mesmo tempo, Érika participou do tratamento através dos passes na Sociedade Espírita Joanna de Ângelis, em Juiz de Fora (MG), superando plenamente tudo aquilo que lhe causara sofrimento.

Nossa gratidão e carinho ao caro amigo Divaldo é imensa, pois dele recebemos, em todas as ocasiões em que esteve em Juiz de Fora e em outras cidades, quando íamos assistir às suas conferências, demonstrações de afeto e bondade, legando-nos exemplos do verdadeiro *Semeador de Estrelas*.

ABIGAIL GUEDES MAGALHÃES reside em Juiz de Fora (MG). Atua na mediunidade há mais de 40 anos, é palestrante, vice-presidente e coordenadora da área de tratamento espiritual infantil da Sociedade Espírita Joanna de Ângelis.

Depoimento de Josef Jackulak

Divaldo em Viena e as notícias dos familiares

Desde o feriado de Pentecostes de 1988, o orador e médium brasileiro Divaldo Pereira Franco visita Viena para proferir palestras na Áustria. Depois da queda das fronteiras de ferro do bloco soviético, vem abrindo novos caminhos com suas palestras na República Tcheca, na Eslovaca, Hungria e Polônia. Assim, a época de Pentecostes tornou-se motivo de alegria e esperança para todos nós, que aguardamos seu retorno anual a essa região, um compromisso que ele até hoje não deixa de cumprir.

Numa dessas visitas, provavelmente no ano de 2003, aconteceu algo muito curioso, quando chegamos ao meu apartamento, vindos do aeroporto. Naquele mesmo dia, durante o jantar, Divaldo contou-me que tinha visto a minha avó materna. Ela havia recebido Divaldo e Nilson com uma saudação, curvando-se, dando-lhes as boas-vindas e dizendo-lhes gentilmente que era a minha avó materna. Durante a conversa com Divaldo, ela percebeu que seu traje chamava a atenção dele, então lhe explicou que estava com um traje folclórico típico da minoria eslovaca que vivia na região de Transilvânia, na Romênia, antes da Segunda Guerra Mundial. Divaldo descreveu-me a roupa que ela usava: vestia uma roupa branca, com chapéu, saia e um lenço nos ombros, todos eram bordados com flores e ornamentos bem coloridos. Ele disse que ela era de estatura baixa, um pouco forte e tinha a expressão de um Espírito bondoso e generoso.

Minha avó contou ao Divaldo que desencarnara ainda na Romênia, quando meus pais já estavam vivendo na Morávia, na antiga Tchecoslovaca – hoje República Tcheca –, onde eu nasci, e que meus pais haviam se mudado para a Morávia depois da Segunda Guerra Mundial. Relatou as dificuldades iniciais deles no novo país, quando minha mãe, então com 36 anos, ficou muito fraca e magra e que ela ficou bastante preocupada com a situação de saúde da sua filha Maria nesse momento, ajudando-a muito para evitar a sua desencarnação antecipada.

Como eu não conheci os meus avós, contei o caso à minha mãe, que confirmou os eventos. Ela me disse que aos 36 anos estava fraca e emagrecida – eu nasci como último filho, quando ela tinha 39 anos. Também perguntei a minha mãe sobre a aparência da minha avó, e a descrição dela correspondeu perfeitamente com a dada por Divaldo.

Numa outra ocasião, a benfeitora espiritual Joanna de Ângelis trouxe, com a minha avó, outros familiares para o evento com Divaldo. Ele descreveu meu pai, meu irmão e minhas duas tias maternas, e a descrição correspondeu perfeitamente. Eu nunca havia mencionado ou conversado com Divaldo a história da minha família e os meus antepassados, que eu não havia conhecido, pois haviam ficado na Romênia. Esses fenômenos foram para mim muito emocionantes e benéficos. Foi uma grande prova da Vida depois da vida, na sobrevivência da alma após a morte física. Para a minha família, que professa a religião católica, o fenômeno despertou enorme curiosidade e gerou uma série de perguntas que somente o Espiritismo consegue explicar. Sou muito grato a Divaldo Franco.

COMENTÁRIO DA ORGANIZADORA:

Vale destacar a beleza e autenticidade das informações de Divaldo quanto aos familiares de Josef Jackulak, levando-se em conta as diferenças culturais e linguísticas, o que nos induz a concluir que o médium captava a linguagem do pensamento, ou talvez houvesse uma tradução simultânea de algum Espírito que o auxiliou, intermediando a transmissão dos dados. Nota-se a importância da visita anual de Divaldo a Viena, sempre aguardada com ansiedade e alegria pela sua presença, em todos os quadrantes do mundo. Não é de se admirar que isso aconteça, porque no Brasil há, invariavelmente, a mesma alegre expectativa. Quando ele chega, tudo se transforma em festa espiritual, um ágape de sentimentos elevados que se espraiam e dominam as almas como um festival de bênçãos.

JOSEF JACKULAK é de origem tcheca, mas reside em Viena, na Áustria, desde o ano de 1982. Tornou-se espírita em 1988 e é cofundador e atual presidente da Verein für Spiritistische Studien Allan Kardec (Sociedade de Estudos Espíritas Allan Kardec) nessa cidade.
É também tradutor da língua tcheca, coordenador dos grupos de estudos espíritas nas cidades de Praga e Brno, na República Tcheca, e em Bratislava, na República Eslovaca.

Depoimento de Priscila Machado Beira

As bênçãos de Jesus através de Divaldo Franco

Nosso filho Francesco era portador de uma enfermidade cruel e estava passando por um período crítico em sua saúde, o que causava a mim, ao meu marido, Waldir Beira Júnior, e a toda família muita preocupação e sofrimento ao vê-lo naquele estado tão doloroso.

Divaldo Franco, grande amigo de nossa família, dedicou-nos muita atenção e apoio durante essa experiência difícil, demonstrando muito carinho e amor pelo nosso querido Francesco.

Residimos em Amparo (SP), e, numa de suas visitas à nossa cidade, ele se prontificou a dar um passe em nosso filho. Pediu-nos, então, que providenciássemos uma garrafa com água, o que fizemos prontamente, colocando sobre o criado-mudo uma garrafa lacrada de água mineral. Ele, em seguida, fez uma sentida prece, aplicou o passe e orou profundamente. Terminada a prece, recomendou que déssemos algumas gotas daquela água, diluída em um copo, para o enfermo. Ao pegarmos a garrafa, percebemos que a água havia mudado de cor: estava amarelada. Ainda para nossa surpresa, quando abrimos o frasco, a água estava fortemente perfumada. Ali estava a medicação espiritual que proporcionou a Francesco um sono mais tranquilo, renovador, e também lhe conferiu forças para enfrentar os pesados tratamentos a que era submetido.

A enfermidade de nosso filho, entretanto, continuou avançando. No ano de 2006, quando estava com quase 6 anos de idade, em outro momento muito difícil, diante de mais uma das notícias médicas alarmantes que recebemos ao longo do tempo, fizemos contato com Divaldo, que, na ocasião, encontrava-se em viagem pelo exterior. Percebendo, provavelmente, a gravidade do problema e nossa aflição, Divaldo nos disse que às 20h daquele mesmo dia faria uma prece; assim, deveríamos deixar uma garrafa com água para Francesco, e tudo foi então combinado.

Acontece que estávamos com Francesco em São Paulo e houve grande atraso na clínica onde ele fazia a quimioterapia. Por causa disso, pegamos um trânsito pesado para sair de São Paulo em direção à cidade onde residíamos e acabamos chegando tarde da noite.

No dia seguinte, tivemos uma grande surpresa, pois uma colaboradora nossa, que há muitos anos trabalhava conosco, relatou-me o seguinte:

— Ontem à tarde, quando eu estava fechando a casa e me preparando para sair, senti um fortíssimo cheiro de perfume. Logo, pensei que poderia ter caído e se quebrado algum frasco de seus perfumes; então, ao invés de fechar a porta e sair, entrei novamente para verificar tudo e, à medida que me dirigia ao corredor que leva aos quartos, o cheiro foi se intensificando, e muito. Olhei em seu quarto, no armário, no banheiro, em todos os lugares possíveis e nem um sinal de que houvesse quebrado algum frasco ou algo que espargisse perfume. Eu fui ficando arrepiada e com certo temor, pois o cheiro era muito forte e intenso por toda casa. Sem encontrar a causa, fui embora. Ao chegar à minha casa, sem que eu nada contasse, meu marido me disse: "Nossa! Por que tanto perfume?". Eu me dei conta de que estava completamente impregnada por aquele perfume de rosas que havia sentido em sua casa.

Relatei o episódio ao meu marido, Júnior, e ficamos os dois a pensar e buscar uma explicação: onde estaria Divaldo e qual seria o fuso horário entre o Brasil e o país em que ele estava? Detectamos que o horário da ocorrência relatada por nossa funcionária correspondia às 20h no horário local em que ele se encontrava.

Assim sendo, chegamos à conclusão de que Divaldo havia feito a sua vibração em favor de Francesco, conforme prometido, e o fenômeno mediúnico explicaria o ambiente perfumado, indicando que as energias fortalecedoras e balsâmicas em favor de Francesco permaneciam impregnando o local e foram por ele, posteriormente, absorvidas.

PRISCILA MACHADO BEIRA é psicóloga e trabalha como voluntária no Serviço Espírita de Proteção à Infância (SEPI) e na Sociedade Espírita Esperança (SEE). Nascida em berço espírita, atua como evangelizadora há quase 20 anos, participando ativamente em outras áreas da Casa.

Depoimento de Claudia Yicela Silva Núñez

Amarlo cada día más

Al comenzar esta narrativa, mi corazón se inclina en agradecimiento profundo a los queridos amigos que hoy están en la Patria espiritual: Sr. Juan Antonio Durante y Sra. María Vila, porque, a través del cálido recibimiento que me hicieron en Buenos Aires, pude presenciar ello.

Era noviembre de 1999, y en la cartelera del Centro Espírita Redención, de la ciudad de Montevideo, apareció aquel título cuyo fondo de cielo celeste y blanco decía: "Lanzamiento del libro en español *Amor, invencible amor*", 27/11 y 28/11, dictado por el Espíritu Joanna de Ângelis, psicografía de Divaldo Pereira Franco.

El llamado a mi corazón fue misterioso y acudí, sin conocer Buenos Aires, porque el coraje habló más alto que el temor de enfrentar a aquel gigantesco asfalto.

Nuestra querida presidente, Sra. Estela Pezzaroglo, realizó las coordinaciones con Juan Durante y así llegué en forma directa del puerto Madero a Barracas y a la reunión que ya estaba comenzando en el Centro Espírita Juana de Ángelis, de la calle Ruy Díaz de Guzmán, nº 174 apartamento nº 2.

Asistimos a la magnífica disertación y en la bella narrativa de Divaldo se refería a la historia donde una joven cargaba un cántaro roto por tanto tiempo... y un día el mismo cántaro le pregunto: – *¿Por qué no me tiras si ya no sirvo para nada llego al destino casi vació y sin agua?* – Y ella le mostró el sendero de flores, que a la orilla del camino se había formado gracias a él ya que con sus rajaduras, todos los días regaba las semillas hoy convertidas en flores que eran recogidas y alegraban a su señor.

El público emocionado pero yo no pude contenerme y le hice un cuestionamiento al Sr. Divaldo y sus palabras fueron: AMARLO CADA DÍA MÁS. Esa respuesta me dejó con incógnitas mayores: *¿Será que él no entendió mi pregunta? ¿Será que no fui clara en el asunto?*

Escribí una extensa carta por la noche del día 27 de noviembre, para entregársela al día siguiente y concurrí con mi reciente amiga María Vila desde su casa al Salón del Hotel donde se daría la disertación para médicos, psicólogos y personal de la salud en especial.

Era la primera hora de la mañana llegando allí, le entregué la carta, diciéndole estas palabras: – *Sr. Divaldo, no necesito que me escriba, o que me responda yo sé que los Espíritus me traerán la respuesta.* – y las palabras de ese ser de luz, Divaldo Franco, fueron: – *Gracias por la confianza.* Yo tenía la certeza al igual que el soldado romano del evangelio; que si Jesús y Juana ordenaban, la respuesta viajaría en el espacio y el tiempo y llegaría hasta mí... y así fue.

Luego de deleitar a todo el público presente en el salón, invitó a una oración final, el silencio se hizo e inmediatamente, el olor a éter invadió el ambiente. Finalizada la oración aún permanecía el aroma, así que le pregunté a María, quien era médium clarividente si me había "parecido" o si realmente había sucedido, y me respondió: – *Sí es cierto, los Espíritus en ese momento realizaron varias operaciones espirituales.*

Guardó en el corazón esos momentos como un tesoro infinito que me recuerdan el poder de la oración, la sublimidad del sentimiento de *amor invencible* del ser Divaldo Pereira Franco, la compañía poderosa de los Espíritus mayores que lo acompañan, la manipulación de los fluidos etéreos y el regalo de Dios para mi, oveja perdida que daba los primeros pasos en el camino de retorno a la Casa de mi Padre.

AMAR CADA DIA MAIS

Ao começar esta narrativa, meu coração curva-se em profunda gratidão aos queridos amigos que hoje estão na Pátria espiritual: o Sr. Juan Antonio Durante e a Sr.ª María Vila, porque, por meio da cálida recepção que me deram em Buenos Aires, pude presenciar o seguinte fato.

Era novembro de 1999, e no quadro de avisos do Centro Espírita Redención, da cidade de Montevidéu, li este título no cartaz celeste e branco: "Lançamento, em 27/11 e 28/11, do livro em espanhol *Amor, imbatível amor*, ditado pelo Espírito Joanna de Ângelis e psicografado por Divaldo Pereira Franco".

Apesar de não conhecer Buenos Aires, atendi ao misterioso chamado do meu coração, já que a coragem falou mais alto do que o temor de enfrentar aquela grande metrópole.

Nossa querida presidente, a Sr.ª Estela Pezzaroglo, coordenou com Juan Durante a minha viagem, e assim cheguei diretamente do Porto Madero a Barracas, e à reunião que já estava começando no Centro Espírita Juana de Ángelis, à Rua Ruy Díaz de Guzmán, nº 174, apartamento nº 2.

Assistimos à magnífica palestra, na qual Divaldo narrava a bela história daquela jovem que transportava água com um cântaro quebrado, até que um dia o próprio cântaro perguntou-lhe: — *Por que não me lanças fora, se já não sirvo para nada, chegando ao destino quase vazio e sem água?* —, e ela lhe respondeu mostrando-lhe a senda de flores que se havia formado graças a ele, à beira do caminho, já que através das suas rachaduras a água molhava todos os dias as sementes, hoje convertidas em flores que eram colhidas pelas pessoas, tornando-as felizes.

O público ficou emocionado, mas eu não pude me conter e fiz ao Sr. Divaldo uma pergunta, cuja resposta foi: AMAR CADA DIA MAIS. Essa resposta deixou-me com mais incógnitas: — *Será que ele entendeu a minha pergunta? Será que eu fui clara no assunto?*

Escrevi-lhe uma extensa carta na noite de 27 de novembro, a fim de entregá-la no dia seguinte, e fui com minha nova amiga, María Vila, ao Salão do Hotel, onde aconteceria a conferência para médicos, psicólogos e pessoal especializado em saúde.

Ali chegando na primeira hora da manhã, entreguei-lhe a carta, dizendo-lhe estas palavras: – *Sr. Divaldo, não preciso que me escreva ou que me responda, pois sei que os Espíritos vão me trazer a resposta.* – E as palavras de Divaldo Franco, esse ser de luz, foram: – *Obrigado pela confiança.* – Eu tinha certeza, igual ao soldado romano do Evangelho, de que se Jesus e Joanna dessem a ordem, a resposta viajaria no tempo e no espaço, chegando até mim... E assim foi.

Após deleitar o público presente no salão, Divaldo convidou todos para fazer a prece final. Fez-se silêncio, e imediatamente um odor de éter invadiu o ambiente. Finalizada a oração, ainda permanecia aquele aroma, então perguntei a María, que era médium clarividente, se aquilo "pareceu-me" ou se realmente tinha acontecido, e ela respondeu-me: – *Sim, é verdade. Os Espíritos realizaram nesse momento várias cirurgias espirituais.*

Guardo no coração, como um tesouro infinito, esses momentos que me fazem lembrar o poder da oração, a sublimidade do sentimento de *amor imbatível* do ser Divaldo Pereira Franco, a assistência poderosa dos Espíritos maiores que o acompanham, a manipulação dos fluidos etéreos e o presente de Deus para mim, ovelha perdida, que dava os primeiros passos no caminho de retorno à Casa do Pai.

CLAUDIA YICELA SILVA NÚÑEZ é coordenadora da Área de Comunicación de la Federación Espírita Uruguaya e trabalhadora do Centro Espírita Redención, de Montevidéu, Uruguai.

Depoimento de Gloria Collaroy

Divaldo sete vezes em Sydney, na Austrália

Repasso na memória as visitas luminosas de nosso nobre amigo Divaldo Franco aqui em Sydney, recordando a alegria que sua presença nos proporciona. Quando a data de sua vinda é marcada, passamos a viver a expectativa de recebê-lo, antevendo os dias felizes de convívio e aprendizado.

Uma das visitas de Divaldo que mais nos marcou foi no ano de 2005, quando ele veio acompanhado da presença querida de Nilson de Souza Pereira, permanecendo ambos aqui por quase uma semana, o que se tornou uma verdadeira festa espiritual. Sempre que está aqui, ele realiza as palestras agendadas e no último dia faz uma reunião diferente, na qual conversa informalmente conosco.

Esta reunião se passou no endereço 1 Lister Ave Rockdale – 2216, e estavam presentes todos os trabalhadores de nossa Casa Espírita Franciscanos, além de convidados de Melbourne e Camberra. Nossa sala estava lotada, e à mesa estavam Divaldo, Nilson e eu. Nessas reuniões, primeiramente, Divaldo aborda algum tema doutrinário relacionado à vivência do Evangelho, responde às perguntas que lhe são feitas e encerra com uma prece, que sempre nos comove por ser a despedida.

Na reunião deste dia estavam presentes entre os participantes Jack Sewell, Marcelo Roges, Maria José de Souza, Yolanda Andrade e muitos outros, a lista é grande, e, em determinado momento da prece, o ambiente foi tomado por um cheiro fortíssimo de éter, que todos sentiram.

Logo depois, já refeitos da surpresa, veio o aroma de rosas, intenso, impregnando tudo e todos, emocionando e surpreendendo.

Divaldo tem sido incansável. É nosso orientador desde o primeiro momento. Tenho duas mensagens que ele psicografou da mentora Joanna de Ângelis, e nelas a benfeitora se refere à nossa Casa de Amor e nos orienta também quanto aos trabalhos na Casa Espírita Joana de Cusa e na Casa Espírita Franciscanos.

Divaldo, então, nem se fala, pois é nosso orientador constante, mas tenho até certo constrangimento, mesmo depois de todos esses anos, em ficar fazendo-lhe perguntas.

Ele é incansável. Veio ter conosco já por sete vezes, sendo que precisa atravessar metade do mundo para chegar à linda Austrália.

A ele nosso amor e profunda gratidão. Deus o abençoe, caro Divaldo, e também o estimado Nilson, na Pátria espiritual.

GLORIA COLLAROY reside em Sydney, na Austrália, e é presidente e dirigente da Fundação Joana de Cusa e da Casa Espírita Franciscanos.

Depoimento de Giancarlo Chitto

Divaldo na Itália e a mudança em minha vida

Eu nasci em Maranello, Itália, em 1935. Em 31 de outubro de 1943, minha mãe ficou viúva, com três filhos para sustentar. Era tempo de guerra, e a comida, escassa. Foram anos magros, mas minha mãe conseguiu nos alimentar, proteger e cuidar: ela realmente era uma supermãe. Tivemos também uma avó supermaternal, que tomava conta de nós enquanto nossa mãe estava trabalhando para prover nosso sustento. Crescemos dentro da fé católica, então, todos os domingos íamos à igreja, fizemos o catecismo etc.

Em 28 de novembro de 1951, depois de curto período (meses) de uma dolorosa doença, nossa mãe faleceu. Naquele tempo, devido à minha ignorância e falta de conhecimento, fiquei muito bravo com Deus, porque nossa mãe, que trabalhara tão duro para nos criar, enfrentando tantas adversidades e sacrifícios, tinha sido levada... também por ela não ter podido, fisicamente, guiar-nos e ver nosso crescimento, presenciar o nosso futuro juntos. Assim, parei de frequentar a igreja, e foi então que as mudanças começaram.

Em 11 de setembro de 1953, eu cheguei ao Canadá. Comecei a trabalhar e me movimentar bastante nesse país, que foi onde conheci o meu amigo John Homer. Nós dois decidimos então escolher um país para imigrar, começar um novo negócio e ficar ricos. Os países em consideração eram o Brasil e a Austrália, e o Brasil foi o escolhido.

Em 12 de fevereiro de 1964, pousamos em Belém (PA). Senti-me em casa, e a língua portuguesa foi ficando mais fácil muito rapidamente

– talvez seja porque eu tenha vivido alguma vida anterior aqui no Brasil. Amei o país e as pessoas, mas John estava tendo dificuldades com o idioma e poucos meses depois voltou às Bahamas, e eu fiquei por 10 anos no Brasil.

Eu conheci a minha esposa, Joan, nas Bahamas, e em 1971 ela se juntou a mim no Rio de Janeiro, onde eu era um bem-sucedido fotógrafo escolar. A vida na cidade era muito frenética, então começamos a considerar a possibilidade de voltar a viver no Canadá.

Eu não sabia que grandes mudanças estavam para acontecer na minha vida. Meu irmão, Romano, escreveu-me contando que seu filho, Cláudio, estava carente física e mentalmente e requereria cuidados o dia inteiro pelo resto de sua vida. Minha falta de conhecimento apareceu novamente: – *Se Deus existe, por que Ele permite que isso aconteça?*

Conversando sobre o assunto com um senhor, ele sugeriu que eu procurasse um Centro Espírita, onde os médiuns poderiam me orientar e possivelmente prescrever remédios para os problemas do meu sobrinho. Tudo isso era muito novo pra mim: Espiritismo, centros, médiuns, nunca tinha escutado a respeito disso antes!

Eu tive uma reunião com o diretor de um Centro Espírita em Anápolis (GO), e, depois de ouvir-me, ele disse que não poderia dar-me nenhuma resposta de imediato, mas sugeriu a leitura de *O Livro dos Espíritos* para que eu pudesse entender melhor e me pediu que voltasse a procurá-lo em seguida, para outra conversa. Eu li o livro e, mesmo com meu conhecimento limitado do português, encontrei informações valiosas que mudaram minha forma de pensar, restaurando minha fé em Deus – entendi que Ele nunca tinha estado longe de mim. Pareceu-me curioso que isso tivesse acontecido poucos meses antes de eu deixar o Brasil, mas as sementes estavam plantadas. A curiosidade e o desejo de aprender se tornaram mais fortes, então comecei a ler mais e a assistir a palestras em videoteipe, principalmente as do Prof. Divaldo Franco.

De 1978 até 1999, eu viajava ao Brasil, a negócios, todo ano e ia sempre visitar um Centro Espírita para ouvir as palestras ou para as preces vespertinas.

Foi em 1995 que conheci pessoalmente o Prof. Divaldo Pereira Franco, por ocasião do Primeiro Congresso Espírita Mundial, em Brasília, quando o convidei para fazer sua primeira visita a Vancôver e à

Costa Oeste para proferir palestras. O congresso foi tão benéfico que, quando retornei ao Canadá com minha esposa, Joan, decidimos entrar com a papelada para fundar o que seria a sociedade beneficente Fabiano of Christ Benevolent Society, cuja aprovação governamental foi recebida em março de 1996, e desde então auxiliamos as pessoas carentes no Brasil.

Em 1999, nossa querida amiga Ana Guimarães, do Rio de Janeiro, coordenou para que Joan, Ron (meu cunhado, da África do Sul) e eu visitássemos a Mansão do Caminho. Foi uma visita curta, mas com tremendo impacto em todos nós, pois lá se assemelha a um oásis de paz, um lugar especial, com trabalhadores atenciosos e caridosos.

No ano de 2008, visitei novamente a Mansão do Caminho para verificar as possibilidades de aumentar as doações da Fabiano of Christ, com vistas a completar o Centro de Parto Natural, já em construção. Divaldo me convidou para participar de uma reunião mediúnica naquela noite, e fiquei surpreso e sem palavras ao saber que ele tinha recebido mediunicamente uma mensagem de Joanna de Ângelis para mim:
– *Querido irmão Giancarlo...* – e continuou, depois da saudação, para informar que nos conhecíamos de uma vida passada.

Essa informação despertou inúmeros sentimentos, e me senti abençoado por saber que fazia parte dessa grande família espiritual de Joanna de Ângelis; mas, ao mesmo tempo, depois de todos esses séculos, eu ainda continuo caminhando no lado enevoado dessa *parede* infinita que divide luz e escuridão e ainda estou me debatendo para transformar minhas tendências inferiores em virtudes. Eu sei, agora, que esse progresso dependerá de mim e que a decisão de fazer as mudanças necessárias também cabe a mim.

O Prof. Divaldo Pereira Franco – a quem eu conheci pela primeira vez, nesta existência, em 1995 e que é tão querido, amado e admirado por tantas pessoas ao redor do mundo – foi, e ainda é, o principal responsável pelas vagarosas, mas seguras mudanças que fiz em minha vida. Suas palestras, entrevistas, sessões de perguntas e respostas – estas conduzidas ao longo dos programas *Encontro com Divaldo* – mantêm-me focado e interessado em aprender cada vez mais. A *Internet*, hoje em dia, facilita e traz muita informação, em uma enorme variedade de tópicos.

Minha determinação continua na direção de aprender o caminho para o progresso espiritual e moral, para um dia ser capaz de encontrar uma abertura nessa imensa *parede* e, finalmente, iniciar minha jornada de ascensão – esse é meu profundo desejo.

Fui ao Brasil com a finalidade de encontrar riquezas materiais, mas, contrariamente, encontrei um tesouro muito maior: a Doutrina Espírita.

Sou muito grato àqueles que têm direcionado meus passos na minha jornada ao Brasil, quer sejam Espíritos encarnados, quer desencarnados, que me guiaram para descobrir a abençoada filosofia espírita, para conhecer Divaldo e outros que influenciaram a minha existência.

Que a paz de nosso Mestre Jesus abençoe-nos todos.

GIANCARLO CHITTO é fundador, com sua esposa, Joan, e presidente da Fabiano of Christ Benevolent Society, Vancôver, no Canadá, e membro da Paul of Tarsus Spiritist Society, também nessa região. Conheceu o Espiritismo em 1976, mas só se tornou espírita decididamente em 1995, depois de conhecer pessoalmente Divaldo Franco, na ocasião do primeiro Congresso Espírita Mundial, em Brasília (DF).

Depoimento de Maria Piedade Bueno Teixeira

Colônia espiritual em Anápolis

No dia 21 de dezembro de 2005, minha mãe, Maria Bueno Teixeira, e eu participamos da reunião mediúnica na Mansão do Caminho, dirigida por Nilson de Souza Pereira, da qual Divaldo Franco faz parte.

No transcurso dos trabalhos, Divaldo psicografou várias mensagens e entre elas havia uma dirigida a nós duas, assinada por Joanna de Ângelis, dando notícias do meu irmão Amarildo Antunes Teixeira, que desencarnou em um acidente de moto no dia 3 de março de 2001, na rodovia que liga Barra do Garças (MT) a Novo São Joaquim (MT), ao bater, numa curva, em uma caminhonete que vinha na contramão.

Ele residia em Barra do Garças e se dirigia, bem cedo, para trabalhar na sua casa lotérica em Novo São Joaquim.

Emocionadas, lemos as carinhosas palavras da querida mentora, as quais afirmavam que ele chegara muito bem ao Mundo espiritual, encontrava-se plenamente recuperado *"graças aos seus títulos de amor, dedicação à família e reto cumprimento dos deveres, não experienciando tormentos quando da sua chegada de retorno à Pátria"* e foi *"carinhosamente recebido por familiares que o precederam na direção da Imortalidade, logo se adaptando"*.

Por fim, depois da referência à saudade da família, a mensagem trazia o seguinte trecho: – *Ele vem cooperando espiritualmente com a obra da irmã Terezona, esse Espírito nobre que trabalha na cidade de Anápolis (GO), recolhendo e socorrendo recém-desencarnados em aflição.*

Ao entregar-nos a mensagem, Divaldo disse-me que procurasse saber sobre a Colônia fundada pela Irmã Terezona, em Anápolis, referida pela mentora, pois ele nunca tinha ouvido falar dela.

Isto foi em dezembro, e no Carnaval seguinte, no Congresso Espírita em Goiás, encontrei Dr. Jorge Daher, de Anápolis, e indaguei-lhe sobre a existência dessa Colônia, o que ele não só confirmou, como ainda acrescentou que sua irmã, desencarnada num acidente, fora recebida lá e que quem primeiro trouxe a informação sobre a existência de uma Colônia espiritual na região de Anápolis foi Chico Xavier, em 1959, informando ao Sr. Lima, também de Anápolis, em visita à Uberaba.

Antes de te passar essa informação, Suely, entrei em contato com Dr. Jorge, trabalhador espírita em Anápolis, para saber se ele me autorizava fornecer a ti esses dados, no que foi prestimoso, tendo inclusive me cedido a página de um livro, a qual enviarei para você em outro *e-mail*, que fala sobre essa Colônia.

Para muitos, aparentemente não há nada de extraordinário nisso tudo; mas para nós, familiares, a referência a uma Colônia espiritual da qual Divaldo nunca ouvira falar, cuja existência foi posteriormente confirmada, e o recebimento da mensagem com essa informação são acontecimentos notáveis.

COMENTÁRIO DA ORGANIZADORA:

A mensagem psicografada por Chico Xavier, conforme enviada pelo Sr. Jorge Daher, está no livro *A vida triunfa*,[1] o autor espiritual dela é Maurício Garcez Henrique e foi ditada em 27 de maio de 1978, em reunião pública, na cidade de Uberaba (MG), destinada à sua família.

O trecho no qual Maurício Garcez Henrique cita o nome da irmã Terezona é o seguinte:

> (...) Mas meu avô e outros amigos me socorreram e fui levado para Anápolis, para ser tratado por uma enfermeira que dirige uma escola de fé e amor ao próximo, que nos diz ser a irmã Terezona, amiga das crianças.

---

1. ROSSI, Paulo Severino. *A vida triunfa:* pesquisa sobre mensagens que Chico Xavier recebeu. 2. ed. São Paulo: Editora Jornalística Fé, 1992.

Terezona é como era chamada Maria Tereza de Jesus, que fundou em Anápolis a Romaria de São Bom Jesus da Lapa nos idos de 1931. Segundo informações colhidas com o avô materno de Maurício, Sr. Humberto Batista, que conheceu pessoalmente Terezona, ela se dedicava a auxiliar as crianças.

Trinta e oito anos depois dessa carta consoladora de Maurício Garcez Henrique, enviada a seus pais e irmãos pelo lápis mediúnico de Chico Xavier, a mentora Joanna de Ângelis traz a notícia de uma Colônia absolutamente desconhecida por Divaldo e pelos presentes, estabelecendo, a partir desse instante, um elo entre o seu médium e o abnegado Espírito de Maria Tereza de Jesus, conhecida carinhosamente como Terezona, sem esquecer-se de mencionar que o irmão de Piedade Bueno, o Amarildo, está trabalhando ao lado dela, o que é especialmente auspicioso.

A confirmação da existência dessa Colônia espiritual é muito importante e oportuna, por ser mais um posto de luz a receber e servir aos recém-desencarnados, tendo como meta prioritária a recepção dos Espíritos que desencarnaram na fase infantil.

A Misericórdia do Pai é infinita e agasalha todos os seus filhos, possibilitando a cada um o quinhão de bênçãos de que se faz merecedor.

MARIA PIEDADE BUENO TEIXEIRA trabalha como voluntária na direção do Departamento Editorial e Gráfico do Centro Espírita Caminho da Redenção desde setembro de 2012.

Minhas queridas filhas:

Que Jesus nos abençoe! O nosso querido A. marido encontra-se totalmente recuperado, após o transe da desencarnação.

Graças aos seus títulos de amor, dedicação à família e cumprimento dos reais deveres, não experimentou tormento, quando da chegada de retorno à Pátria.

Carinhosamente recebido por familiares que o precederam na Dimensão da Imortalidade, logo adaptou-se. Embora as saudades da família e os naturais preocupações com a bênção, das filhinhas, que devem ser felizes e permanecer tranquilas, tem-nos visitado com frequência, buscando auxiliá-las.

Envolve a esposa em ternura, transmitindo-lhe forças e coragem para o prosseguimento dos compromissos libertadores.

Ele vem cooperando espiritualmente com a obra da irmã Terezona, esse Espírito nobre que trabalha na cidade de Aracaju, acolhendo e socorrendo recém-desencarnados em aflição.

Sensibilizado e agradecido, beija a irmã mãezinha e as filhas, confiando no futuro, quando todos, após concluídos os seus compromissos, voltarão a unir-se no Grande Lar.

Guardem todas o bom ânimo e a alegria, certas da vitória do Bem.

Oremos!

Com carinho, a mãezinha espiritual de sempre,

Joanna de Ângelis.

Salvador, 21.12.05

Mensagem de Joanna de Ângelis psicografada por Divaldo Franco endereçada a Maria Piedade Bueno Teixeira na Sessão Mediúnica do Centro Espírita Caminho da Redenção, em Salvador, Bahia.

Depoimento de Martha Martins Cunha

DIVALDO E SEU PACIENTE POR MAIS DE QUARENTA ANOS

Meu nome é Martha Martins Cunha, sou espírita e filha de pais espíritas, Ulysses Robert Cunha e Arminda Martins Cunha. Sou médica, tenho uma irmã, Áurea, também médica, e um irmão chamado Ulysses Martins Cunha.

Meu irmão, seis meses após o seu nascimento, apresentou um quadro preocupante com crises convulsivas, sendo diagnosticada epilepsia de difícil controle. Toda a nossa família se empenhou em seu tratamento, buscando uma melhora que, entretanto, não acontecia. As crises tônico-clônicas generalizadas, mioclônicas e de ausências, apesar do uso de vários anticonvulsivantes em doses elevadas, tornaram-se frequentes, tendo ocorrido vários internamentos em estado de mal epiléptico.

Quando ele estava com quatro anos de idade, o neurologista, também espírita, Dr. Ronaldo Tornel da Silveira, falou-nos da possibilidade do tratamento espiritual e mencionou a médium Suely Caldas Schubert, trabalhadora, à época, do Centro Espírita Ivon Costa, sugerindo-nos entrar em contato com ela, pois tudo indicava haver, no caso do meu irmão, forte componente espiritual, o que de fato foi constatado posteriormente.

Suely, que viria a ser nossa grande amiga, recebeu-nos, inicialmente, em seu próprio lar, passando a orientar-nos quanto ao tratamento espiritual que seria realizado, dali em diante, em benefício de

Ulysses, o que foi feito ao longo do tempo com muito amor, conseguindo significativas melhoras no quadro clínico dele.

Por essa ocasião, Suely contou-nos sobre o médium e orador Divaldo Pereira Franco, relatando pormenores da sua missão, propondo, então, que na próxima visita do médium a Juiz de Fora (MG), já agendada para dali a alguns meses, sendo ele hóspede do seu lar, marcaria um momento especial a fim de levarmos nosso Ulysses para que ele o atendesse.

No dia marcado, Divaldo recebeu-nos com especial carinho, orientando os procedimentos espirituais que beneficiariam o campo físico. Nosso primeiro encontro com o médium baiano representou, portanto, um marco na vida de meu irmão e de nossa família, pois a partir daí ele passou a ser seu paciente, o que perdura até agora, por 43 anos consecutivos.

Inicialmente, nós o levávamos à casa de Suely por alguns minutos apenas, o suficiente para que Divaldo lhe dirigisse palavras de incentivo e abraçasse-nos – isso bastava! O passe espiritual era transmitido dessa forma, e quanto benefício Ulysses recebia.

Posteriormente, passamos a levá-lo ao local da palestra, indo bem antes, para que Divaldo, ao entrar, faça o rápido atendimento. Quando ele chega e percebe nossa presença na entrada, dirige-se ao nosso encontro, coloca a mão na cabeça de seu paciente, fala algumas palavras amigas e se vai, para realizar a sua missão de divulgar a Doutrina Espírita, deixando conosco a energia balsâmica que é a medicação, da qual meu irmão tanto necessita. A partir de cada atendimento, sempre observamos melhoras imediatas e significativas das crises convulsivas, atualmente sob controle, do comportamento e das funções cognitivas, desde a infância até os dias de hoje.

Nestes longos anos de tratamento, em cada encontro com Divaldo, parece-nos que ocorre, progressivamente, um desbloqueio, revelando parte de uma inteligência brilhante do Ulysses, decorrente de reencarnações passadas.

A nossa imensa gratidão ao amado Divaldo Pereira Franco, incansável trabalhador de Jesus e de Kardec, que distribui bênçãos de luz, de paz e de amor a todos nós.

Quarta Parte

Curas espirituais em desdobramento

Desdobramento

Em *O Livro dos Espíritos*, o tema desdobramento é abordado no capítulo VIII – Da emancipação da alma, a partir da questão nº 400, quando Kardec interroga aos Espíritos superiores:

> 400. *O Espírito encarnado permanece de bom grado no seu envoltório corporal?*
> É como se perguntasses se ao encarcerado agrada o cárcere. O Espírito encarnado aspira constantemente à sua libertação e tanto mais deseja ver-se livre do seu invólucro, quanto mais grosseiro é este.

Essa emancipação acontece com naturalidade e frequência durante o sono físico, quando os laços que prendem o Espírito ao corpo se afrouxam e, não necessitando de sua presença, "ele se lança pelo espaço *e entra em relação mais direta com os outros Espíritos*". (Questão 401.)

Entretanto, a emancipação do Espírito pode ocorrer sem que seja necessário o sono físico, conforme a resposta à questão 407:

> Não; basta que os sentidos entrem em torpor para que o Espírito recobre a sua liberdade. Para se emancipar, ele se aproveita de todos os instantes de repouso que o corpo lhe oferece. Desde que haja prostração das forças vitais, o Espírito se desprende, tornando-se tanto mais livre, quanto mais fraco for o corpo.

O desdobramento pode ser espontâneo ou induzido: quando espontâneo, pode ser de natureza mediúnica ou anímica e tanto um quanto o outro podem se apresentar de maneira consciente ou inconsciente; quando induzido, é provocado por uma ação magnética ou hipnótica.

Divaldo Franco apresenta duas possibilidades: desdobramento mediúnico, ou aquele que é anímico e espontâneo, bastando apenas um ligeiro torpor. Isso se deve a uma pequena descentralização (digamos expansão) do perispírito, que enseja liberdade ao Espírito, permitindo-lhe atuar de diferentes formas, sempre no seu fecundo labor missionário de ajudar o próximo.

Eurípedes Barsanulfo, o apóstolo de Sacramento (MG), em sua elevada condição espiritual, apresentava natural facilidade de se desdobrar, mesmo quando em sala de aula, diante dos alunos. Ao pressentir a imperiosa necessidade de atender uma pessoa que estivesse vivendo um momento de grande sofrimento, ele se ausentava do local em que estava, em desdobramento, e ia socorrê-la, tornando-se, inclusive, visível não apenas para o enfermo, mas também para outros que estivessem presentes.

Em *O Livro dos Espíritos*, o codificador questiona se realmente algumas pessoas têm o dom de curar pelo simples toque, no item 556, obtendo a resposta:

> A força magnética pode chegar até aí, quando secundada pela pureza dos sentimentos e por um ardente desejo de fazer o bem, porque então os bons Espíritos lhe vêm em auxílio.

Em seguida a esse esclarecimento, os Espíritos superiores advertem:

> Cumpre, porém, desconfiar da maneira pela qual contam as coisas pessoas muito crédulas e muito entusiastas, sempre dispostas a considerar maravilhoso o que há de mais simples e mais natural. Importa desconfiar também das narrativas interesseiras, que costumam fazer os que exploram, em seu proveito, a credulidade alheia.

Nos casos de curas, cumpre trazer para aclaramento do processo o texto de Allan Kardec, extraído de *O Evangelho segundo o Espiritismo*, que explana sobre o poder da fé:

> O poder da fé se demonstra, de modo direto e especial, na ação magnética; por seu intermédio, o homem atua sobre o fluido, agente universal, modifica-lhe as qualidades e lhe dá

uma impulsão por assim dizer irresistível. Daí decorre que aquele que a um grande poder fluídico normal junta ardente fé, pode, só pela força da sua vontade dirigida para o bem, operar esses singulares fenômenos de cura e outros, tidos antigamente por prodígios, mas que não passam de efeito de uma lei natural. Tal o motivo por que Jesus disse a seus apóstolos: se não o curastes, foi porque não tínheis fé. (Capítulo XIX – A fé transporta montanhas, item 5.)

Explanando sobre médiuns curadores, Kardec, em *Obras póstumas*, escreve:

> A faculdade de curar pela imposição das mãos deriva evidentemente de uma força excepcional de expansão, mas diversas causas concorrem para aumentá-la, entre as quais são de colocar-se na primeira linha: a pureza de sentimentos, o desinteresse, a benevolência, o desejo ardente de proporcionar alívio, a prece fervorosa e a confiança em Deus; numa palavra: todas as qualidades morais. (Primeira Parte, item 52.)

Ao tratar, nestas páginas, de fatos mediúnicos e espirituais que preenchem a vida de Divaldo Franco, não podemos perder de vista a sua grandiosa obra missionária, que se reflete no conjunto de sua atual vivência terrena, que tem como base sólida e inamovível a divulgação do Evangelho de Jesus, a Lei de Amor, agora iluminada pelas diretrizes do Espiritismo que ele divulga aos quatro cantos do mundo, espalhando as sementes da Vida eterna. O foco é a cura da alma, do ser imortal, que busca afanosamente a felicidade, mas somente a alcançará quando despertar para sua própria identidade cósmica, como cidadão do Universo, filho de Deus, em sua gloriosa escalada evolutiva.

Recordando Kardec, em *A Gênese*, que escreve magistralmente:

> O Espiritismo, igualmente, pelo bem que faz é que prova a sua missão providencial. Ele cura os males físicos, mas cura, sobretudo, as doenças morais e são esses os maiores prodígios que lhe atestam a procedência. Seus mais sinceros adeptos não são os que se sentem tocados pela observação de fenômenos extraordinários, mas os que dele recebem a consolação para suas almas; os a quem liberta das torturas da dúvida; aqueles a quem levantou o ânimo na aflição, que hauriram

forças na certeza, que lhes trouxe, acerca do futuro, no conhecimento do seu ser espiritual e de seus destinos. Esses os da fé inabalável, porque sentem e compreendem.

Os que no Espiritismo unicamente procuram efeitos materiais, não lhes podem compreender a força moral. Daí vem que os incrédulos, que apenas o conhecem através de fenômenos cuja causa primária não admitem, consideram os espíritas meros prestidigitadores e charlatães. (Capítulo XV – Os milagres do Evangelho, item 28.)

Depoimento de Marcelo Netto

Em Miami, orientação de Divaldo em desdobramento

Lembro-me de um momento que jamais esquecerei, pois me marcou profundamente. Eu estava há poucos meses ocupando o cargo de presidente da Federação Espírita da Flórida, minha experiência era mínima e tinha muito receio de cometer erros e prejudicar o movimento, que era ainda muito pequeno no estado da Flórida.

Havia naquela época, quando assumi a presidência da Federação, as questões que envolviam as diferenças culturais e as barreiras da língua, dificultando o total entrosamento entre os espíritas de língua portuguesa e os de língua hispânica. Neste sentido, enfrentávamos os obstáculos e, às vezes, questões que levavam a certas situações complexas entre os grupos espíritas. Na minha imensa inexperiência, mas com grande vontade de acertar, orava constantemente, pedindo o auxílio dos bons Espíritos para que eu conseguisse, minimamente, conciliar os grupos e estabelecer laços de amizade e fraternidade no movimento.

Na noite do dia 9 de agosto de 2010, estava em minha casa, em Miami, Flórida, apreensivo, pois teria que tomar algumas decisões sérias, em um momento grave de nosso movimento nascente. Recolhido em minhas meditações e preces naquela noite, pedi fervorosamente ajuda ao Pobrezinho de Assis, para que pudesse ser inspirado naqueles dias difíceis. De repente, em meu quarto, onde eu orava, uma luminosidade peregrina se fez presente, e tive a impressão de ver Divaldo adentrar pelo ambiente, em companhia de outra Entidade espiritual, luminosa, que não consegui identificar.

Neste momento, mesmo sem ter certeza do que estava percebendo, ou seja, a presença de Divaldo, comecei a conversar com ele mentalmente, pedindo auxílio para as questões que me afligiam.

Divaldo passou a me esclarecer, e uma paz imensa se fez em meu coração naquela hora. Interessante que, naquele momento, tanto os móveis como as paredes de meu quarto pareciam estar iluminados, mas com um tipo diferente de luminosidade, não forte, e sim muito suave.

Esse fenômeno deve ter durado alguns breves minutos, pelo menos foi a impressão de tempo que tive. Ao terminar aquilo tudo, eu estava tão impressionado com a possibilidade de Divaldo ter estado comigo, em desdobramento, com alguém que eu não consegui identificar, que fui imediatamente para o computador escrever para ele e perguntar se por acaso aquilo tudo realmente tinha ocorrido ou teria sido fruto da minha imaginação. Eu me lembrei até do horário exato em que tudo ocorreu e cheguei a mencionar para Divaldo no *e-mail*: eram 21h30min do dia 9/8/2010.

E, para minha imensa alegria, ele confirmou tudo pelo *e-mail* e disse também que Joanna o havia conduzido à minha casa, pois percebeu que eu necessitava de orientação naquele momento de grande responsabilidade.

Divaldo Franco é um patrimônio da Humanidade. Sair pelo mundo afora, exposto a tudo e a todos, às várias armadilhas espirituais e materiais, e conseguir chegar até onde ele se encontra, nestes dias tão conturbados, sem ter resvalado um milímetro, é algo impressionante. A coragem, a energia, a lucidez, o equilíbrio e a sensatez que este homem tem e conserva, só mesmo com uma moral excepcional e muita proteção espiritual.

Depoimento de Maria Anita Rosas Batista

Divaldo e a cura em desdobramento

No mês de fevereiro de 2005, na cidade do Salvador (BA), onde resido há 17 anos, fui submetida a uma cirurgia muito delicada, pois havia sido diagnosticado um câncer de endométrio em estágio avançado.

Antes desse diagnóstico, sofri por dois anos de forte hemorragia uterina. Os médicos consultados diagnosticavam como o início da menopausa e diziam que eu não me preocupasse, pois estava tudo bem.

Mas, ainda muito preocupada, fiz uma consulta espiritual por meio do médium Divaldo Franco, e nos foi aconselhado procurar outro médico.

Todavia, a médica consultada resolveu fazer ablação apenas do endométrio, pois, segundo ela, não havia necessidade de fazer a retirada do útero.

Por causa dessa microcirurgia, a médica constatou uma anormalidade e solicitou urgentemente uma biópsia.

No início do mês de janeiro do referido ano, recebi o resultado constatando câncer do endométrio em segundo estágio. Novamente recorremos a um médico oncologista e este, preocupado com o resultado, conseguiu que os laboratórios fizessem todos os exames em regime de urgência, e em alguns dias estávamos com a cirurgia marcada para fevereiro.

Antes do procedimento, a nobre mentora Joanna de Ângelis, por intermédio de Divaldo, escreveu mensagem carinhosa, maternal como sempre, preparando-me para a cirurgia, que demorou mais de seis horas.

As dores pós-operatórias foram acerbas, insuportáveis, e o médico cirurgião levou ao meu quarto várias ampolas de morfina para serem ministradas a fim de que eu pudesse suportá-las.

Antes de tomar a morfina, solicitei ao Gilberto, meu marido, que telefonasse para Divaldo, que estaria se preparando para a palestra, pois era uma quinta-feira, dia de palestra no Centro Espírita Caminho da Redenção, para informar-lhe do meu quadro clínico.

Gilberto assim o fez, e no mesmo momento Divaldo atendeu, dizendo que estava orando, mas que eu tivesse paciência, pois essas dores eram normais quando o quadro clínico era grave. Aconselhou-me que confiasse muito na ajuda divina.

Passado pouco tempo, sem saber ainda o que eles falaram por telefone, vi Divaldo entrar no meu quarto sorrindo – ele estava impregnado do seu salutar magnetismo, envolvendo o recinto em luzes, acompanhado por mais dois Espíritos –, chegar até o meu leito e começar a ministrar-me um passe, e então adormeci profundamente.

Dormi a noite toda sem precisar tomar as injeções de morfina receitadas pelo médico. Sendo que na manhã seguinte despertei ótima, sem dores, com grande sentimento de gratidão, pronta para os devidos procedimentos pós-operatórios.

O medico cirurgião, ao tornar a visitar-me, esclareceu que estava preparando-se para a administração da quimioterapia e aguardaria apenas o resultado da nova biópsia pós-operatória. Fiquei apreensiva com essas palavras e aguardei o resultado muito preocupada.

Todavia, quando chegou o resultado da biópsia, foi surpreendente! O diagnóstico foi normal, não necessitando da quimioterapia conforme pensava a junta médica que cuidava do meu caso.

E nosso querido Divaldo falou-me logo que retornei ao trabalho na Mansão do Caminho, oito dias após a cirurgia:
– *Você está livre, minha filha!*

Essas visitas espirituais de Divaldo, em nossos momentos de extrema necessidade, vêm sempre com aspecto de fotografias antigas, envolvidas em tênues tons dourado, bem vaporosas.

Nossa gratidão a Divaldo, amado irmão e amigo, é profunda, infinita, e confiamos sempre em suas preciosas orações.

MARIA ANITA ROSAS BATISTA é escritora, autora de várias obras, palestrante e voluntária da Mansão do Caminho, onde coordena o Setor de Recepção aos Visitantes. Em 1981, ao assistir a uma palestra de Divaldo Franco, em Uberaba, teve ali o seu início no Espiritismo, abraçando-o integralmente.

Depoimento de Maria Lúcia Silveira

UMA PORTA DE VIDRO, UM ACIDENTE E A PRESENÇA DE DIVALDO

Há quase 10 anos, em abril, creio que de 2007, eu estava passando por uma fase turbulenta em minha vida familiar. Nesse período, *escapei* de vários acidentes com automóvel e isso estava me intrigando e perturbando bastante. Orava e pedia a Deus proteção, mas estava assustada.

Certo dia, ao entrar na academia onde costumava me exercitar todos os dias, não vi a porta de vidro da recepção, que estava fechada (aliás, sempre ficava fechada), e bati com a testa nela, que se esmigalhou na mesma hora.

Como a porta era muito alta, cortei-me bastante e fiquei toda ensanguentada. A cabeça foi a parte mais atingida, e no meu braço direito uma lâmina de vidro cortou o bíceps, como se fatiasse a carne ao meio, quase revelando o osso. Que dor! Fiquei muito assustada, pois era muito sangue que escorria de minha cabeça e braço.

Fui atendida e levada ao hospital por um grande amigo que estava, graças a Deus, saindo da academia justamente naquela hora.

No hospital, recebi muitos pontos no braço, mas o que mais me preocupava era meu rosto. Sentia-me como se tivesse cortado profundamente a bochecha do lado direito, mas, como tinha muito sangue, demorou para alguém me tranquilizar dizendo que eu não tinha cortes na face. Quando tomei banho e foram tirando os cacos da minha cabeça, verificaram que, por milagre, nem sequer um pedaço de vidro tinha atingido minha face, mas sim onde tinha cabelo e alguns cortes no colo, braço e mão. Eu estava impressionada, porque tinha certeza de que havia cortado o rosto e fiquei sentindo um corte, como se fosse invisível, durante alguns dias.

Pouco tempo depois, já com os pontos tirados do braço, fui a Salvador, em maio, ocasião do aniversário de Divaldo.

Estávamos em um pequeno grupo na casa dele para um chá: Milciades, a família Beira, Vânia e eu. Quando Divaldo chegou à sala para nos cumprimentar e me viu, foi logo dizendo:

– *Lucinha, tive um sonho com você, ou melhor, um desdobramento. Joanna me levou até você para eu atendê-la em um acidente. Você estava muito machucada, minha filha... principalmente seu rosto.*

Fiquei impactada, pois eu havia realmente passado por isso, mas não tinha falado nada a ninguém de Salvador, nem a Divaldo, e estava vestindo uma camisa de mangas longas, impossibilitando-o de visualizar o curativo.

Neste momento, Vânia disse a Divaldo: – *Ela realmente teve um acidente com uma porta de vidro e até levou uns pontos. Mostre seu braço a ele, Lucinha.*

Divaldo disse, colocando a mão na direção do meu ferimento:

– *Não precisa, minha filha, eu sei de tudo que aconteceu, pois acompanhei... Agora, Joanna te aconselha a chegar a Cascavel e tomar algumas atitudes em relação à sua vida. Você sabe muito bem o que deve fazer! Agradeça a Deus pela misericórdia de ter te poupado do que mereças. Era para ser muito pior... Foi uma grande bênção que você recebeu! Continue trabalhando no bem e fique vigilante.*

Aquilo, para mim, foi a prova de que Joanna de Ângelis realmente cuida de nós e de que Divaldo, com seu amor paternal e sua mediunidade, auxiliou-me, mesmo não me sentindo merecedora.

Foi um enorme susto, mas, principalmente, motivo para muita reflexão.

MARIA LÚCIA SILVEIRA (Lucinha) tornou-se espírita em 1993 e atua hodiernamente no Movimento Espírita de Cascavel. Foi vice-presidente da Sociedade Espírita Paz, Amor e Luz, presidente da 10ª União Regional Espírita, sediada em Cascavel (PR) e atualmente participa de estudos no Centro Espírita Amor e Caridade.

Depoimento de Maria Alice de Oliva Menezes

Divaldo na Europa e a cirurgia espiritual em Salvador

No ano de 1970, eu estava grávida de minha quarta filha e acordei com muitas dores. Depois de ficar andando de um lado para o outro, meu marido, Nilo, resolveu me levar para a emergência, tendo em vista que o meu obstetra não havia sido localizado. Ao ser examinada, o médico constatou crise renal.

À tarde, o obstetra veio à minha casa e disse: – *Vocês, que têm muita fé em Deus, peçam a Ele que ajude a colocar os cálculos para fora, pois, com cinco meses de gestação, eu não posso fazer nada. Toda vez que apresentar diurese, olhe para o vaso sanitário para ver se expeliu o cálculo.*

Eu continuei sentindo dores, que só aliviavam com uma injeção. Passados três dias, as crises persistiam. Na tarde do terceiro dia, um amigo foi me visitar e disse que estava indo para o Centro Espírita Caminho da Redenção, que ainda era no bairro da Calçada, e iria falar com Divaldo Franco. No dia seguinte, Nilo recebeu uma ligação de Divaldo, dizendo que tinha feito uma consulta com Dr. Bezerra de Menezes e este havia orientado uma homeopatia, que Nilo providenciou para que eu tomasse imediatamente.

Para minha surpresa, na segunda dose da homeopatia, expeli dois pequenos grãos do tamanho de uma cabeça de fósforo. Guardei-os e posteriormente mostrei ao médico, para que ele ficasse ciente do acontecido, pois a partir daquele momento as dores cessaram.

No dia posterior, Divaldo viajou para Europa. Dois ou três dias depois da sua viagem, sonhei com ele dizendo-me: – *Maria, o Dr. Be-*

zerra me falou que veio acompanhado de um médico muito ligado a você e fez uma cirurgia para que você expelisse os cálculos sem que houvesse dor.

Quarenta dias depois, Divaldo retornou.

Quando eu estava na Livraria Leal, ajudando nas vendas dos livros, vi Divaldo entrar e, ao cumprimentá-lo, falei que tinha sonhado com ele. Para minha surpresa, Divaldo relatou tudo que havia acontecido no sonho, o que confirmou sua participação nessa surpreendente cirurgia espiritual.

Só quem passou pela experiência de uma crise renal é que sabe o que significa. Tive quatro filhos de parto natural, mas a dor da crise renal é maior.

Agradeço a Deus, ao Dr. Bezerra, ao amigo Divaldo e a essa maravilhosa Doutrina, que abraço e nos dá um conforto muito grande nas dificuldades de nossa vida.

MARIA ALICE DE OLIVA MENEZES é voluntária na Tesouraria da Mansão do Caminho, em Salvador (BA).

Depoimento de Marta Gazzaniga

A EXTRAORDINÁRIA CAPACIDADE MEDIÚNICA DE DIVALDO

Este caso relaciona-se com a extraordinária capacidade mediúnica de desdobramento do nosso querido amigo Divaldo Franco. No dia 3 de maio de 2012, minha sobrinha, Noélia, deu à luz uma menina, Emma, que veio a ser a terceira na ordem dos filhos.

Depois de um parto normal, Noélia permaneceu no sanatório onde foi atendida, até que o médico deu-lhe alta.

Durante a semana seguinte, fiquei em sua casa, acompanhando-a com os seus filhos maiores, Bianca (13 anos), Bautista (10 anos), e o seu marido, Pablo.

Em uma das noites, precedendo a vinda da madrugada, despertei e tive uma enorme surpresa – embora de olhos abertos, a obscuridade era total ainda, e o silêncio, absoluto. O dormitório onde eu me encontrava ficava muito distante da recepção da casa; no entanto, passei a ver – sem ter saído da cama – que no centro da sala de estar encontrava-se o amigo Divaldo, em pé, vestido com calças e casaco esporte de cor marfim, como os que ele usa algumas vezes para as apresentações em público, e o circundava totalmente um poderoso halo de luz branca muito intensa.

A extraordinária visão esteve lá durante alguns instantes e desapareceu, e eu me senti invadida por grande emoção e alegria ao mesmo tempo. Era como se ele dissesse que nos estava acompanhando.

Quando Emma completou dois anos de vida, ela adoeceu, sendo diagnosticada com uma séria enfermidade, a epilepsia, que felizmente há quase um ano está sob controle, mediante medicação e tratamento especial. Passamos a considerar, então, que a visão da presença de Divaldo, logo após o nascimento de Emma, era um aviso e uma evidência de proteção para a família em geral, e, particularmente para a pequena Emma, que na atualidade leva uma vida inteiramente normal.

A nossa gratidão ao estimado amigo Divaldo Franco é para todo o sempre.

MARTA HAYDEE GAZZANIGA reside em Remedios de Escalada, província de Buenos Aires, Argentina, é tradutora português-espanhol e atualmente colabora na Confederación Espiritista Argentina – CEA, com sede nessa cidade.

Depoimento de Jaqueline Orique de Medeiros

Uma visita encantadora

No ano de 2016, tivemos a oportunidade de acompanhar parte do roteiro europeu de Divaldo Franco, no qual ele proferiu diversas palestras e seminários em diferentes países e cidades do Velho Mundo.

Estávamos locomovendo-nos em uma van, pois saímos de Mannheim, na Alemanha, e Divaldo Franco iria palestrar em Stuttgart. No transcurso da viagem, ele relatou-nos, a mim e a meu esposo, Enio Medeiros, que havia sido convidado pelo Espírito Joanna de Ângelis, na noite anterior, para fazer uma visita aos nossos filhos, Guilherme e João Henrique, que se encontravam no Brasil.

O nobre médium contou-nos que a benfeitora se aproximou e disse-lhe: — *Esta noite iremos fazer uma visita aos meninos.*

Divaldo narrou que chegou à nossa residência em desdobramento do corpo físico e esteve na parte superior da nossa casa, falou-nos dos detalhes de como a nossa casa se encontrava: a disposição dos dormitórios, a decoração e outras coisas mais.

Ao perceber que João Henrique não estava no seu aposento, imediatamente foi, acompanhado da mentora, à residência dos nossos amigos Jeferson Leonardo e Nádia Ricachenevsky, lá o encontrando, pois nosso filho estava hospedado na casa deles. Divaldo aproveitou o ensejo e também descreveu a disposição dos dormitórios e a decoração dessa residência.

É importante ressaltar que o prezado médium baiano esteve em Santa Cruz do Sul, cidade onde residimos no Rio Grande do Sul, por diversas vezes, já esteve em nossa casa fazendo refeições e também esteve por duas ocasiões na residência dos nossos amigos, onde jantou, mas em nenhum desses locais ele sequer pisou na parte superior das casas, onde ficam os dormitórios.

O dileto amigo é um seareiro de Jesus que, enquanto o corpo físico descansa, continua o seu trabalho inundando os corações de amor e paz.

Quinta Parte

Psicografias em outros idiomas e especular

Psicografia especular feita pelo médium Divaldo Franco na conferência da noite de 18 de fevereiro de 1982, na "Luise Scholtz Memorial Chapel", em San Antonio, Texas (EUA), diante do pastor e do público. Transcrito da Revista Presença Espírita, nº 98, de abril de 1982.

Xenoglossia – Mediunidade poliglota

Em *O Livro dos Médiuns*, o codificador, referindo-se à variedade dos médiuns escreventes (ou psicógrafos), esclarece:

Médiuns escreventes mecânicos: aqueles cuja mão recebe um impulso involuntário e que nenhuma consciência têm do que escrevem. Muito raros.

Médiuns poliglotas: os que têm a faculdade de falar ou escrever em línguas que lhes são desconhecidas. Muito raros. (Capítulo XVI – Dos médiuns especiais, item 191.)

Ao iniciar estes comentários acerca da xenoglossia, vale ressaltar o importante livro de Ernesto Bozzano, intitulado *Xenoglossia: mediunidade poliglota*.[1]

Nessa obra, Bozzano narra os fenômenos de xenoglossia, ou mediunidade poliglota, nos quais uma Entidade se manifesta por meio de um médium, falando ou escrevendo em idioma desconhecido aos presentes ou a ele próprio. Usando o relato de casos reais, ele analisa cientificamente e comenta cada caso, demonstrando, nos diferentes capítulos, as formas pelas quais o fenômeno se manifesta.

---

1. BOZZANO, Ernesto. *Xenoglossia: mediunidade poliglota*. Tradução de Luís Olímpio Guillon Ribeiro. 6. ed. Brasília: FEB, 2016.

O termo "xenoglossia" foi o professor Richet[2] quem o propôs, com o intuito de distinguir, de modo preciso, a mediunidade poliglota propriamente dita, pela qual os médiuns falam ou escrevem em línguas que eles ignoram totalmente e, às vezes, ignoradas de todos os presentes. (BOZZANO, 2016.)

Ainda em *O Livro dos Médiuns*, referindo-se ao papel do médium, na Segunda Parte, capítulo XIX – Do papel dos médiuns nas comunicações espíritas, item 223, questão 17, Kardec indaga:

A aptidão de certos médiuns para escrever numa língua que lhes é estranha não provirá da circunstância de lhes ter sido familiar essa língua em outra existência e de haverem guardado a intuição dela?

Resposta:

É certo que isto se pode dar, mas não constitui regra. Com algum esforço, o Espírito pode vencer momentaneamente a resistência material que encontra. É o que acontece quando o médium escreve, na língua que lhe é própria, palavras que não conhece.

No final do item 225, encontra-se uma nota de Allan Kardec que bem resume o fato de o médium escrever em idiomas que lhe são estranhos. Refere-se ele à análise que alguns itens do capítulo acima citado apresentam para esclarecer o processo, afirmando:

(...) Dela decorre, como princípio, que o Espírito haure *não as suas ideias*, porém os materiais de que necessita para exprimi-las, no cérebro do médium e que, **quanto mais rico em materiais for esse cérebro, tanto mais fácil será a comunicação**. Quando o Espírito se exprime num idioma familiar ao médium, encontra neste, inteiramente formadas, as palavras necessárias ao revestimento da ideia; se o faz numa língua estranha ao médium não encontra neste as palavras, mas apenas as letras. Por isso é que o Espírito se vê obrigado a ditar, por assim dizer, letra a letra, tal qual como quem quisesse

---

2. Charles Richet (1850-1935) foi um médico fisiologista francês. É conhecido como o fundador da Metapsíquica, sendo o *Tratado da Metapsíquica* sua mais famosa obra, e está entre os laureados com o Nobel de Fisiologia ou Medicina, recebendo-o em 1913 por ter descoberto a anafilaxia (nota da Editora).

fazer que escrevesse alemão uma pessoa que desse idioma não conhecesse uma só palavra. (Grifos meus.)

Em alguns momentos de sua vivência mediúnica, nesses 70 anos de trabalho incessante, Divaldo tem psicografado algumas mensagens em outros idiomas. Ele próprio relata que não tem consciência do que escreve durante o transe mediúnico, o que atesta a psicografia mecânica, que favorece a recepção da mensagem, especialmente nos casos de línguas que lhe são desconhecidas, ou quando a escrita é especular, aquela que se tem de ler com um espelho.

Infere-se, portanto, que os autores espirituais, ao escreverem por intermédio de Divaldo em outros idiomas, que na atual reencarnação ele não conhece, fazem-no devido ao fato de encontrar, em seu cérebro, os recursos de experiências anteriores que podem ser acessados com rapidez, visto que *quanto mais rico em materiais for esse cérebro, tanto mais fácil será a comunicação.*

Por outro ângulo, pode-se supor que o médium baiano veio preparado para que essa aptidão mediúnica, a xenoglossia, estivesse em excepcionais condições para ser exercida quando chegasse o momento, como acontece com a multifacetada mediunidade que ele apresenta.

Ao tratarmos, porém, desta que estamos enfocando, transcrevo na sequência um fragmento do meu livro *Ante os tempos novos*, publicado pela Editora LEAL:

> Algumas teorias podem ser apresentadas como forma de explicar o processo de transmissão da mensagem.
> Os arquétipos e o inconsciente coletivo, de Jung, por exemplo, que forneceriam a Divaldo o material necessário para realizar o feito.
> Isto se daria pelo efeito das Leis de Associação (elaboradas por psicólogos acadêmicos no final do século 19). Duas dessas Leis, a de Similaridade e a de Contiguidade, promoveriam o processo. Ou seja, um arquétipo se torna ativo na psique quando o indivíduo entra na proximidade (contiguidade) de uma situação ou de uma pessoa cujas características possuem uma similaridade com o arquétipo em questão. O arquétipo, sendo ativado, acumula em si próprio ideias, percepções e experiências emocionais associadas à situação ou à pessoa

responsável por sua ativação. Portanto, a ativação (de um arquétipo) requer a proximidade das figuras ou situações adequadas para o funcionamento do arquétipo. (*Jung: vida e pensamento*)
Segundo essa hipótese, Divaldo teria entrado em contato com situações e pessoas que motivaram o arquétipo similar.
Também se poderia alegar que, por estar na Alemanha, Divaldo teria *sacado*, do próprio psiquismo dos alemães, as necessárias condições para escrever no idioma local.
Se tais hipóteses fossem plausíveis, o médium baiano também o realizaria em cada um dos 51 países que tem percorrido com frequência, o que o tornaria um fenômeno, realmente.
Entretanto, a elucidação do fato sob as luzes da Doutrina Espírita é muito mais lógica, possível e racional: o intercâmbio mediúnico, no qual uma inteligência desencarnada atua sobre uma inteligência encarnada – o médium.[3]

---

3. SCHUBERT, Suely Caldas. *Ante os tempos novos*. 3. ed. Salvador: LEAL, 2016.

"MENSAGEM DE ERNESTO BOZZANO

Conforme nos referimos na Revista de dezembro passado, hoje apresentamos em fotocópia e tradução a bela mensagem que Ernesto Bozzano ditou, na Comunidade "Vita Nuova", em Milão, Itália, pela mediunidade psicográfica de Divaldo Franco, após um largo debate que o médium baiano manteve com os presentes à reunião, que foi presidida pelo Sr. Antonio Rosapina.

Meus amigos:
    saudações de paz.

O homem da tecnologia e da cibernética, malgrado as conquistas logradas não alcançou a esperada felicidade.

Há conforto para alguns, porém, multiplica-se a miséria em muitos.

Há abundância em poucos e escassez na expressiva maioria.

O malogro das velhas religiões é evidente, incapazes de sustentar a fé e a paz nos corações humanos.

Ao Espiritismo cabe este ministério: uma ciência experimental, que oferece, através dos fatos probantes da imortalidade, uma filosofia comportamental que se estrutura na mais sólida ética moral, que é o respeito e o amor a Deus, à vida e ao próximo como a si mesmo.

Fraternalmente,
Bozzano

(Tradução de Franco Vaselli)

(Extraída da Revista "PRESENÇA ESPÍRITA")

Depoimento de Enrique Baldovino

Nosso caro amigo Enrique Baldovino enviou mensagem psicografada por Divaldo Franco, em espanhol.

En homenaje a la Revista Espírita

Después del magistral momento de la publicación de *El Libro de los Espíritus*, el día 18 de Abril de 1857, en París (Francia), el insigne codificador del Espiritismo, pasó a recibir un inmenso volumen de correspondencia procedente de todo el país y de diferentes ciudades del mundo, donde hubiera llegado la extraordinaria obra.

Se trataba de inquietudes filosóficas, religiosas, culturales, de cuestiones sociológicas y científicas, artísticas y profesionales, de relatos de hechos semejantes ocurridos en diferentes lugares, de solicitudes de múltiples sentidos, así como de agresiones apasionadas de fanáticos y opositores habituales, siempre contrarios a las ideas nuevas y libertadoras de conciencias.

Al mismo tiempo, los escépticos de entonces solicitaban una religión científica, que les atendiera los interrogantes del conocimiento, que ya no aceptaba más una fe ciega, en razón de las conquistas logradas en los laboratorios, mientras que los investigadores y pensadores, a su vez, aguardaban encontrar una ciencia religiosa, que no se detuviera en el materialismo, ni en el misticismo, confirmando la realidad divina, la inmortalidad del alma y la Justicia Soberana, cuando descubren en el

Espiritismo, respectivamente, las profundas respuestas capaces de atender sus necesidades culturales y emocionales.

Se vivían, en aquella época, los momentos tumultuosos de la investigación al respecto de la vida y de la muerte en las academias, ahora libertadas de las imposiciones absurdas del dogmatismo ultramontano y perverso.

El Espiritismo llegaba como la solución de los magnos problemas del pensamiento, como un nuevo Edipo interpretando la Esfinge devoradora, que transitaba por la carretera de Tebas, según la tragedia de Sófocles...

Ciencia de investigación, el Espiritismo tiene que ver con todas las ramas de las ciencias, utilizando su propia metodología, al igual que como filosofía ético-moral de consecuencias religiosas, que es, iluminando las mentes y confortando los sentimientos.

Aquellos eran días revolucionarios, en los que las ideas nacían por la mañana, envejecían al atardecer y desaparecían por la noche...

El Espiritismo, sin embargo, llegó para quedarse, porque, profundamente razonable, sus postulados se afirman en el lenguaje soberano de los hechos observados, estudiados, y se explican por sí mismos, mediante la lógica y la ética.

Todos los días le eran encaminados, al eminente maestro de Lyon, informaciones y relatos de acontecimientos medianímicos que permanecían mezclados con informaciones acerca de la superchería, de lo maravilloso, de lo sobrenatural...

El Espiritismo vino a desmitificar todas esas teorías anticientíficas, que pertenecen a lo mitológico, al imaginario humano ancestral.

Sería imposible, de esa manera, poder responder a todos los que le escribían individualmente, según se tornaba necesario.

Además, él permanecía investigando, penetrando la sonda de la observación en el organismo mediúmnico, procurando comprender las Leyes de la Vida, la compleja fenomenología que enfrentaba, venciendo los obstáculos que surgían a cada momento, coordinando el razonamiento ante los mensajes que le eran encaminados por estudiosos y observadores, al mismo tiempo que analizaba y profundizaba las informaciones de las doctrinas antropológicas, psicológicas, fisiológicas, las religiones ancestrales y los fenómenos que las dieron a conocer, presentando las conclusiones espíritas.

La gran obra estaba en su inicio, y aún mucho tenía que ser hecho con sabiduría, profundidad y perenne actualidad, tornándola indestructible ante las adquisiciones científicas del porvenir.

Inspirado por el Espíritu de Verdad, le surgió la idea de organizar y publicar un periódico mensual, mediante el cual contestaría colectivamente a las epístolas recibidas, a los detractores, a los simpatizantes, al tiempo en que registraría los acontecimientos serios y dignos de fe que le llegasen por intermedio de sus corresponsales.

En consecuencia, el primero de enero del año 1858, surgió la *Revista Espírita*, ese notable órgano de estudios psicológicos, que sería por él conducido con probidad y nobleza hasta marzo de 1869, debido a su desencarnación, que tuvo lugar el día 31 de ese mismo mes.

De esa monumental publicación periodística mensual, Allan Kardec retiró un excepcional material doctrinario que pasó a constituir el grandioso edificio de la insuperable Codificación Espírita.

Verdadero manantial de sabiduría, ese notable Órgano de divulgación del Espiritismo, permanece imbatible después de ciento cincuenta años, en el momento en que el conocimiento científico, filosófico, sociológico y ético-moral alcanza niveles jamás ambicionados.

Así pensando, saludamos, en la traducción de la *Revue Spirite* al idioma español, una nueva era para la divulgación del Espiritismo en los países hispanos, en el momento que se inicia la gran transición del planeta Tierra que pasa de mundo de pruebas y expiaciones a mundo de regeneración.

Formulando votos de mucho éxito en el menester para el cual se realiza esa labor gigantesca, agradecemos a Dios, a Jesús y a Allan Kardec, el honor de conocer el Espiritismo, que es la solución perfecta para los magnos y angustiantes problemas de la Humanidad.

Salvador, 5 de septiembre de 2008
José María Fernández Colavida

Mensaje psicografiada en español por el médium Divaldo Pereira Franco, como prefacio a la traducción, del francés al castellano, de la *Revista Espírita,* de Allan Kardec.

Em homenagem à Revista Espírita

Após o magistral momento da publicação de *O Livro dos Espíritos*, no dia 18 de Abril de 1857, em Paris (França), o insigne codificador do Espiritismo passou a receber um imenso volume de correspondência procedente de todo o país e de diferentes cidades do mundo em que chegara a extraordinária obra.

Tratava-se de inquietações filosóficas, religiosas, culturais, de questões sociológicas e científicas, artísticas e profissionais, de relatos de fatos semelhantes ocorridos em diferentes lugares, de solicitações em múltiplos sentidos, assim como de agressões apaixonadas de fanáticos e opositores habituais, sempre contrários às ideias novas e libertadoras de consciências.

Ao mesmo tempo, os céticos de então solicitavam uma religião científica, que lhes atendesse as interrogações do conhecimento, o qual já não aceitava mais uma fé cega, em razão das conquistas obtidas nos laboratórios, enquanto os pesquisadores e pensadores, por seu turno, aguardavam encontrar uma ciência religiosa, que não se detivesse no materialismo, nem no misticismo, confirmando a realidade divina, a imortalidade da alma e a Justiça Soberana, quando descobrem no Espiritismo, respectivamente, as profundas respostas capazes de atender às suas necessidades culturais e emocionais.

Viviam-se, naquela época, os momentos tumultuosos da pesquisa a respeito da vida e da morte nas academias, agora libertadas das imposições absurdas do dogmatismo ultramontano e perverso.

O Espiritismo chegava como a solução dos magnos problemas do pensamento, como um novo Édipo interpretando a Esfinge devoradora, que transitava pela estrada de Tebas, segundo a tragédia de Sófocles...

Ciência de investigação, o Espiritismo tem a ver com todos os ramos das ciências, utilizando sua própria metodologia, como uma filosofia ético-moral de consequências religiosas, iluminando as mentes e confortando os sentimentos.

Aqueles eram dias revolucionários, nos quais as ideias nasciam pela manhã, envelheciam ao cair da tarde e desapareciam à noite...

O Espiritismo, porém, chegou para ficar, porque, profundamente razoável, seus postulados se afirmam na linguagem soberana dos fatos observados, estudados, e se explicam por si mesmos, por meio da lógica e da ética.

Todos os dias eram-lhe encaminhados, ao eminente mestre de Lyon, informações e relatos de acontecimentos medianímicos que permaneciam misturados com informações acerca da mistificação, do maravilhoso, do sobrenatural...

O Espiritismo veio a desmitificar todas essas teorias anticientíficas, que pertencem ao mitológico, ao imaginário humano ancestral.

Seria impossível, dessa maneira, poder responder a todos os que lhe escreviam individualmente, conforme se tornava necessário.

Ademais, ele permanecia investigando, penetrando a sonda da observação no organismo mediúnico, procurando compreender as Leis da Vida, a complexa fenomenologia que enfrentava, vencendo os obstáculos que surgiam a cada momento, coordenando o raciocínio ante as mensagens que lhe eram encaminhadas por estudiosos e observadores, ao mesmo tempo que analisava e aprofundava as informações das doutrinas antropológicas, psicológicas, fisiológicas, as religiões ancestrais e os fenômenos que as deram a conhecer, apresentando as conclusões espíritas.

A grande obra estava no seu início, e ainda muito tinha a ser feito com sabedoria, profundidade e perene atualidade, tornando-a indestrutível ante as aquisições científicas do porvir.

Inspirado pelo Espírito de Verdade, surgiu-lhe a ideia de organizar e publicar um periódico mensal, mediante o qual responderia coletivamente às epístolas recebidas, aos detratores, aos simpatizantes, ao mesmo tempo que registraria os acontecimentos sérios e dignos de fé que lhe chegassem por intermédio dos seus corresponsáveis.

Em consequência, no dia 1º de Janeiro do ano de 1858, surgiu a *Revista Espírita*, esse notável órgão de estudos psicológicos, que seria por ele conduzido com probidade e nobreza até março de 1869, devido à sua desencarnação, que teve lugar no dia 31 desse mesmo mês.

Dessa monumental publicação jornalística mensal, Allan Kardec retirou um excepcional material doutrinário que passou a constituir o grandioso edifício da insuperável Codificação Espírita.

Verdadeiro manancial de sabedoria, esse notável Órgão de divulgação do Espiritismo permanece imbatível após 150 anos, no momento em que o conhecimento científico, filosófico, sociológico e ético-moral alcança níveis jamais ambicionados.

Assim pensando, saudamos, na tradução da *Revue Spirite* para o idioma espanhol, uma nova era para a divulgação do Espiritismo nos países hispânicos, no momento em que se inicia a grande transição do planeta Terra, que passa de mundo de provas e expiações a mundo de regeneração.

Formulando votos de muito sucesso no mister para o qual se realiza essa labor gigantesca, agradecemos a Deus, a Jesus e a Allan Kardec a honra de conhecer o Espiritismo, que é a solução perfeita para os magnos e angustiantes problemas da Humanidade.

Salvador, 5 de setembro de 2008.
José María Fernández Colavida

Mensagem traduzida por Enrique Eliseo Baldovino, psicografada originalmente em espanhol pelo médium Divaldo Pereira Franco como prefácio da tradução, do francês para o castelhano, da *Revista Espírita*, de Allan Kardec.

Monsenhor Manuel Alves da Cunha (Espírito)

DUAS MENSAGENS COM TRECHOS NO IDIOMA *KIMBUNDU*

N o ano de 1971, Divaldo Franco foi a Luanda, capital de Angola. O próprio médium relata, no meu livro *O Semeador de Estrelas*, as dificuldades que enfrentou para realizar uma palestra lá, que é uma das cidades mais belas da África portuguesa.

Foi necessária a permissão do chefe de polícia, e, para consegui-la Divaldo, por mais de duas horas, falou-lhe sobre o Espiritismo e terminou *aplicando-lhe um passe para provar-lhe a excelência dos ensinamentos da Doutrina*.

A reação da autoridade foi a mais simpática possível, pois segundo Divaldo:

> Ele me confessou, depois, que sua mãe, residente na cidade de Leiria, em Portugal, era médium, e que ele iria facilitar a nossa conferência, mas que se precisava de uma autorização por escrito e, por ser um sábado, a secretaria junto do governador não estava funcionando. O homem ficou tão tocado que me levou ao palácio, para conseguir com a autoridade competente a permissão – o que não foi possível, porque realmente, no sábado, ninguém trabalhava ali.
> Mas ele me disse: – *O senhor pode fazer a conferência que eu autorizo.*
> – *Capitão, e se chegarem policiais, detetives e a encerrarem, prendendo-nos? A sua palavra não basta* – respondi-lhe.
> – *Mas eu irei; e irei uniformizado, para estar ao lado de vocês.*

E foi realmente. Convidamo-lo à mesa, e proferi a palestra para mais de mil pessoas.[1]

Nos dias subsequentes, Divaldo realizou palestras em outras cidades, quando então retornou a Luanda e, no dia 20 de agosto de 1971, psicografou a primeira mensagem do Espírito Monsenhor Manuel Alves da Cunha, que transcrevo em sequência e depois, igualmente, a segunda mensagem. A apresentação dessas duas comunicações é necessária para que se possa fazer um confronto com o importante depoimento da professora Olímpia Maria dos Santos, nascida em Angola, que vivenciou muitos dos fatos que são abordados nas mensagens.

Esta primeira mensagem foi publicada na revista *Reformador*, da Federação Espírita Brasileira – FEB, quando Divaldo voltou ao Brasil. Narra Divaldo que, quando a revista chegou a Luanda – porque na época todo o material era censurado –, ela foi apreendida pela Polícia Internacional de Defesa do Estado – PIDE, e houve como consequência algo muito curioso, que alguns espíritas não sabem: Divaldo foi considerado *persona non grata*, proibido de retornar a Portugal e a qualquer província ultramarina, como atitude providencial, pois que ele estaria desencaminhando a mentalidade cultural e religiosa do país.

A PIDE afirmava que a página publicada não era uma mensagem mediúnica – já que não acreditava em mediunidade –, alegando que os dados ali contidos tinham sido fornecidos a Divaldo. Ficaram especialmente surpresos em o Espírito narrar uma carnificina que houve na cidade de Seles, quando os próprios negros, os autóctones, preparavam-se para matar os portugueses e salgá-los, e a Entidade fez transpirar o que permanecia em segredo...

Fizeram uma cuidadosa pesquisa para saber quem teria concedido tais dados a Divaldo. A mensagem, porém, foi recebida publicamente, parte dela no idioma *kimbundu*[2] e com um glossário, ocorrência que se repetiria mais tarde, quando do retorno de Divaldo àquele país, em 1975.

---

1. SCHUBERT, Suely Caldas. *O Semeador de Estrelas*. 8. ed. – 1ª reimpressão. Salvador: LEAL, 2016. Capítulo 6 – Na África portuguesa, *persona non grata*, p. 46.
2. O *kimbundu* é uma língua africana falada no noroeste de Angola, incluindo a Província de Luanda. É uma das línguas bantas mais faladas em Angola, onde é uma das línguas nacionais (nota da Editora).

Nessa ocasião, explicou Divaldo, Angola já era independente, como previra Monsenhor Manuel Alves da Cunha na sua mensagem. Mas, depois da independência – é uma mensagem profética –, o país entraria num regime muito pior do que aquele do qual desejava se libertar... Esse Monsenhor foi um grande antropólogo, que viveu em Angola e ali realizou benefícios incalculáveis. Assim, Divaldo ficou proibido de voltar a Angola, a Portugal, a qualquer das suas províncias, a partir de 1971.

Um aspecto a ser ressaltado é que o autor dessas duas comunicações, psicografadas por Divaldo, tem como destinatário o país, ANGOLA! Ele escreve, conversa e argumenta com Angola, mantendo uma espécie de diálogo muito bem estruturado, que traz, inclusive, revelações do passado do seu povo, os períodos dolorosos da colonização portuguesa e das atrocidades cometidas por alguns de seus governantes, como também fala do futuro, com previsões que, como se sabe, aconteceram, confirmando o vaticínio do Monsenhor.

Vale notar as muitas palavras e frases no dialeto *kimbundu* nas duas mensagens, totalmente desconhecido do médium, atestando a fidelidade da captação mediúnica de Divaldo Franco.

Para maior compreensão dos aspectos que o autor espiritual menciona, discorrerei um pouco sobre Angola.

Angola era habitada pela etnia Kimbundu, e o rei tinha o título de *Ngola*, daí a origem do nome do país. Foi uma colônia portuguesa iniciada no século XV, quando D. João, rei de Portugal, tinha grande projeto de alargar os domínios portugueses com novos descobrimentos.

Em 1482, D. João II enviou Diogo Cão, seu escudeiro, para prosseguir as descobertas. Partindo de Lisboa em duas caravelas, indo às terras do sul da África, chegou à foz do Zaire. Muitas guerras e confrontos se prolongaram ao longo de séculos pela região, e o país alcançou a sua independência apenas em 11 de novembro de 1975.

Angola possui grande diversidade de recursos naturais e estima-se que em seu subsolo existam muitos dos minerais mais importantes do comércio mundial, entre os quais estão diamante, platina, ouro, prata, minério de ferro, etc., além de ser rico em petróleo e gás natural.[3]

---

3. Os dados apresentados estão disponíveis no domínio Info-Angola – A Biblioteca Virtual de Angola – http://info-angola.ao (nota da Editora).

Primeira mensagem do Espírito Monsenhor Manuel Alves da Cunha

KIANGOLA, SUKU AKALE KUMUE LENE![4]
Angola, a nossa terra, Deus te abençoe!

Rememoro as costas orvalhadas pelas lágrimas de pungente saudade, em que os teus olhos, fitos no mar imenso, tentavam vislumbrar adeuses e esperanças que os negreiros no passado carregaram, destruindo tribos e deixando as pegadas da civilização europeia *em manchas de sangue nas terras,* kimbus e senzalas [grupamentos, povoados] *destruídos pela violência das chamas.*

Das kalunga [praias] *de Luanda, Benguela e Lobito, ainda escuto o choro convulsivo, abafado pelo marulhar incessante das ondas em rendas de espumas, perdendo-se nas areias carreadas de um para outro lado, com que traduzias as dores superlativas do teu desespero...*

... E muitos dos teus povos saindo da antropofagia para o comércio de escravos!

Makongos [tribos] *vencendo os inimigos mais fracos, traziam-nos cativos para o triste mercado, em nome da supremacia de força!*

Todas as tuas gentes: makongos [tribos], mukuisses [escravos dos **mucubais**, hoje extintos], mukancalas [povos extintos], kiokos, ganguelas, zambundos, quimbundus, kuanhamas, mukubais [povos do Moxico, da Huila, de Bailunda do Sul], *ou os dispersos subgrupos de ontem e de hoje, sofrendo o guante da evolução de que ninguém se pode furtar, comovem-me de tal forma que retorno a falar contigo, alma sofredora de Angola!*

Ainda não saída do quase primarismo, inculcaram-te falsas ideias de liberdade e, chorando a pesada canga que demoradamente te esmaga os ombros, fazes-te criminosa onde poderias semear paz e cultivar esperança!

É verdade que o teu kindungu [batuque] *triste solicita entendimento e melhores condições de vida para o teu povo, há muitos séculos escravizado.*

---

4. FRANCO, Divaldo Pereira; CUNHA, Manuel Alves da [Espírito]. *KiaNgola, Suku Akale Kumue Lene!* In: *Reformador*. Brasília: FEB, dez. 1971.

O ódio, porém, ateia as chamas da loucura que atraiçoa e, por onde passa, deixa apenas cinza e viuvez, orfandade e miséria.

Clamas que não te libertaram da malária nem da doença do sono, ora novamente renascida, a destruir tua vida em milhares de corpos; demoram devoradores nas tuas carnes a pneumonia, que a tua ignorância não compreende, a fim de evitá-la, o tétano, em consequência da imundície, as febres, a tuberculose... E afirmas que os teus filhos perecem por desnutrição, atingindo um dos mais altos índices de mortalidade infantil neste mundo de contrastes. E tens razão!

Com as mãos em armas, agitadas por inconfessáveis interesses que te insuflaram outros algozes, desejas progresso, mas fomentas a guerra, seguindo a trilha errada.

Ainda ontem, porém, relembro que em Equimina, na Benguela, teus filhos desejavam repetir estranho ritual, devorando os brancos para os quais preparavam a salmoura; no entanto, Deus poupou-te a nova selvageria antropofagista e sofreste na alma o preço de tal projeto-loucura...

Possivelmente não te deram maior quota, além da exploração das tuas forças devoradas pela exaustão, quando te consumiram, após vencerem os teus sobas [chefes].

Pregaram que deverias ser submissa e fizeram-te galé; ensinaram-te a trabalhar e tornaram-te, autóctone, *como te chamam, proletária da miséria e da fome; ofereceram-te lar nas tuas terras, mas não te prepararam para habitá-lo, e o fizeste* kubata [casa, palhoça], *como a tinhas antes; falaram-te de Jesus, mas não eram verdadeiramente Seus discípulos esses que mandavam crer no* deus branco, *pois nunca te remuneraram o trabalho!*

As tuas primeiras aspirações nativistas foram afogadas em sangue, impedindo-te de sonhar e amar nessas kalunga [praias] *em que os teus quatro e meio milhões de filhos necessitariam de escolas para sonhar com o infinito e falar com as estrelas, de hospitais para sobreviver por um pouco mais, de oportunidades de trabalho fora dos muros da criadagem, nos quais só os cães se confraternizam contigo... Como são rudes os brancos com os teus filhos, embora aparentem estimá-los.*

Talvez não possas dialogar, pois nem sequer aprendeste corretamente a falar. Teus dialetos kimbundu *e* kikongo [dialetos do sul e do norte de Angola] *são reduzidos em vocábulos, mas os teus* embondeiros [árvores típicas] *talvez expressem, no tormento das suas formas e galhadas e no volume disforme do seu tronco, o que és, o que padeces e o que vales.... Não atribuem nenhuma utilidade a esses baobás exóticos e assim se referem a ti, esquecidos de que o povo é o que dele faz a civilização, a cultura...*

Os teus bailundos [povos de Bailundo do Sul] *já eram massacrados e, talvez agora, se pudesses dispor da vontade, tornarias às rixas tribais, reacendendo os ódios transatos em combates de extermínio recíproco em que te aniquilarias.*

Ainda ontem estavas com alarmantes sinais de antropofagia e pouco antes disso os teus dois reinos de Benguela e Luanda *se disputavam primazia através de lutas cruentas.*

Sob tuas verdes terras, bem sabes, dormem jazidas de riquezas inexauríveis quase, com que um dia surgirás entre as nações como valiosa cooperadora nobre na construção do Mundo Novo. E porque tens o destino da paz, demoram-se guardados, para surgirem no momento próprio, os valores inesgotáveis que estão esperando no teu subsolo...

Suplico, agora, retornar para sentar-me junto às tuas agrupações e juntar as mãos escuras dos teus meninos, para outra vez ensiná-los a orar e falar-lhes de Jesus-Menino, que amava a paz e preconizava a mansuetude. Se me for permitido, porém, antes que a aurora do amanhecer se tisne de sangue de novas vítimas, retornarei às tuas terras para caminhar contigo, povo de Angola, na direção do porvir tranquilo e confiante com Jesus.

Tem paciência!

A madrugada sempre vence a noite de receio por mais espessas e demoradas sejam as trevas do terror.

Alma querida de KiaNgola: lalapo, amendítiúka!

Alma querida de Angola: adeus, até breve, eu voltarei!

Mons. Manuel Alves da Cunha

Luanda – Angola, em 20 de fevereiro de 1971.
Psicografada pelo médium Divaldo Pereira Franco

Segunda mensagem do Espírito Monsenhor Manuel Alves da Cunha

KIANGOLA, KUTULUKA KUA MUXIMA (PAZE)![5]
Angola, paz!

Kiambutu [descendente] *espiritual do teu* soba [chefe] Ngola, *abro o meu* muxima [coração] *às tuas* kuuaba, ukemba e uonene [bondade, beleza e grandeza], *ao lado dos teus* matumbu [gentios], *para dizer-te nesta alvorada em festa:* uazeká [bom dia]!

Este é um doloroso e necessário kusalavala [parto], *o da* kubula [liberdade], *por tal razão, decorrendo em sofrimento.*

Revejo Diogo Cão marcando tuas praias e baías, no passado, ao descer do Zaire, desde as Ilhas das Cabras até o Cabo do Lobo, guiado pelas mãos de Ngombo [Deus], *travando os primeiros contatos contigo, a fim de ensejar-te o que chamavas* kilonga [civilização].

Ele sonhava com a amplidão das tuas terras, com as quais desejava homenagear o seu rei. Por isso supunha descobrir-te para o mundo, tu que já possuías elevadas nganda [costumes bons] *e um natural* ukumbu [orgulho] *do que eras...*

Ingênuo, ele foi traído pelo senhor, que após a segunda viagem te mandou Bartolomeu Dias. Conheceram-te ambos, mas ignoravam tua força nativa!

Apresentada na tua nudez simples, os brancos vieram conhecer-te ávidos pelas tuas inexploradas fortunas, tornando-te selevente ia selevente [servas das servas] *das suas paixões.*

Fascinados pelas tuas lendárias minas de paláta [prata], *do Cambambe, ao Norte, fugiram depois a buscar o* kobiri [cobre] *do Sul, sem amor por ti,* putu [pátria] *de heróis.*

Fizeram-te mubika abeta ku-mu-zola [escrava predileta] *sob o disfarce de* ngundu [colônia] *com que te exauriram as forças, despovoavam tuas* kisasamba [palhotas], *fingindo-se portadores de um* henda [altruísmo] *para contigo, que, em verdade, não possuíam.*

---

5. FRANCO, Divaldo Pereira; CUNHA, Manuel Alves da [Espírito]. *KiaNgola, Kutuluka Kua Muxima (Paze)!.* In: FRANCO, Divaldo Pereira [por diversos Espíritos]. *Sementes de vida eterna.* 1. ed. Salvador: LEAL, 1978.

Felizmente, enquanto te venciam pela astúcia, trouxeram-te nobres mukungi [missionários], *que te ensinaram a orar e a perdoar os crimes que impunemente praticavam contra ti.*

Lukuxi [quantas vezes] *enganaram os teus* ana-a-mala [filhos]?!

Raros desses colonizadores fizeram-se teus makangu [amigos, em idioma kikongo].

Tuas terras, desde então, sempre estiveram encharcadas pelo manhinga [sangue] *dos teus* ana-a-mala [filhos], *todavia, tão* kianguim [vermelho] *e puro quanto o deles, os teus novos* akua'xi [senhores da terra em que se está].

Tudo isto, porém, é o teu maza [ontem], *são os dias dos massacres de Cassange, de Teixeira de Souza...*

Nos teus maúlu [céus] *fulgura, agora, o* hongolo [arco-íris] *da* kudielela [esperança].

Podes voltar a repetir tuas lindas jisonbi [cerimônias] *nos* muxitu, [sertões] ngiji [rios] *e* ndúndu [praias] *sem-fim das tuas terras coloridas...*

No momento procura uma forma de kutula [sossego]. *Não te inquietem outros homens maus!*

Os que antes te afligiram, hoje se encontram quase buikisa [aniquilados], *porque o mal é um perseguidor implacável dos que se fazem maus.*

Neste instante, não penses em tornar-te sequiosa de desforços em ninguém.

Os ventos da tempestade amainaram. Necessário cuidado, a fim de que não volvam em forma de tufão, calamidade e desgraça.

Reúne na tua kubata [casa] *os filhos do teu solo e os outros, esquecendo diferenças, somente pensando nas identificações que unem os povos e as raças humanas.*

Demonstra ao mundo, bata *de* Ngola [povo de Angola], *que estás a crescer, a amadurecer, tomando parte no concerto das gloriosas e pacíficas* **mbutu** [nações] *da Terra.*

Mbeju [beijo] *a* putu [pátria] *nova, uno as mãos escuras das tuas* mona uisu [criancinhas] *para* rezala [orar] *a* Ngombo [Deus], *rogando incessante* kutuluka kua muxima [paz] *para ti, amada* KiaNgola [Angola].

Monsenhor Manuel Alves da Cunha
Psicografada por Divaldo Franco em 1975, em Angola.

A seguir, apresentamos o comentário de Olímpia Maria dos Santos, nascida em Angola, que relata parte dos acontecimentos que levaram o Espírito do Monsenhor a escrever sobre os fatos do passado e as perspectivas do futuro.

SEMENTES DE ESPERANÇA
Olímpia Maria dos Santos[6]

Nasci em Angola, na província do Huambo, distrito de Nova Lisboa, no ano de 1964. Nessa época, o país era ainda colônia portuguesa, mas a insatisfação dos povos locais contra as injustiças de Portugal já desencadeara uma guerra que perduraria por cerca de 40 anos.

A região onde morávamos – meus pais, minhas irmãs e eu –, embora sofresse as consequências das hostilidades só na década de 1970, foi atingida de forma mais direta, quando o processo de independência se tornou mais intenso. Lembro-me, como se fosse hoje, do dia em que a luta foi deflagrada na cidade.

Era uma manhã clara de maio de 1975, e eu estava em aula, onde cursava a 4ª Classe, na Escola Primária, nº 111, no bairro São Pedro. A professora Fernanda Marcelo da Silva, conjugando austeridade e afeto, ministrava suas lições. De repente, bateram à porta, e ela atendeu. A conversa que ela manteve com o rapaz que batera fora rápida, e assim que se despediram, voltando-se para os alunos, a docente, com voz pesada, anunciou: – *Tendes de retornar para as vossas casas agora, urgentemente. Agrupem-se aqueles que moram uns perto dos outros! A cidade de Nova Lisboa está sitiada pelas tropas, e a qualquer momento estoura uma guerra.*

A professora não precisou repetir a ordem. Em instantes, os estudantes, dispersos cada um na sua direção, *voávamos* para os nossos respectivos endereços.

Cerca de 15 minutos depois, explodiam estrondos de canhões que, gradativamente, na sequência das lutas, tornariam irreconhecível

---

6. Professora da área de Letras, com especialização em Literatura Portuguesa e Literaturas Africanas de Língua Portuguesa. Espírita desde 1995, atua como tarefeira no Centro Espírita Joana d'Arc, na cidade onde mora (nota da organizadora).

a bela cidade de Nova Lisboa. Era o primeiro dia de uma experiência que infelizmente se repetiria. Cheguei a casa e até hoje não atino como fui capaz de pedalar tão rápido. Habitávamos – meus pais, minhas quatro irmãs e eu – uma aprazível chácara, distanciada, provavelmente, uns quatro quilômetros da escola, e eu utilizava uma bicicleta para vencer o pequeno percurso. Miradouro era o nome da localidade e era lá que meus pais, com mãos hábeis, mantinham pomares e hortas que deleitavam os olhos, saciavam a fome e ajudavam no sustento da família. Infelizmente, a guerra pôs fim a essa vida organizada, trazendo mortes, desolações, incertezas, expulsando o povo nativo de suas *cubatas*,[7] onde, apesar das dificuldades, era perceptível o laço de afeto que unia as famílias.

Nesse período de mudança para um sonhado país melhor, a situação, em consequência da guerra, tornou-se insustentável, obrigando centenas de milhares de pessoas a abandonarem o país por causa das doenças, da fome, dos roubos, dos estupros, do medo, os quais se alastravam sem piedade.

Tal contexto convenceu minha família, depois de sofrida relutância, principalmente de minha mãe, a fugir do chão nativo e buscar no Brasil um lugar em que pudéssemos retomar uma vida normal de trabalho, estudos e desafios do dia a dia. Assim, no dia 5 de outubro de 1975, aterrissávamos no Rio de Janeiro, onde testemunhamos a solidariedade do povo brasileiro ao sermos acolhidos com braços fraternos, como orienta o Evangelho de Jesus. Por mais de 30 dias, ficamos abrigados na Casa da Vila da Feira e Terras de Santa Maria, no bairro da Tijuca. Ali recebemos tanto o abrigo e o alimento para o corpo, quanto palavras de estímulo e de encorajamento, a fim de que superássemos aquela fase difícil de nossas vidas. Também precisamos de auxílio médico e o recebemos. Muitos daqueles que conosco atravessaram o oceano precisaram de longo tratamento médico, como aconteceu com minhas irmãs menores, para se recuperar de graves desorganizações físicas. Lembro-me,

---

7. *Cubatas* significa casas em línguas nativas de Angola (nota da organizadora).

em especial, do Dr. Lopes, do Hospital de Beneficência Portuguesa do Rio de Janeiro, no atendimento fraterno a todos nós.

Meus pais, acostumados a amanhar a terra, não tiveram dificuldades para se empregar em uma fazenda, na cidade de Valença (RJ). Eu e minha irmã mais velha ficávamos a servir na casa de duas famílias portuguesas, na cidade do Rio de Janeiro. Começávamos a escrever outro roteiro de vida, menos árduo para minhas irmãs e para mim, mas mais difícil para minha mãe, cujos dois irmãos haviam sido mortos nos combates. Enraizada nos costumes locais, familiarizada com as línguas angolanas, aqui passou a sofrer de uma saudade, aparentemente, intransponível.

Em 2000, vários anos depois de ter deixado o Rio e vindo para Valença, onde estudei e me formei professora no Curso de Letras, matriculei-me num curso de especialização, na Universidade Federal do Rio de Janeiro – UFRJ, em Literaturas Africanas de Língua Portuguesa. Só então pude compreender, por meio de estudos, o processo de descolonização das províncias ultramarinas portuguesas.

Apesar de me sentir profundamente enraizada no solo brasileiro, sofria com as dores tão cruciantes dos angolanos que permaneceram no país. Havia indagações inconscientes em mim sobre essa mudança tão dolorosa em nossas vidas. Passei a ter um entendimento melhor desses acontecimentos a partir do momento em que recebi a bênção do conhecimento da Doutrina Espírita. Desde quando me mudei para Valença, em 1983, temos como vizinhos o casal Diva Siqueira e Augusto Marques de Freitas, este já desencarnado, fundadores do Centro Espírita Yvonne Pereira, em Rio das Flores (RJ). Ao nos conhecermos, eles passaram a me convidar para palestras, às quais passei a assistir primeiro esporadicamente e depois de forma assídua, a partir de janeiro de 1995, quando, após assistir a uma palestra de Júlio César Grandi Ribeiro (já na Pátria espiritual), conhecido como Julinho, decidi que essa era a religião que procurava para minha vida.

Ao conhecer a história de minha família, o senhor Augusto teve pressa em me passar uma mensagem do Monsenhor Manuel Alves da Cunha, psicografada em 1971, em Angola, por Divaldo Pereira Franco, quando este fez uma turnê de palestras espíritas por Angola e Moçambique. Nessa época, o país ainda estava sob domínio português, mas as guerrilhas contra a metrópole tinham se exacerbado, o que desencadeava uma repressão severa dos portugueses contra os colonizados. Entretanto, já em 1971, quer dizer, quatro anos antes da Independência de Angola, o Monsenhor Manuel Alves da Cunha alertava, por meio da psicografia de Divaldo:

> *Clamas que não te libertaram da malária nem da doença do sono, ora novamente renascida, a destruir tua vida em milhares de corpos; demoram devoradores nas tuas carnes a pneumonia, que a tua ignorância não compreende, a fim de evitá-la, o tétano, em consequência da imundície, as febres, a tuberculose... E afirmas que os teus filhos pereçam por desnutrição, atingindo um dos mais altos índices de mortalidade infantil neste mundo de contrastes. E tens razão!*
> *Com as mãos em armas, agitadas por inconfessáveis interesses que te insuflaram outros algozes, desejas progresso, mas fomentas a guerra, seguindo a trilha errada.* (CUNHA, 1971, p. 10.)

E o Monsenhor Manuel Alves da Cunha fazia um prognóstico que, infelizmente, se concretizaria. Se os povos locais reclamavam – com razão – do abandono das autoridades portuguesas, a situação, décadas depois da libertação política, permaneceria caótica, haja vista o país apresentar, nos dias atuais, por exemplo, uma das mais altas taxas de mortalidade infantil. Neste caso, o conhecimento do Evangelho de Jesus é mais uma vez a prova de que uma injustiça não pode ser eliminada por meio de outra, como se depreende da mensagem do Monsenhor: "(...) *desejas progresso, mas fomentas a guerra, seguindo a trilha errada*". Mas, principalmente, o Monsenhor alerta sobre muitos daqueles que insuflavam a guerra, sem ideais de verdadeiramente querer libertar o país: "*Com as mãos em armas, agitadas por inconfessáveis interesses que te insuflaram outros algozes (...)*".

O texto mediúnico foi muito claro para mim: era a retratação de uma realidade sentida. As frustrações profetizadas sobre o futuro de Angola, infelizmente, tinham se concretizado.

Depois da independência, o desencanto tomou conta da população local, o país mergulhou numa noite de angústias e muitas das suas aquisições do passado foram destroçadas pelas impiedosas guerras que perduraram até 2002, quando morreu Jonas Savimbi, líder da UNITA, opositor implacável do partido que tomou o poder, no caso o MPLA.

Ao lado dessa mensagem que *prediz* o futuro, é interessante ainda observar outra parte, na qual ele afirma:

> *Ainda ontem, porém, relembro que em Equimina, na Benguela, teus filhos desejavam repetir estranho ritual, devorando os brancos para os quais preparavam a salmoura; no entanto, Deus poupou-te a nova selvageria antropofagista e sofreste na alma o preço de tal projeto-loucura.* (CUNHA, 1971, p. 11.)

Aqui, Manuel Alves alude a um fato acontecido em 1936, onde povos nativos desejavam exterminar, de forma antropofágica, homens brancos. O episódio foi abortado pelas autoridades portuguesas, e os povos locais pagaram um preço muito alto por isso. Se a citação anterior refere-se a um fato no futuro, essa faz alusão a algo já passado, gerando consequências para Divaldo. Chamado pela polícia a depor, ele foi proibido de retornar ao país, o que só aconteceu quando a independência de Angola foi conquistada.

O livro *O Semeador de Estrelas*, de Suely Caldas Schubert, no capítulo 6 – Na África portuguesa, *persona non grata*, aborda a turnê de Divaldo Pereira Franco por Angola, quando ele então recebeu essa mensagem. O que mais chama a atenção é que o Espírito comunicante alude a uma "carnificina que houve na cidade de Seles, quando os próprios negros, os autóctones, preparavam-se para matar os portugueses e salgá-los, e a Entidade fez transpirar o que permanecia em segredo" (SCHUBERT, 2016, p. 48). Esse fato, mantido em sigilo pelas autoridades portuguesas, fez com que Divaldo fosse proibido de voltar a Angola, no período da colonização portuguesa.

As duas afirmações, entre tantas outras, comprovam a imortalidade do Espírito e o poder de ele se comunicar com o chamado mundo dos vivos.

Voltando à mensagem do Monsenhor Manuel Alves da Cunha, ele também profetiza um futuro promissor para Angola:

> *Sob tuas verdes terras, bem sabes, dormem jazidas de riquezas inexauríveis quase, com que um dia surgirás entre as nações como valiosa cooperadora nobre na construção do Mundo Novo.*

> *E porque tens o destino da paz, demoram-se guardados, para surgirem no momento próprio, os valores inesgotáveis que estão esperando no teu subsolo...* (CUNHA, 1971, pp. 10-11.)

Numa outra comunicação, dessa vez em 1975, enviada pelo mesmo Espírito e recebida também por Divaldo, em uma Angola liberta do dominador, essa Entidade afirma:

> *Demonstra ao mundo,* bata *de Angola, que estás a crescer, a amadurecer, tomando parte no concerto das gloriosas e pacíficas* mbutu *da Terra.* (CUNHA, 1978, p. 192.)

Não passa despercebida a língua kimbundu utilizada por ele, que, em sua última encarnação, tendo nascido em Portugal, passou boa parte de sua vida em Angola, entre os anos de 1901 e 1947. Foi um dessas homens raros, de mentalidade à frente de seu tempo, combatendo qualquer tipo de escravatura, fundando liceus onde todos tivessem vez e voz e *dando gratuitamente* os talentos que recebera. Monsenhor da Cunha foi dessas almas que lutaram e continuam lutando pela verdadeira liberdade do povo angolano:

> *Suplico, agora, retornar para sentar-me junto às tuas agrupações e juntar as mãos escuras dos teus meninos, para outra vez ensiná-los a orar e falar-lhes de Jesus-Menino, que amava a paz e preconizava a mansuetude.* (CUNHA, 1971, p. 11.)

Ao projetar um amanhã mais realizador para Angola, minha família – principalmente minha mãe – conseguimos lenificar as feridas dos tempos passados. Por várias vezes, no culto do Evangelho no Lar que realizamos há mais de 10 anos, lemos e refletimos sobre a mensagem do Monsenhor Alves da Cunha e aguardamos confiantes o dia em como ele afirma se torne realidade:

> *A madrugada sempre vence a noite de receios, por mais espessas e demoradas sejam as trevas do terror.* (CUNHA, 1971, p. 11.)

Dankpoemo

Sinjoro, Vin dankas mi kore!
Pro l' aer' de Vi donata,
pro la pano nin nutranta,
pro la vesto nin kovranta,
pro la granda gojo nia,
pro la nutraj' el mano Via.

Koran dankon pro la bela pejzajo,
pro la birdoj flugantaj en la ĉiela spaco,
pro via abunda donaco!

Koran dankon, Sinjoro!
Pro niaj okuloj tre karaj...
okuloj vidantaj la ĉielon, la teron kaj la maron,
kontemplantaj ĉion belan, kun plezuro!
Okuloj briliantaj pro amo
antaŭ la festa kolorpanoramo
de l' malavara patrino Naturo!

Kaj tiuj, fariĝintaj blindaj?
Lasu min preĝi por ili
al Via Kor' kompatema.
Mi scias, ke post ĉi vivo,
trans la morto,
ili ree vidos kun senlima gojmotivo...

Koran dankon pro la oreloj miaj,
pro la oreloj — grandaj donacoj Diaj.
Koran dankon, Sinjoro, ĉar mi povas aŭdi
Vian sublinian nomon, kiun mi devas laŭdi.
Dankon pro miaj oreloj, kiuj aŭdas:
la vivosimfonion,
ĉe laboro, ĉe doloro, kaj ĉion...
la ĝemon kaj la kanton de l' vento ĉe
 [l' ulm' angora,
la dolorajn veojn de la mondo ploro
kaj la mildan voĉon de l' kantaro fora...

Kaj tiuj, al kiuj restas aŭdado nenia?
Lasu min preĝi por la savo ilia...
Mi scias, ke ili ree aŭdos en Regno Via.

Dankon, Sinjoro, pro mia voĉo.
Sed ankaŭ pro la voĉo, kiu amas,
pro la voĉo, kiu kantas,
pro la voĉo, kiu servas,
pro la voĉo, kiu helpas,
pro la voĉo, kiu instruas,
pro la voĉo, kiu konstruas...
Kaj pro la voĉo, kiu parolas pri amo, ho gloro!
Dankon, Sinjoro!

Dolore mi memoras tiujn,
kiuj estas senigitaj je parolo
kaj ne povas Vin voki, malgraŭ volo!...
Tiujn, kiuj estas turmentataj de aflaro,
ne povante kanti al la nokto, al la tago,
 [al nenio...

Mi preĝas por ili,
ke pli malfrue, en Via Regno,
ili denove parolos.

Dankon, Sinjoro, pro tiuj ĉi manoj, kiuj estas
miaj leviloj por agado, progreso kaj elaĉeto.
Mi dankas pro la manoj kiuj adiaŭas,
pro la manoj kiuj karesas,
kaj kiuj helpas en la sufero;

pro la manoj, kiuj dorlotas,
pro la manoj, kiuj faras la leĝojn,
kaj pro la manoj, kiuj cikatrigas vundojn,
kuracas la karnojn ŝiritajn
kaj mildigas la aflikton de multaj vivoj!
Pro la manoj, kiuj kulturas la teron,
kiuj protektas la povrajn kaj sekigas larmojn;
pro la manoj, kiuj helpas la suferantojn,
la malsanulojn...
Pro la manoj brilantaj ĉe tiu ĉi poemo el lumo,
kiel sublimaj steloj en mia dolĉa brakumo!

...Kaj pro la piedoj, per kiuj mi iras
rekte kaj firme, kien mi deziras;
piedoj senrezistaj, neniam haltantaj,
kiuj obeas, kaj ne kontraŭdiras.

Kaj por amputitoj, por kripluloj,
por vunditoj kaj mizeruloj,
kaj por tiuj katenitaj en provado
pro krimoj faritaj en alia ekzistado,
por ili mi preĝas, kaj povas kuraĝigi,
ke en Via Regno, post sufero,
post ĉi tiu terura mizero,
ili denove ja povos dancadi
kaj ekstaze, per siaj brakoj ili povos karesi.

Tie, mi scias, eblas ĉio,
kiam Vi volas doni;
eĉ se sur la Tero verŝajne neeblas tio!

Dankon, Sinjoro, pro mia hejmo,
pro la angulo de paco aŭ lernejo de amo,
pro la loĝejo de gloro
aŭ eta ĉambreto,
pro la palaco aŭ domaĉo, pro la kabano
 [aŭ domo de mizero!

Dankon, Sinjoro, pro mia amo
kaj ankaŭ pro mia hejmo...
Sed, se mi eĉ ne havos hejmon
aŭ intiman loĝejon por ŝirmi min
kaj eĉ ne iun alian por min konsoli;
se mi havos nenion alian
ol la vojojn kaj la ĉielajn stelojn,
kaj se apud mi neniu ekzistos, kaj mi vivos sola,
 [foje plorante...

sen iu ajn por min konsoli,
kantante mi ankoraŭ diros:
Dankon, Sinjoro,
ĉar mi amas Vin kaj scias, ke Vi min amas,
ĉar de Vi al mi estas donita
la gaja, goja vivo, per Via amo plibeligata...
Dankon, Sinjoro, pro mia naskiĝo,
dankon, pro mia fido en Vi.
...Kaj pro Via amo helpo al mi, por
hodiaŭ kaj ĉiam.
Dankon, Sinjor'!

AMELIA RODRIGUES

(Mediume ricevita de Divaldo P. Franco,
Buenos Aires, Argentino. Elportugaligis Benedicto Silva, Monte Aprazível, SP.)

Poema da gratidão em esperanto.

Foto: Acervo da Mansão do Caminho

Depoimento de Washington Nogueira Fernandes

Divaldo psicografa no idioma alemão[1]

O médium e tribuno baiano Divaldo Pereira Franco, natural de Feira de Santana, Bahia, psicografou pela primeira vez uma mensagem no idioma alemão de sua mentora espiritual Joanna de Ângelis. Trata-se de um fato notável do ponto de vista mediúnico, considerando-se que Divaldo, da língua alemã, só conhece a palavra *ya* (sim). O fato se deu no dia 8 de junho de 1990, na cidade de Frechen, Colônia, na Alemanha. Divaldo encontrava-se na Europa, atendendo compromissos doutrinários, e foi convidado por um grupo de amigos a ir até a cidade de Frechen para proferir uma conferência, em público, sobre fenômenos parapsicológicos e mediúnicos.

No dia 8 de junho, nessa cidade, Divaldo estava reunido com 11 pessoas, dialogando sobre Espiritismo e lançando sementes para a formação de um pequeno grupo de estudos espíritas. Entre as pessoas presentes estava Clóvis Alessandri, pianista que dá concertos na Europa, cuja família é espírita, da cidade de Goiânia (GO), no Brasil.

Divaldo conta que, enquanto estavam reunidos, Joanna acercou-se-lhe, propondo escrever diante de todos. Assim, ele tomou de esferográfica e papel, passando a psicografar automaticamente, como sempre o faz, sem ter a menor ideia do conteúdo ou da forma, imaginando tratar-se de uma mensagem em português.

---

1. Artigo de Washington Nogueira Fernandes, transcrito do livro *Ante os tempos novos*, publicado pela LEAL, de autoria de Suely Caldas Schubert (nota da Editora).

Quando terminou, para surpresa geral, a mensagem estava escrita em alemão, e um perfume invadiu a sala, impregnando todo o ambiente. Túlio Rodrigues, brasileiro que reside em Frechen, emocionado, leu a mensagem a todos que, sensibilizados, firmaram-na. Um dos amigos presentes traduziu (oralmente) a mensagem para Divaldo. Em retorno ao Brasil, porém, Divaldo não se recordava da tradução. Somente após quase dois meses é que ele conseguiu outra tradução, através da Sr.ª E. Keetman, tomando efetivo conhecimento do teor da mensagem.

Do ponto de vista doutrinário, dentro da classificação proposta por Allan Kardec em *O Livro dos Médiuns*, capítulo XV, a psicografia em tela é do tipo mecânica, na qual o Espírito dá uma impulsão à mão do médium, de todo independente à consciência e vontade deste último. Essa faculdade mediúnica, segundo Allan Kardec, é muito valiosa por não permitir dúvida alguma sobre a independência do pensamento daquele que escreve.

Divaldo também esclarece que não tem conhecimento, até agora, de que ele ou Joanna tenham tido, em alguma encarnação, contato com o idioma alemão. Chamamos a atenção que este tipo de fato mediúnico foi estudado por Allan Kardec no capítulo XIX – Do papel dos médiuns nas comunicações espíritas, também em *O Livro dos Médiuns*, para o qual remetemos o leitor. Os Espíritos disseram a Kardec que nem todos os médiuns são aptos a esse gênero de exercícios, e só acidentalmente os Espíritos a eles se prestam.

Divaldo já psicografou em outros idiomas que não conhece, como o inglês (várias vezes, sendo duas delas de trás para frente), o francês, o italiano, o espanhol – tem rudimentos deste – (também de trás para frente e diante de câmaras de televisão) e uma frase em árabe.

Um amigo, professor de alemão há 27 anos, com sólidos conhecimentos do idioma, apesar de não comungar dos ideais doutrinários, aquiesceu, bondosamente, em tecer alguns comentários referentes unicamente à estrutura linguística e gramatical da mensagem em tela.

Segundo o professor: *"A mensagem consta de dois períodos relativamente longos, mas, a meu ver, bem concatenados, nos quais as orações fluem com espontaneidade e clareza; não consegui divisar neles qualquer deslize de gramática. Interessante notar que foi utilizada ortografia antiga, especificamente com referência à ausência dos tremas, tendo sido utilizada a forma de vogal dobrada; da mesma forma, houve utilização do 'SS', em vez do 'B' (esticét)".*

Assim, o fato mediúnico em questão se constitui num evento doutrinário de relevo, a ensejar estudos e reflexões.

❖

TRADUÇÃO PARA O PORTUGUÊS DA MENSAGEM PSICOGRAFADA EM ALEMÃO[2]

Queridos amigos,
Cristo para sempre!

Diante de um mundo marcado pela dor e torturado pela angústia que se estende em escala gigantesca ao Universo, sem jamais ter resolvido a problemática da criatura humana, a vivência conforme o Evangelho e de acordo com os ensinamentos do Espiritismo é a solução de maior urgência.

Interpretando os enigmas da Filosofia, Sociologia e os ensinamentos sobre a alma e a fé, concedendo lógica e razão em relação ao pensamento religioso, está, no Espiritismo, a "resposta de Deus" às eternas perguntas e indagações da Humanidade.

Joanna de Ângelis

---

2. Tradução da mensagem ditada pelo Espírito Joanna de Ângelis e psicografada em alemão pelo médium Divaldo Pereira Franco, em reunião do dia 8/6/1990, em Frechen (Colônia), na Alemanha (nota da organizadora).

Página psicografada pelo médium Divaldo Pereira Franco, em reunião do dia 8/6/1990, em Frechen (Colônia), na Alemanha.

MENSAGEM ESPECULAR DE LÉON DENIS

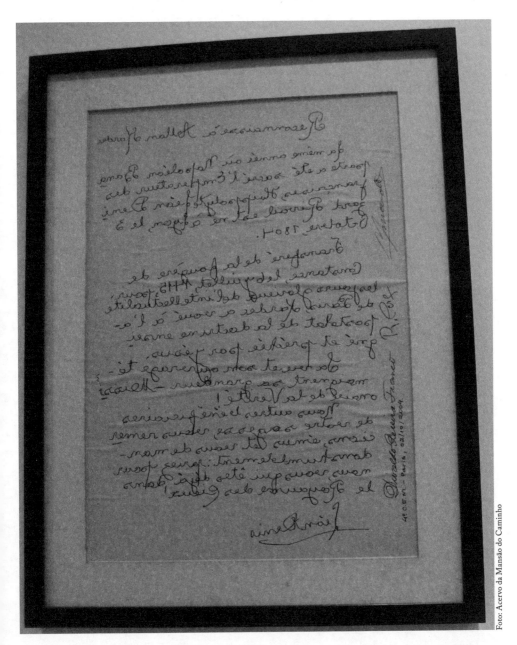

Página psicografada por Divaldo Franco na Abertura do 4º Congresso Espírita Mundial, em Paris, França, na noite de 2 de outubro de 2004.

Reconnaissance a Allan Kardec

La même année où Napoléon Bonaparte a été sacré l'empereur des français, Hippolyte Léon Denizard Rivail est né à Lyon le 3 octobre 1804.

Transféré du bûcher de Constance le 6 juillet 1415, pour les jours glorieux de l'intellectualité de Paris, Kardec s'est voué à l'apostolat de la Doctrine enseignée et prêchée par Jésus.

Sa vie et son ouvrage témoignent sa grandeur – missionnaire de la Vérité!

Nous autres, les bénéficiaires de votre sagesse, vous remercions, émus, et vous demandons humblement: priez pour nous, vous qui êtes déjà dans le royaume des cieux!

Léon Denis.

Texte em Français de la psychographie inversée recue par Divaldo Pereira Franco pendant la solennité d'ouverture du 4ème Congrès Spirite Mondial, au siége de la Maison de la Mutualité, Paris, France, dans la soirée du 2 octobre 2004.

Reconhecimento a Allan Kardec[3]

No mesmo ano em que Napoleão Bonaparte foi consagrado imperador dos franceses, Hippolyte Leon Denizard Rivail nasceu em Lyon, em 3 de outubro de 1804. Transferido da fogueira de Constança, em 6 de julho de 1415, para os dias gloriosos da intelectualidade de Paris, Kardec dedicou-se ao apostolado da Doutrina ensinada e pregada por Jesus.

Sua vida e sua obra testemunham sua grandeza – missionário da Verdade!

Nós, os beneficiários de vossa sabedoria, agradecemos, emocionados, e pedimos humildemente: orai por nós, vós que já estais no Reino dos Céus!

Léon Denis

---

3. Versão em português da psicografia especular recebida por Divaldo Pereira Franco e redigida em francês durante a solenidade de abertura do 4º Congresso Espírita Mundial, na sede da *Maison de la Mutualité*, em Paris, França, na noite do dia 2 de outubro de 2004 (Fonte: Jornal Mundo Espírita – novembro/2004).

Sexta Parte

O trabalho espiritual de Divaldo Franco

O TRABALHO ESPIRITUAL DE DIVALDO FRANCO

Ainda há muito mais além de tudo o que foi dito aqui, porque o labor apostolar de Divaldo Franco não cessa quando ele repousa.

O silêncio da noite, na Mansão do Caminho, as alamedas desertas, as portas cerradas das inúmeras salas de aulas e de diversas outras atividades indicam o fim de mais uma etapa intensa e produtiva.

As últimas horas do dia se despedem, e o início da madrugada é um convite a labores diferentes – que, no fundo, são os mesmos.

Divaldo escreve, psicografando mais uma página da sua mentora. Canetas e papéis foram colocados nos seus lugares, e agora, finalmente, o médium repousa.

Mas ele não mais está ali, como diz Allan Kardec na questão 402 de *O Livro dos Espíritos*: (...) *Esses Espíritos, quando dormem, vão para junto dos seres que lhe são superiores. Com estes viajam, conversam e se instruem.*

E Divaldo, em plenitude de consciência, usufruindo a liberdade que o sono físico proporciona, apresta-se para dar continuidade ao trabalho, fazendo "serão" espiritual...

Na companhia de Joanna de Ângelis e de outros benfeitores, dependendo do que é programado, ele parte, madrugada afora, em novas tarefas. Nesse convívio, em plena Esfera espiritual, novos planos são traçados, visando às viagens que estão sendo articuladas, novos livros a serem psicografados são tratados, cursos são ministrados a desencarnados e a encarnados – estes também em desdobramento no sono físico –, e necessários atendimentos acontecem aqui e ali, especialmente visitas a locais onde campeiam os sofrimentos humanos, em meio aos vícios, a fim de resgatar almas que tenham condições para isso.

É nessa hora que Divaldo se reabastece de energias, hauridas nas bênçãos do seu incansável ministério de amor, semeando estrelas luminosas na noite em que nos demoramos. A prontidão prossegue e é imprescindível, visto que, à luz do dia, tudo recomeça igual, mas diferente.

Amanhece.

É um novo tempo, diariamente.

Joanna de Ângelis evita um suicídio

> *Muitas vezes, o ensinamento de Jesus: "Vinde a mim todos vós que estais sobrecarregados e aflitos" pode ser alcançado com um simples, cordial, fraterno e sincero abraço.*[1]

Estando na Cidade do Cabo, na África do Sul, realizando atividades doutrinárias e hospedado em um hotel, Divaldo foi advertido pelo Espírito Joanna de Ângelis, que disse: *"Não vá embora deste local sem antes dar um abraço no profissional que te serve à mesa".*

Ele relutou, sem saber como realizaria aquilo que ela sugerira. Porém, Joanna insistiu.[2] Pensando numa forma de fazê-lo, ele observou que ali, como geralmente acontece em alguns locais, o café era servido sempre muito quente, e junto, invariavelmente, vinha o leite quase frio.

Ocorreu-lhe, então, solicitar ao garçom que providenciasse uma jarra de leite bem quente. Feito o pedido e sendo logo atendido, com solicitude, para demonstrar a sua gratidão, Divaldo abraçou-o calorosamente. O servidor sentiu-se constrangido e ao mesmo tempo alegre pelo gesto. Alguns amigos, que acompanhavam Divaldo naquela viagem, notando o gesto e atendendo um hábito, providenciaram uma gorjeta, que foi cotizada entre eles e entregue a Divaldo. Dando-lhe outro abraço, o querido médium colocou discretamente aquela importância na mão do garçom.

---

1. Relato do próprio Divaldo Pereira Franco, na palestra do dia 6 de março de 2016, em Curitiba (PR), no encerramento da XVIII Conferência Estadual Espírita.
2. Relato de Divaldo Franco transcrito com nossas palavras (notas da organizadora).

No dia imediato, Divaldo estava com certa indisposição estomacal, ficando no apartamento. O garçom, notando a sua falta entre o grupo dos amigos, indagou o motivo da sua ausência. Informado de que ele se encontrava indisposto, imediatamente foi ter com Divaldo, oferecendo-lhe diversas espécies de chás e torradas, instando-o a se alimentar.

Assim, os dois tiveram um tempo e um local adequado para conversar um pouco. O garçom explicou que, no dia anterior, havia planejado o seu suicídio, mas, devido àquele abraço, desistiu, pois se sentiu com mais coragem e disposição. Estava com câncer de próstata, já com metástases, e sua família estava passando necessidades. Divaldo disse-lhe que ele não tinha o direito de suicidar-se, que o câncer é só uma palavra que mete medo. Quem ama não morre, transfere-se para a Vida espiritual. O garçom contou a Divaldo que ele havia sido a terceira pessoa branca a tocá-lo.

Divaldo Franco e a visão psíquica da Mansão do Caminho

A Mansão do Caminho já existia no Mundo espiritual. Seus alicerces espirituais estavam solidamente estruturados e se erguiam altaneiros, e ali o trabalho de atendimento aos Espíritos necessitados era, portanto, uma realidade abençoada. Toda uma programação de superior elevação, que contava com a essencial participação de Divaldo Franco e de Nilson Pereira, delineava-se para que, também no plano terreno, a obra se consolidasse.

Assim, quando o médium baiano teve a visão de uma obra inteira, não foi apenas, digamos, a maquete do que viria a ser, porém a própria Mansão em pleno funcionamento na Espiritualidade maior.

Vejamos este importante momento.

No final do ano de 1948, Divaldo e Nilson voltavam de trem de Plataforma, bairro localizado no subúrbio de Salvador, quando, em meio ao percurso, Divaldo teve uma visão psíquica que, segundo ele, seria decisiva em sua atual existência. Narrando o fato, o médium baiano diz:

O trem corria, eu olhava a paisagem e, simultaneamente, senti-me deslocado para uma área muito grande, toda arborizada, com uma série de construções e um grupo de crianças em torno de um homem de idade. Quando eu estava a menos de dois metros, ele se voltou, e eu me dei conta de que aquele homem era eu próprio, porém mais velho.

Chegamos ao bairro da Calçada, e segui para a sessão mediúnica habitual, quando Joanna de Ângelis, que ainda se identificava como Um Espírito Amigo, perguntou-me se eu não gostaria de dedicar a minha vida a educar crianças socialmente órfãs, porque essa tarefa estava dentro do meu programa de evolução espiritual.

Foi assim que nasceu a Mansão do Caminho, recebendo esse nome em homenagem aos cristãos primitivos que fundaram a Casa do Caminho, pregadores das estradas, conhecidos como homens do caminho.

No meu livro *Dimensões espirituais do Centro Espírita*,[1] abordo essa questão da existência, no Plano espiritual, de determinadas instituições destinadas à educação das almas que, posteriormente, serviram de inspiração a pessoas abnegadas para edificarem, no plano terreno, similares àquelas que conheceram e, não raras vezes, nelas trabalharam, cumprindo, portanto, um compromisso assumido antes de reencarnarem.

Como exemplo, citamos a notável missão vivenciada por Eurípedes Barsanulfo, relatada no livro mencionado:

> A exemplo disso, elucida Manoel Philomeno de Miranda, em seu notável livro *Tormentos da obsessão*,[2] que Eurípedes Barsanulfo quando fundou o Colégio Allan Kardec, em Sacramento (MG), o fez inspirado no modelo original existente no plano espiritual, que ele próprio o edificara antes da sua reencarnação (1880-1918), ocorrida na então pequena cidade mineira.
>
> (...) Esse Instituto foi o modelo no qual Eurípedes se inspirou para erguer o seu equivalente em Sacramento, no começo do século XX. (SCHUBERT, 2012, pp. 28-29.)

Não seria de se admirar que Divaldo estivesse até mesmo recordando a Mansão do Caminho da Esfera espiritual, à qual se dedicava antes de retornar ao cenário terreno, e creio que essa ideia é a que corresponde à realidade do labor admirável dele.

Fundada em 1952, a Mansão do Caminho funcionou, nos primeiros tempos, no bairro da Calçada, em Salvador, na Rua Barão de Cotegipe, n.º 124, em um prédio antigo, onde se localizava igualmente

---

1. SCHUBERT, Suely Caldas. *Dimensões espirituais do Centro Espírita*. 2. ed. – 5ª reimpressão. Rio de Janeiro: FEB, 2012.
2. FRANCO, Divaldo Pereira; MIRANDA, Manoel Philomeno de [Espírito]. *Tormentos da obsessão*. 10. ed. – 1ª reimpressão. Salvador: LEAL, 2015.

o Centro Espírita Caminho da Redenção. Entretanto, a imperiosa necessidade de expandir o trabalho motivou a compra de um terreno que atenderia ao que Divaldo idealizava. Certamente a escolha do bairro de Pau da Lima não foi por acaso, mas sim a expressão de uma vontade superior que a tudo orienta.

Diante do terreno, o médium baiano identificou, de imediato, a paisagem de sua visão psíquica, como se as futuras edificações ali já estivessem. Efetuada a compra, não havia mais nem um minuto a perder.

A amiga Maria Anita Rosas Batista narra, em seu livro *Divaldo Franco, o jovem que escolheu o amor*,[3] que Divaldo e Nilson, bem jovens, *"pegaram em enxadas, calejando as mãos, realizando, assim, os trabalhos preparativos para abrir ruas, preparar hortas, no início dos labores na Mansão do Caminho"*. (BATISTA, 2011, p. 155.)

Em 1956, vieram as primeiras crianças, meninos e meninas, os primeiros filhos do coração de Divaldo Franco. Entretanto, novos filhos foram chegando e atualmente são 685 filhos adotados e educados, que aumentam a grande família da Mansão com os netos e bisnetos.

Muitos foram os anos de sacrifícios, tudo estava por fazer. A gleba diante de Divaldo, Nilson e dos colaboradores da primeira hora era imensa, maior ainda o campo fértil dos corações infantis, aguardando a ensementação que, aos poucos, foi sendo realizada: a educação integral que constrói e consolida o homem de bem.

Neste afã do cotidiano, neste constante esforço de transformação moral que o Espiritismo convida, todos estão sendo educados nessa nova consciência, não somente as crianças, mas igualmente os adultos. O trabalho no Bem engrandece a alma e motiva a abertura de um novo tempo.

Hoje, a Mansão do Caminho é referência internacional, e lá são vividos os padrões do Evangelho do Cristo. Cada trabalhador e voluntário está cônscio da responsabilidade assumida, pois se é difícil levar adiante essa gigantesca obra, cujo custo de manutenção é elevado, maior ainda deve ser o esforço e empenho para mantê-la nos padrões

---

3. BATISTA, Maria Anita Rosas. *Divaldo Franco, o jovem que escolheu o amor*. 3. ed. rev. e ampl. Rio de Janeiro: F. V. Lorenz, 2011.

espirituais de Joanna de Ângelis, a amorável e sábia mentora, e de Divaldo Franco.

A Mansão do Caminho inaugurou um novo tempo, o da regeneração da Humanidade, como exemplo de que é possível edificar uma obra em que o amor esteja presente, permeando a vivência de cada dia e preparando os cidadãos da Nova Era.

O Semeador de Estrelas lançou-as para que, no futuro, permaneçam como um verdadeiro luzeiro, iluminando o caminho que a Mansão sinalizou.

Maquete da Mansão do Caminho, obra social do Centro Espírita Caminho da Redenção.

Divaldo no programa Histórias Extraordinárias

Um número na sepultura e a psicografia de Divaldo

Em 16 de abril de 2011, foi ao ar, pela RBS TV, o programa *Histórias Extraordinárias*, que abordava fatos da vida do jornalista e apresentador de TV Jorge Alberto Mendes Ribeiro e sua relação com o Espiritismo por intermédio de Divaldo Franco. O médium, durante uma entrevista de rádio para Mendes Ribeiro, psicografou uma mensagem assinada pelo avô de Mendes, que também era espírita. Em outro momento, o jornalista recebeu uma mensagem com dados que resolviam determinada questão judicial que se arrastava há 20 anos.

O programa contou com a participação dos filhos de Mendes Ribeiro e de vários amigos, todos trazendo depoimentos de fatos que marcaram a sua vida.

Logo no início foi registrado que Mendes Ribeiro fora também comentarista de futebol e durante as narrativas sempre criava frases de efeito muito apreciadas, e uma delas se destacava: *"Deus não joga, mas fiscaliza"*.

Inicialmente, comenta a filha do jornalista, Elizabeth Portanova Mendes Ribeiro: – *O pai sempre foi muito cético. Procurava entrar em contato com a realidade, mas sempre com uma sensibilidade muito grande, podendo traduzir a emoção das pessoas.*

Em seguida, o filho, Jorge Alberto Mendes Ribeiro Filho, afirma: – *Meu pai era jornalista na expressão exata da palavra: ele tinha compromisso com a verdade.*

Depois, o amigo Sílvio Luiz Oliveira: – *O grande momento em que o Mendes Ribeiro passou a se inclinar diferentemente dessa área jornalística, especificamente, foi quando fez entrevista com Divaldo Pereira Franco, na TV Gaúcha.*

A narrativa, na sequência, é de Divaldo Franco, no dia 16 de fevereiro de 2011

Divaldo Franco: – *Naquela época (1990), na TV Gaúcha, hoje Rede Brasil Sul, tivemos a oportunidade de ser entrevistado pelo Dr. Mendes Ribeiro, um de seus mais famosos âncoras. Ele nos tratou com muita gentileza e bondade, mas, pelo seu caráter de jornalista, fez algumas perguntas embaraçosas que, nada obstante, conseguimos responder de maneira clara e objetiva.*

Jorge Alberto Filho declara: – *Ele desconfiava de tudo, era missão dele desconfiar para transmitir a verdade.*

Sílvio Luiz Oliveira: – *Ele fazia as entrevistas com muita seriedade, era muito incisivo nas perguntas a Divaldo. Começamos a ver o crescimento, pois isto não se deu uma vez só, porque Divaldo veio muitas vezes ao Rio Grande do Sul.*

Jorge Alberto Filho: – *Divaldo e Chico Xavier foram mostrando para o pai que as coisas que faziam eram absolutamente verdade, e os fatos foram acontecendo.*

Divaldo Franco: – *Vindo a Salvador, ele me pediu – e foi concedido – para assistir a uma reunião mediúnica, pois desejava ver como se tratava, como se operava o fenômeno.*
Na oportunidade em que nos encontrávamos no transe, o Espírito veio e ditou uma grande mensagem. Tratava-se de alguém desencarnado na cidade de Porto Alegre e fazia uma pergunta muito interessante, uma proposta, na qual abordava um tema muito delicado e pertinente à área a qual o advogado Mendes Ribeiro se dedicava. E, para mostrar a exatidão

do seu conteúdo, o Espírito dizia a data do seu nascimento, data de sua desencarnação e o número da sepultura na qual o seu corpo foi inumado fazia mais de 60 anos.

Relato de Sérgio Lima: — *Eu recebi um telefonema dele (Mendes Ribeiro) pedindo que eu fosse até o cemitério da Santa Casa e verificasse se lá estava uma sepultura do Coronel Francisco de Almeida. Fui e constatei que existia o túmulo, porém, não pertencia mais ao cemitério da Santa Casa: uma nesga de terra tinha sido vendida para o cemitério de São Miguel e Almas. Relatei tudo isso para ele, confirmando, portanto, o que Divaldo havia falado.*

Maria Elisabeth Barbieri, Presidente da Federação Espírita do Rio Grande do Sul, comenta: — *O Espírito deixou uma lacuna para que depois ele pudesse dar a informação e atestar que aquela comunicação não era algo que Divaldo pudesse ter ligado para Porto Alegre e se certificado do nome do cemitério e do número do túmulo.*

Mendes Ribeiro: — *Estava descrito com minudência quem era quem, as pessoas da família e, sobretudo, uma data, um número, que era exatamente o número do processo que deveria ser consultado para pôr fim a uma lide jurídica que se arrastava por mais de 20 anos.*

Maria Elisabeth Barbieri: — *Ali, os Espíritos atingiram o coração de um homem e conquistaram este repórter para ser um divulgador da Doutrina Espírita, que ele foi, abrindo-nos várias portas enquanto encarnado e continua abrindo agora para o Espiritismo.*

Elizabeth Mendes Ribeiro: — *A partir daquele momento, em tudo o que o pai falava, ficava claro que a Doutrina Espírita estava presente.*

Mendes Ribeiro: — *O que é a existência? É mais que uma vida, são todas as vidas vividas por nós, no agora, no antes e também no depois.*

❖

COMENTÁRIO DA ORGANIZADORA:

Este notável caso referenda o título do programa, *Histórias Extraordinárias,* e evidencia, além da perfeita exatidão dos dados psicografados por Divaldo Franco, a imortalidade da alma e a comunicabilidade dos chamados mortos, os Espíritos.

Na presença do jornalista Mendes Ribeiro, um Espírito se comunica, tendo desencarnado há mais de 60 anos, e lhe faz uma proposta inusitada, que trata de um fato ocorrido em Porto Alegre (RS). Para provar a autenticidade do estranho pedido, menciona a data de seu nascimento, a data de sua desencarnação e o número da sepultura onde seu corpo foi inumado. O próprio Mendes Ribeiro ressalta que o comunicante cita o número do projeto absolutamente correto, com a intenção de pôr fim a uma pendência jurídica que se arrastava há duas décadas.

Tudo isso leva-nos a imaginar as providências da Espiritualidade para que as coisas acontecessem corretamente.

O interesse de Mendes Ribeiro não começou ali, no momento em que visitou a Mansão do Caminho com o propósito de solicitar a permissão para assistir à sessão mediúnica. Ele já trazia, no seu retorno ao plano físico, o conhecimento intuitivo da continuidade da vida e do intercâmbio entre os dois mundos, que a proximidade com Divaldo foi, gradualmente, despertando.

A primeira mensagem psicografada pelo médium baiano para ele, a do seu avô, foi um toque emocional, como um chamamento para a realidade maior da vida.

O autor espiritual da segunda mensagem, Francisco de Almeida, e a proposta feita com os dados imprescindíveis e exatos significavam o despertar definitivo para o famoso comunicador, o homem público, o jornalista que procurava a verdade e finalmente a encontrou nas diretrizes do Espiritismo.

A partir daquele momento, em tudo o que o pai falava, ficava claro que a Doutrina Espírita estava presente – afirma a filha, Elizabeth Mendes Ribeiro.

Essas são as bênçãos luminosas da mediunidade à luz do Espiritismo, despertando a consciência da imortalidade e ampliando o horizonte infinito que a todos aguarda.

Esse é Divaldo Franco, Embaixador da Paz, anunciando a Nova Era para a Humanidade.

O médium e orador Divaldo Franco e o jornalista e apresentador de TV Jorge Alberto Mendes Ribeiro.

A Paz no bairro do Calabar, em Salvador

·⚜·

Foi uma noite diferente, aquela de 12 de dezembro de 2011, para os moradores de um bairro da cidade de Salvador, o Calabar, considerado um dos mais violentos da bela capital baiana. E esse motivo foi suficiente para que o Embaixador da Paz Divaldo Pereira Franco o visitasse por intermédio do Movimento Você e a Paz.

Em 2011, pelo 14º ano consecutivo, Divaldo percorreu as terras baianas levando a mensagem do Cristo e convidando todos a pacificarem suas vidas a partir da conscientização dessa necessidade para si mesmos e para o mundo.

Assim, todas as providências foram tomadas para que o evento ocorresse de forma alegre e motivadora para os que ali residem.

E de repente o pequeno espaço onde foi montado um palanque todo iluminado e enfeitado de balões coloridos se transformou, porque as crianças da comunidade subiram ao palco e agora cantavam, dançavam e representavam, emocionando todos que as assistiam. Aos poucos, os moradores chegaram e se juntaram aos visitantes, caravanas que vieram do Rio Grande do Sul, de Minas Gerais, de Assunção (Paraguai), amigos da Mansão do Caminho e outros, aplaudindo e sorrindo com as crianças, numa preparação para o que viria logo depois.

Antecedendo Divaldo, ouvimos os expositores Ruth Mesquita e Marcel Mariano, sempre felizes em suas falas.

Quando Divaldo deu início à sua exposição, a expectativa era geral, como sempre acontece. Nós, que o acompanhávamos, também fazíamos parte desse conjunto. Eu mesma estava a pensar o que ele abordaria que pudesse refletir de maneira decisiva na vida dos que ali residem – e eram muitos, estando grande número deles às janelas e portas, aguardando.

Divaldo, muito inspirado, optou por narrar a própria vida, enfocando a família e todas as lutas e percalços que vivenciou até chegar ali, numa síntese bem apropriada, ouvida atentamente pelo público – neste se incluíam policiais armados dentro de uma viatura próxima. Vale mencionar que no palco se encontravam personalidades do bairro, pessoas que trabalhavam em favor da população local, notadamente das crianças.

Ao lado de uma das diretoras da Mansão, determinada moradora, um tanto alcoolizada, elogiava o orador repetidas vezes, em voz alta: – *Muito bem! Ele é dos nossos! Ele é dos nossos!*

Ao encerrar, todos cantaram a linda canção *Paz pela Paz*, de Nando Cordel, e os abraços aconteceram, como de hábito, expressando a alegria da paz que tomou conta do ambiente.

Façamos agora uma viagem da Bahia para Minas Gerais.

No dia 20 de dezembro, em Juiz de Fora (MG), numa reunião mediúnica da Sociedade Espírita Joanna de Ângelis, recebemos a comunicação de um Espírito que relatava ter sido um morador do bairro do Calabar. Sua maneira de se expressar era diferente da minha, que atuei como médium. Falando com desenvoltura e em meio a muitos gestos, foi logo contando o seguinte:

– *Morei no Calabar, quando na Terra, e ali fui assassinado, há dez anos, com um tiro na nuca. Meu corpo foi jogado num matagal meio distante, onde ficou por muito tempo. Foi vingança, pois eu também matei duas pessoas. Não sou flor que se cheire,*[1] *mas entendo agora minha situação. Demorou às pampas*[2] *até que eu saísse do matagal, fiquei agarrado por não sei quanto tempo. Tinha ódio em mim. Quando morri, tinha 30 anos. Nasci numa das favelas de Salvador, filho da violência e da agressividade a que me acostumei. Um dia, fui para o Calabar, que já estava começando a crescer, e logo me enturmei com uns e outros. Vida*

---

1. Expressão utilizada em grande parte do Brasil para referir-se a uma pessoa que não possui bom caráter, que é desonesta (nota da organizadora).
2. Regionalismo utilizado para referir-se a algo em demasia, muito, excessivo (nota da Editora).

de marginal mesmo, de arma em punho. E me acabei do mesmo jeito que dei cabo de dois.

Vim aqui dizer que estava naquela noite no Calabar, eu e alguns mais, porque a gente não se afasta, mesmo depois de morto. Não muda assim, de uma hora pra outra. E o que vimos e ouvimos fez a gente pensar diferente do que é nosso costume. Nunca dei muita trela pra esse negócio de religião, andei usando de tudo, cheirando, fumando, usando as mulheres sem nem pensar, porque pra mim a vida tinha que ser assim, era assim, não fui eu que fiz ela ser assim.

Aquela arenga continuou pela madrugada, tudo vazio e parado, mas não para a gente, pois continuamos ouvindo aquelas coisas, palavras que iam entrando em minha cabeça. Não sei por que tive vontade de encontrar paz em mim, sem nem saber direito como. Os tiras também não têm paz. As armas tiram a paz de qualquer um.

Então é isto, gente, vim aqui, mas nem sei direito onde estou. Vim porque fiquei próximo a ela (referindo-se a mim), *que também estava lá e assistiu a tudo.*

Vou dizer o seguinte: eu sou violento, mas agora gostaria de tirar isso de dentro de mim, esta agressividade que é revolta e raiva – ao dizer isso, fez gestos com a mão no peito, como a mostrar o coração.

Como se consegue tirar isso de dentro da gente? Quem sabe vocês me ajudam?

O doutrinador conversou com o comunicante, evidenciando, de maneira muito carinhosa, os ensinamentos de Jesus. Nosso irmão do Calabar agradeceu, comovido, por ter conhecido alguns momentos de paz. Retirou-se, como amigo que se tornou de todos os participantes da reunião, deixando-nos, sem que tivesse noção disso, um precioso material para nossas reflexões. Foi encaminhado pela equipe da mentora Joanna de Ângelis para dar início a uma nova trajetória em busca de si mesmo.

Em minha mente desfilavam as impressões que recolhi quando estive no bairro do Calabar, em Salvador, e assisti a Divaldo em sua missão de Paz em benefício da Humanidade.

Divaldo Franco caminha, resolutamente, vencendo o tempo e as distâncias, semeando estrelas na noite das carências humanas.

O Movimento Você e a Paz se expande por cidades e países, suas vibrações luminosas e pacificadoras permanecem na psicosfera do nosso orbe, porque *"Jesus prossegue convidando os corações para a lavoura do amor"*, conforme ensina Joanna de Ângelis.

Felizes são os que atendem ao convite.

Divaldo Franco e as vítimas do Holocausto

Manhã de domingo, 10 de julho de 2011, cidade de Juiz de Fora (MG).
Eram 10 horas.

A Sociedade Espírita Joanna de Ângelis – SEJA, comemorando os 25 anos de sua fundação, recebe a visita do querido médium e orador baiano Divaldo Pereira Franco.

A alegria do público presente era visível, tornando o ambiente espiritual pleno de amorosidade.

Dando início à reunião festiva, Vítor Silvestre Ferraz Santos, presidente da SEJA, cumprimentou o público e mencionou a importância do momento.

No mesmo clima de emoções felizes, por breves minutos explanei como tudo começou em relação à fundação da SEJA, referindo-me à presença de nosso amado amigo Divaldo que, uma vez mais, como tem feito ao longo de quase 53 anos, atendeu ao nosso convite.

Em seguida, a palavra foi dada a Divaldo.

A princípio, ele referiu-se à sua presença entre nós, neste largo período de tempo, revelando quanto isso é grato ao seu coração.

Explicou, a seguir, que faria um pequeno relato de sua viagem à Europa, nos meses de maio e junho de 2011. Após narrar aspectos de seu labor doutrinário em alguns países, passou a expor a experiência que vivenciou ao conhecer o Campo de Concentração de Auschwitz, na Polônia.

Contando sobre sua ida a esse local, onde milhões de pessoas foram mortas, Divaldo ressaltou o fato de ter tido uma percepção espiritual do ambiente e a emoção que sentiu ante a captação do sofrimento daqueles que ali foram cruelmente exterminados. Igualmente, o público comoveu-se ao ouvi-lo relatar o caso do rapaz alemão, Herr Müller, que um rabino diariamente cumprimentava de maneira cordial, e, mais tarde, transformou-se num dos algozes nazistas. O gesto amigável do rabino repercutiu anos depois, quando foi levado como prisioneiro para o campo de concentração onde Herr Müller era o responsável por apontar os que deveriam morrer. Reconhecendo-o, o rabino saudou-o, como nos velhos tempos, e, ao ouvi-lo, o agora soldado implacável salvou-lhe a vida.

Na parte final, Divaldo referiu-se a um grupo de adolescentes que foram de ônibus, com alguns adultos, conhecer o campo de Auschwitz. Todos eram portadores de necessidades especiais, com lesões físicas e mentais muito graves. Ao chegarem, a ambiência do local provocou terríveis sensações nos jovens, sendo alguns acometidos de crises convulsivas, enquanto outros gritavam e choravam. Diante da dolorosa cena, a mentora Joanna de Ângelis explicou ao médium que ali estavam alguns dos torturadores e algozes, de volta ao próprio local onde exerceram as atrocidades, hoje reencarnados, trazendo na consciência a culpa dos crimes cometidos e expurgando no corpo físico as sequelas remanescentes do passado.

Ao concluir sua explanação, o dileto amigo Divaldo, com a lucidez e a bondade que lhe são peculiares, mencionou a Misericórdia do Pai, que proporciona aos seus filhos, através da reencarnação, este abençoado ensejo de redenção das almas enfermas, a reconstrução de si mesmos, a fim de que prossigam, na escalada evolutiva, com novos e felizes aprendizados.

Suas palavras propiciaram suave e terna emoção aos que o ouviam atentamente, abrindo horizontes luminosos e plenos de esperança para todos os seres humanos. Por certo que dias melhores surgirão não somente na vida das vítimas do holocausto, mas também na vida dos algozes, pois fazemos parte da grandiosa família universal e aos poucos estamos aprendendo a amar incondicionalmente, conforme Jesus nos ensina.

A reunião foi encerrada com uma prece proferida pelo amigo baiano, enquanto que do Alto recaíam sobre o público dúlcidas vibrações, como orvalho sublime.

Essa visita de Divaldo Franco à SEJA teve repercussões surpreendentes, como será visto a seguir, na síntese que será apresentada.

COMUNICAÇÃO DE UM ESPÍRITO VÍTIMA DO CAMPO DE CONCENTRAÇÃO DE AUSCHWITZ, AO ENSEJO DA VISITA DE DIVALDO FRANCO À SEJA

Era uma terça-feira, 12 de julho de 2011, em uma reunião de desobsessão na Sociedade Espírita Joanna de Ângelis – SEJA, sob a direção de Vítor Silvestre.

O pequeno grupo reunido, nos minutos que antecedem o início dos trabalhos, comentava sobre a memorável visita de Divaldo à nossa SEJA, no domingo, dois dias antes, portanto. Na conversação que se estabeleceu, os participantes da reunião fizeram várias observações acerca do tema que Divaldo abordou ao relatar sua experiência quando esteve no Campo de Concentração de Auschwitz, na Polônia.

Feita a leitura de *O Evangelho segundo o Espiritismo*, a prece inicial foi proferida pelo dirigente.

Algumas comunicações foram acontecendo.

Aproximando-se a parte final dos trabalhos, comunica-se um Espírito, por meu intermédio, relatando o que aconteceu no Plano espiritual enquanto Divaldo citava os horrores do holocausto.

– *Naquela manhã* – começou o Espírito comunicante –, *eu participei de uma assembleia das vítimas do holocausto, de diversas nacionalidades, que foram trazidos para esta Casa, a fim de assistir ao relato que ele iria apresentar. Éramos um grande grupo.*

A finalidade de nossa presença relacionava-se com a necessidade que cada um sentia intimamente de compreender os motivos pelos quais tivemos que passar por tantos sofrimentos. Evidentemente que já havíamos sido informados a respeito, no meu caso, sendo judeu, as Leis da Torá foram diversas vezes citadas, e não só para mim, mas igualmente para os meus irmãos de raça. Entretanto, isso não aclarava suficientemente as nossas mentes ávidas de explicações que nos acalmassem a ânsia de saber mais profundamente.

Ele (Divaldo) seguia relatando os detalhes do campo de concentração e a maneira como era efetuada a seleção dos que iam ser exterminados imediatamente à chegada e dos outros que seriam poupados para diferentes ocasiões. Não necessitamos de intérpretes para entender o que ele dizia, pois era como se houvesse tradução imediata. Neste momento em que transmito esta mensagem, tenho alguma dificuldade com o idioma, mas estou conseguindo, com a ajuda superior.

Grande número de prisioneiros, como no meu próprio caso, ia sendo levado às câmaras de gás sem saber o porquê daquele terrível destino. Na verdade, a maioria seguia como gado indo para o matadouro, sem ter noção do que viria depois. Quando nos demos conta da realidade, o horror que a todos invadiu foi enlouquecedor.

Mas ali estávamos, naquela manhã, ouvindo o orador, de alguma forma refeitos das dores superlativas, do medo, da revolta, buscando respostas mais claras e tentando conceber como a Misericórdia de Deus atuou sobre nossas vidas, mesmo em tão dramáticas circunstâncias.

Fomos cientificados de que nem todos, porém, vivenciaram reações semelhantes às nossas. Soubemos que algumas vítimas das atrocidades tiveram outra compreensão do que padeceram, libertando-se das injunções sofridas e logo alçando voos para regiões mais altas. Por outro lado, tivemos notícias de que muitos daqueles ali exterminados se transformaram em vingadores, dominados pelo ódio contra os algozes que o sofrimento acarretou.

O comunicante prosseguiu:

— A explanação, todavia, não terminou quando ele encerrou a reunião. A partir daquele instante, fomos sendo esclarecidos quanto aos pormenores, para que tivéssemos um entendimento maior.

Setenta anos transcorridos até hoje é pouco tempo. Agora sabemos que séculos e séculos se passaram quando nos comprometemos perante a Contabilidade Divina. Fizemos parte de hordas cruéis de antigos povos bárbaros, devastando lares, destruindo famílias, incendiando cidades e vilas, pilhando e matando, sem piedade para com adultos, crianças, velhos. Muitos de nós, em outras épocas, erigimo-nos em seguidores de líderes considerados hediondos pela Humanidade. Foi assim que soubemos que cada um escreve sua própria história, pois somos herdeiros de nós mesmos. Este entendimento abriu-nos perspectivas inteiramente novas, acalmando-nos as emoções e os sentimentos.

Nosso grupo, do qual sou representante, foi informado de que a presença de Divaldo no Campo de Concentração de Auschwitz – hoje transformado em museu, para que os seres humanos jamais se esqueçam das terríveis ocorrências vividas naquele local por outros seres humanos, algozes e vítimas – desencadeou uma série de providências articuladas pelos Espíritos de Luz para esclarecimento de grande parte dos que ali foram exterminados, apegados que estávamos a ideias de revolta, rebeldia e ceticismo quanto à Justiça de Deus. Portanto, os relatos que ele tem apresentado proporcionam benefícios notáveis a inúmeros grupos que são encaminhados, constituindo um nobre programa de aclaramento da verdade.

Por fim, emocionado, o Espírito agradeceu:

– Foi assim que um horizonte novo se abriu para nós, graças às explicações profundas que o Espiritismo apresenta. Fomos envolvidos por um ambiente de amor e paz que nos engrandeceu, porque até aquele dia cultivávamos a ideia negativa de nossa pequenez irremediável, como se nada mais restasse para cada um de nós. Igualmente, passamos a sentir que Deus é Pai de todas as criaturas humanas, sem distinção de raça, sem rótulos religiosos ou qualquer separação. Portanto, agradecemos a esta Casa que nos acolheu. Prossigam nesse caminho, tendo Jesus como Guia, O qual também nos é grato seguir.

A Entidade se despediu e nos deixou profundamente comovidos. Um profundo silêncio seguiu-se à comunicação do nosso querido irmão.

Mais alguns minutos se passaram, e o mentor da sessão, Dr. Almada Horta, trouxe-nos alguns esclarecimentos adicionais quanto ao trabalho realizado decorrente da visita do amigo Divaldo Franco.

Na prece final, Vítor externou toda a gratidão do grupo mediúnico e também de nossa SEJA por esse significativo ensejo de trabalho, reconhecendo que de nossa parte pouco fizemos e tudo devemos à mentora da SEJA, Joanna de Ângelis.

Divaldo Franco em visita ao antigo Campo de Concentração de Auschwitz.

Divaldo Franco palestrando em Auschwitz, na Polônia.

Um traficante na palestra de Divaldo Franco

Numa voz na qual se podia perceber o desespero, ele dizia:
— *São espectros horríveis que vejo a me atormentar, têm olhos fosforescentes, como nos filmes de terror, estão por toda parte, apontam-me o dedo acusador, rodeiam-me, não falam, produzem sons como grunhidos, são terrivelmente assustadores! Não posso enfrentá-los, são muitos! Tenho medo desses espectros. Fujo deles.*

— *De que o acusam?* — pergunta delicadamente o dialogador ao Espírito comunicante após saudá-lo, como de hábito. — *Você sabe de que o acusam?*

— *Eles não falam, mas eu sei quais as acusações que me estão fazendo. Sinto o seu ódio, querem se vingar.*

— *Mas você pode dizer-nos por que o odeiam? Você lhes fez alguma coisa para que o odiassem?* — indaga o doutrinador.

— *Não sei, minha cabeça está doendo demais das muitas pedradas, esmagaram a minha cabeça até a minha morte. Morri brutalmente espancado, eram muitos, e sinto ainda a violência dos golpes. Quando dei acordo de mim, estava enterrado numa lama, e, a cada vez que vinha à tona, os espectros empurravam minha cabeça para dentro do lamaçal. Não sei quanto tempo isso durou.*

O comunicante tentou a todo custo não revelar o motivo pelo qual os espectros o rodeavam, mas acabou por dizer:

— *Pois bem, eu vou falar claramente, eu sou, ou melhor, eu fui um traficante de drogas! Estes que me atormentam estão na minha mente, não sei se existem ou se são criações mentais do meu remorso. Ou quem sabe seriam os que levei para o pântano da morte pela overdose, ou os que cha-*

furdavam nos vícios em que eu os joguei. Durante anos, desde bem jovem, trabalhei como "laranja" de outros graúdos, até que eu mesmo passei à condição de traficante. Os anos passaram, fui ganhando nome e dinheiro, e junto veio o poder. Com frieza, vi jovens e crianças lutando por um pouco do "pó", como se fossem animais esfaimados, outros nos delírios resultantes das agulhadas, que não raro culminavam com um e outro tendo convulsões em meio à imundície. Olhava com frieza, quando raramente estava numa dessas cracolândias, sem nenhuma compaixão diante dessas cenas. A mim não me importava que estivessem naquela degradação.

O doutrinador esclareceu que aquele era o momento para que começasse a mudar, que ele era um filho de Deus ao qual o Pai oferecia a oportunidade de recomeçar. Mencionou que ali era uma Casa Espírita, uma Casa de Jesus, que agora lhe estendia a mão. Perguntou-lhe, então, se se lembrava de algum bem ou benefício que tivesse feito enquanto na Terra. O comunicante pensou um pouco e depois relatou que sim, que fizera algum benefício, que construiu uma escola para que as crianças aprendessem a ler e escrever, ajudou uma mulher muito pobre que ia dar à luz, conseguindo vaga em um hospital, que ajudou a cozinheira da favela, e foi lembrando alguns gestos de bondade, prosseguindo:

— *Mas ninguém gosta de um traficante. Mesmo estes só queriam o meu dinheiro e os benefícios. Todos têm repulsa, têm raiva do traficante, ninguém gosta de um traficante!*

— Jesus! — respondeu com ênfase o doutrinador, o que abalou o desventurado comunicante. E, na sequência, citou algumas passagens do Mestre.

Um tanto aflito, o Espírito relatou:

— *Mas hoje aconteceu uma coisa diferente: fui sendo chamado, diziam-me que eu deveria seguir com aqueles que caminhavam em certa direção. Reparei que os fantasmas haviam desaparecido e me animei a caminhar com esse grupo. Notei que eram trôpegos como eu, pareciam acidentados, doentes. Enfermeiros não sei bem se eram, guiavam-nos até chegarmos a um local cheio de luzes. Muitos eram os encarnados, como vocês dizem, todos ouviam um homem falar, e pude sentir uma energia luminosa que estava no ar, espraiava-se, havia uma espécie de leve sereno que vinha não sei de onde. Informaram que era uma pregação espírita. Ficamos ali até o término, e bem mais tarde me dei conta de que era madrugada na Terra. Continuávamos no local. Não sabia do que se tratava, mas uma voz calma nos convidava:*

"Ouçam, ouçam o que ele está dizendo."

— Ao longe, vi o mesmo homem que falava alguma coisa. Estranhei o lugar, parecia-me que estávamos no ar e que a luz nos ofuscava. Aproximei--me. Era uma pregação sobre Jesus, ele falava, e eu via, numa espécie de filme, cenas da vida do Cristo, pareceu-me assim, que me trouxe calma, uma calma que há muito tempo não sentia. Uma espécie de tratamento,[1] que não sei explicar, amenizou a dor que dominava a minha cabeça e a de todo o meu corpo. Sentia-me, de certa forma, menos desprezível, porque havia ali um sentimento que eu desconhecia na prática da minha vida, era mais que caridade, ouso dizer que era amor.

Comecei a andar, fui andando e, de repente, estou aqui. Mas os espectros voltaram. Estão lá fora.

— Fique tranquilo, meu amigo, e aproveite este instante que é um convite amoroso para que você comece uma nova vida — esclareceu o doutrinador. — *Esse que você e seus companheiros ouviram é um trabalhador de Jesus, a quem dedica toda a sua vida, semeando bênçãos de luz nas sombrias paisagens humanas.*

Aos poucos o antigo traficante deixou-se dominar pela emoção, mas ao mesmo tempo dizia que estava com medo do futuro, do que iria sofrer para pagar *"todos os seus pecados"*. Com certo alívio, citou que os espectros pareciam ter desaparecido, não mais ouvia o rumor que faziam. Foi-lhe esclarecido que eles também mereciam o amparo divino, que sempre acontece na hora certa. Foi convidado a permanecer na Casa, em tratamento de emergência e, posteriormente, seria encaminhado para atendimento especializado. Recebendo o amparo dos benfeitores espirituais, desligou-se da médium.

Todos os integrantes do grupo mediúnico vibraram amorosamente em favor dele, enquanto o dirigente, após a comunicação do mentor da reunião, agradeceu a Deus o ensejo do trabalho.

---

1. Refere-se ao trabalho que Divaldo realiza em desdobramento do sono físico, nesse caso, em companhia de Manoel Philomeno de Miranda e outros.

Divaldo Franco esteve em Juiz de Fora (MG) no dia 17 de agosto de 2013. Tendo pronunciado, à noite, brilhante palestra, partiu na manhã do dia 18 para cumprir compromissos na cidade do Rio de Janeiro.[2] Porém, o médium deixou entre nós as bênçãos que o seu convívio proporciona, a psicosfera criada com o seu psiquismo, a contribuição da sua palavra plena de sabedoria e amor, que enleva e esclarece, cuja extensão desse grandioso trabalho tivemos noção através do depoimento do Espírito que havia sido um traficante, evidenciando o atendimento a muitos sofredores e necessitados espirituais que foram resgatados e recuperados sob a proteção e orientação de Joanna de Ângelis.

Convém enfatizar que o trabalho de Divaldo Franco na divulgação do Espiritismo e do Evangelho alcançou, nesse ano de 2013, a incrível marca de 67 anos de atividade ininterrupta a serviço de Jesus. Considerando-se que há anos também realiza esse mesmo labor em atividades espirituais de resgates a Espíritos extremamente necessitados enquanto no desdobramento parcial do sono físico, pode-se imaginar a abrangência de sua missão.

De nossa parte, externamos ao estimado amigo e benfeitor Divaldo Franco a nossa gratidão e carinho, rogando a Deus que o abençoe e fortaleça.

---

2. A reunião mediúnica aconteceu três dias depois da palestra, na noite de 20 de agosto de 2013, na Sociedade Espírita Joanna de Ângelis, em Juiz de Fora-MG (nota da organizadora).

Um Espírito no bairro da Pituba, em Salvador

No ano de 2010, participei pela terceira vez, com um grupo de amigos do Sul, de Minas Gerais, São Paulo e do Paraguai, do Movimento Você e a Paz, uma vitoriosa iniciativa de Divaldo Franco e da Mansão do Caminho.

Durante seis dias, acompanhamos Divaldo nas visitas aos bairros da linda cidade de Salvador, levando a proposta da paz. O movimento é arreligioso e sem caráter político, visando exclusivamente a conscientizar as pessoas da imprescindível necessidade de trabalharmos pela paz, que obviamente começa em nós.

O esforço desse trabalho de Divaldo Franco merece ser ressaltado, enaltecido e sobretudo servir de exemplo a ser seguido por todos os que se interessam em promover a pacificação das almas, o que nos levará a uma Humanidade mais harmoniosa, solidária e feliz.

Assim, na noite de 17 de dezembro, sexta-feira, em caravana, acompanhamos o médium baiano ao bairro da Pituba.

Ao chegarmos, às 19h, encontramos o cenário perfeitamente organizado numa praça, para que o evento fosse realizado com sucesso, como sempre acontece. Palco armado, decorado, iluminação e som excelentes. As pessoas aproximavam-se, trazendo cadeiras, bancos, almofadas, sentando-se no gramado, e aos poucos quase 2 mil pessoas aguardavam o início. O público estava atento, alegre e expectante.

Divaldo chegou com Nilson ao lado e com a equipe da Mansão do Caminho, e a festa teve início, pois todos queriam receber um aperto de mão, uma saudação, um olá fraterno e carinhoso, e Divaldo, sempre sorridente, distribui.

Quem estava triste, desanimado, cansado pelas situações do dia a dia, num átimo se alegrou, e tudo se diluiu naquele convívio abençoado.

Às 20h, alguns convidados fizeram a preparação do tema que Divaldo abordaria. Os queridos Ruth Brasil e Marcel Mariano ali estavam, falando da paz e evidenciando, com muita propriedade, os benefícios da solidariedade entre todas as criaturas.

Em seguida, foi a vez de Divaldo, que apresentou de forma muito bela a proposta do Movimento Você e a Paz.

O público estava atento. Em torno da praça havia grandes edifícios com muitas de suas janelas abertas e iluminadas, evidenciando pessoas que assistiam e também participavam, interessadas. O som espraiava-se e as palavras fluíam em cascatas luminosas.

O final, como sempre, foi apoteótico, pois todos entoaram, de mãos dadas, a linda canção *Paz pela Paz*, de Nando Cordel, numa única vibração de amor, de alegria e de paz, que repercutiu pela cidade inteira.

O encerramento do Movimento Você e a Paz ocorre invariavelmente na Praça do Campo Grande, no dia 19 de dezembro, data que a prefeitura de Salvador oficializou, por meio de uma lei municipal,[1] como o Dia do Movimento Você e a Paz, passando a fazer parte do calendário de comemorações da cidade.

Nesse ano, o público estimado na noite de encerramento foi de aproximadamente 20 mil pessoas, embora dos prédios se percebesse um número expressivo de moradores acompanhando toda a solenidade.

Muito mais poderia escrever sobre esse grandioso movimento, entretanto, meu objetivo, após citá-lo em linhas gerais, é relatar a comunicação mediúnica que ocorreu em nossa reunião da noite de 21 de dezembro, na Sociedade Espírita Joanna de Ângelis, em Juiz de Fora (MG).

A seguir, em resumo, as palavras de um Espírito comunicante que desencarnara muito jovem e falou por meu intermédio.

---

1. A Lei Ordinária nº 5819/2000 inseriu no calendário de manifestações cívicas e culturais do Município de Salvador o Dia do Movimento Você e a Paz, comemorado anualmente no dia 19 de dezembro (nota da Editora).

– Eu estava lá e assisti a tudo, bem ali na praça, desde o começo. Fui com um pequeno grupo e um guia que nos levava como aprendizado, especialmente no meu caso, pois morei no bairro da Pituba e foi exatamente ali que comecei a trilhar o pior caminho que poderia escolher: fui usuário de craque e morri por conta disso.

Quase dez anos já transcorreram. Dizer o que sofri é difícil. Eu era de uma família de classe média alta, não vivia nas ruas, estava cursando faculdade, quando resolvi fazer uma experiência que, no meu modo de pensar, seria uma vez apenas. Mas não foi assim. Fraquejei total e outras vezes foram acontecendo. Para encurtar a história, cheguei ao máximo e foi dessa forma que me transferi para este outro lado, com 22 anos apenas.

O doutrinador, diante da pausa emocionada do comunicante, falou-lhe carinhosamente, procurando reconfortá-lo. Após algum tempo, ele então prosseguiu:

– Entretanto, o que mais me fez sofrer foram as recordações da minha família, que poderia estar assistindo, da janela de nosso antigo prédio, a Divaldo Franco discursar. Mas meus familiares se mudaram logo depois, para evitar lembranças dolorosas. E se estivessem, eu poderia estar ali, ao lado deles... Eu poderia usufruir da companhia da minha família, debruçado na janela... Mas, ai de mim, eu estava sim, ali, mas no gramado, envolto em minha tristeza, tentando recompor a minha vida. Quero corrigir meu erro. Estou aprendendo muito, através de amigos que me ampararam e ao meu atual grupo.

A proposta dos guias é preparar-nos para que um dia possamos também ajudar aos jovens que estão sendo vítimas das drogas. Mas, por enquanto, temos muito a aprender, pois junto a eles, os infelizes dependentes, iremos encontrar o outro grupo, o dos Espíritos maus, que se empenham em viciá-los, instigando tanto os traficantes quanto os jovens e crianças a essas experiências.

O comunicante, emocionado, agradeceu o ensejo de assistir ao Movimento Você e a Paz e despediu-se. O doutrinador então lhe falou de Jesus, rogando ao Mestre que o abençoe. Todos os presentes, comovidos, envolveram-no em vibrações de amor e de compaixão. Ele pediu que nos lembrássemos dele e disse o seu nome: Rafael.

Uma vez mais, conscientizamo-nos da importância do movimento em prol da paz que Divaldo empreende há 13 anos.[2] Nem de longe conseguimos avaliar a repercussão das visitas aos bairros, quando a mensagem é lançada e as sementes de luz se espraiam, beneficiando encarnados e desencarnados.

O semeador saiu a semear, e as sementes terão o seu tempo certo na leira dos corações.

---

2. Atualmente o Movimento Você e a Paz acontece anualmente em mais de 20 cidades do Brasil e em mais de 60 países, mobilizando corações sensíveis ao chamado do Nazareno para a paz interior (nota da Editora).

A Messe de Amor de Divaldo Franco

Cinquenta anos transcorreram celeremente, mas só sabemos quão rapidamente os vivenciamos quando olhamos os dias que se foram e, em geral, perguntamo-nos: – *Como foi que venci tudo isso? Como cheguei aonde estou agora?* –, e um caleidoscópio de lembranças acorrem, num átimo, à nossa mente.

Assim, ao ser convidada para escrever algumas considerações acerca desse livro especialmente precioso, o *Messe de Amor*, de autoria da benfeitora Joanna de Ângelis e psicografado por Divaldo Franco, que completou, em 2014, cinquenta anos de lançamento, comecei a reflexionar sobre o tempo e, particularmente, a importância do Espiritismo em minha vida e a presença de Divaldo nessa alvorada de luz que se faz cada vez mais bela.

Na fieira das recordações, imagino nosso amigo Divaldo Franco em relação ao seu primeiro livro publicado. Diante dele, agora, está o *Messe de Amor*, primeira edição,[1] com suas 189 páginas, a mesma capa verdinha manchada pelo tempo. Entretanto, além das formas materiais, eis o que se vê, numa realidade transcendente: um compêndio extremamente volumoso que somente ele consegue segurar nas mãos, com milhares e milhares de páginas escritas com letras de ouro, fotos e mais fotos, coagulando o tempo e retratando sorrisos e lágrimas, abnegação

---

1. A primeira edição do livro *Messe de Amor* foi publicada pela Editora Edições Sabedoria, em 1964. Atualmente, a obra é publicada pela Editora LEAL – que faz parte do Departamento Editorial e Gráfico do Centro Espírita Caminho da Redenção –, recebeu uma Edição Comemorativa de 50 anos, com selo especial, em 2014, e já vendeu 65 mil exemplares (nota da Editora).

e perseverança, doação a cada dia, vitoriosos dias e semanas e anos que se dobraram num desfile interminável, pois sua "messe de amor" prossegue *ad aeternum*.[2]

Enquanto imagino a cena, emociono-me, porque "vejo" o livro que Divaldo escreve, leio capítulos, observo as fotos – algumas que somente a câmera do tempo, em um *flash* prolongado, segurou e registrou indelevelmente –, e a lembrança daqueles dias primevos invade a minha mente e enternece o meu coração.

Tão nítidas são as recordações, como se as estivessem rebobinando para assistir novamente aos acontecimentos dos anos 60.

No ano de 1959, Divaldo Franco veio a Juiz de Fora pela primeira vez, a meu convite e em nome do Centro Espírita Ivon Costa, que fica aqui na cidade, passando, desde então, a ser nosso hóspede por mais de 50 anos, o que muito honra a nossa família.

Em razão dessa proximidade com ele, pois logo sentimos entre nós uma estreita e profunda afinidade, acompanhei bem de perto os fatos que se desenrolaram logo depois, não apenas tendo notícias, mas deles participando e vivendo-os pessoalmente, como se estivesse em meio a um turbilhão vibratório.

Por essa época, 1961 e 1962, fui a Uberaba e a Pedro Leopoldo algumas vezes, pois Chico Xavier, a quem devotava profunda admiração, respeito e amor, estava orientando a minha mediunidade. Chico havia se mudado para Uberaba em 1959, todavia, viajava para sua terra natal com certa frequência; amigos me avisavam quando isso acontecia, porque para mim era bem mais perto ir a Pedro Leopoldo. Cada visita era um festival de alegria e bênçãos ao lado dele. Chico conversava comigo e meu marido, sempre orientando amorosamente, com lições preciosas que guardo até hoje. No mês de julho de 1962, eu estava lá em Pedro Leopoldo, e naquela fria madrugada Chico conversou conosco longa-

---

2. Locução adverbial em latim que significa para sempre; eternamente – Dicionário Houaiss da Língua Portuguesa (nota da Editora).

mente. Revejo a cena na memória: ele e eu, em pé, poucas pessoas ao redor, e, próximo ao fogão à lenha na casa do seu irmão, Chico segurou minhas mãos, inicialmente, e falou demoradamente. Hoje, transcorridos mais de 50 anos, com mais experiência da vida – à época, eu estava com 22 anos –, ainda me sinto sofrida pela lembrança dolorosa daqueles dias e do que escutei e presenciei.

E o tempo, como um vento forte, tudo transformou.

Aos poucos, foi colocando cada um nos seus devidos lugares, enquanto o amor, que jamais se ausentou, preenchia as nossas vidas de paz, de perdão, no inexorável processo de renovação e progresso, como renascem as folhas e frutos nas árvores a cada nova estação.

No meu livro *O Semeador de Estrelas*, Divaldo Franco relata a advertência de Joanna de Ângelis quanto à sua missão psicográfica, no momento em que ele coloca o primeiro exemplar do *Messe de Amor* apoiado em um abajur e o está contemplando com emoção e alegria, todavia, a mentora surge, radiosa e bela, e, numa metáfora espetacular, "cria" uma cena, tendo uma rosa vermelha, em botão, como símbolo, que ela coloca transversalmente no livro e, em instantes, se vai desabrochando, tornando-se uma bela rosa, depois começa a fenecer, as pétalas vão caindo e se transformam, então, em gotas de sangue, criando um impacto, como é natural.

As palavras de Joanna são graves e proféticas:

> *Aí tens o símbolo do teu futuro psicográfico. Se tu tiveres coragem para levá-lo adiante, conta comigo. Mas, não esperes flores. A flor será a mensagem, mas a tua será a parte do sofrimento.*[3]

Para Divaldo, entretanto, não houve propriamente uma novidade, ela está reafirmando o que ele sabia, porque já se encontrava, àquela altura, vivenciando experiências muito difíceis, talvez as mais sofridas do seu trabalho mediúnico e, em especial, o da psicografia, que teria repercussões pelos anos afora. Em suas palavras, plenas de sabedoria,

---

3. SCHUBERT, Suely Caldas. *O Semeador de Estrelas*. 8. ed. – 1ª reimpressão. Salvador: LEAL, 2016. Capítulo 8, *A psicografia – Messe de Amor*.

Joanna de Ângelis estava, principalmente, prevenindo-o acerca dos dias futuros. Significava que, ao lançar o livro, a luta recrudesceria.

Ela menciona, portanto: *A tua será a parte do sofrimento*, e relaciona as situações previstas a partir da publicação, as quais coloco em síntese: dar o testemunho do silêncio; receber a crítica mordaz e sarcástica; ferir a alma com os espinhos da perversidade alheia; ver a mensagem ser levada à praça pública do ridículo, de forma a fazer sangrar o coração; ser jogada ao lixo e aceitar tudo isso sem se defender – eis o programa traçado!

Programa que Divaldo cumpriu e cumpre à risca, exemplificando que traz consigo "as marcas do Cristo", numa jornada que, se apresenta testemunhos acerbos, também propicia alegrias inauditas, aquelas que advêm do dever cumprido com amor e fidelidade ao Mestre Jesus e a Kardec.

Interessante citar que Joanna, a amorável mentora, escreveu na época algumas de suas mais belas páginas endereçadas ao médium: *Solidão e Jesus; Chorando para servir; Fidelidade à Fé; Sinal do Cristo; Em honra do ideal; Prossegue lutando; ...E viverás* – algumas dessas mensagens vieram posteriormente a compor o livro *Messe de Amor*.

Na apresentação da obra, a autora espiritual ressalta que tem como propósito contribuir com a (...) *expansão do Reino de Deus nos corações, no momento em que a família espírita, reconhecida e jubilosa, celebra o Primeiro Centenário da publicação, em Paris, de* O Evangelho segundo o Espiritismo.[4] Pode-se entender, portanto, que no momento em que o Movimento Espírita comemora o sesquicentenário dessa mesma obra básica – *O Evangelho segundo o Espiritismo* –, o primeiro livro de Joanna de Ângelis mantém a proposta inicial, homenageando, assim, o terceiro livro da Codificação de Allan Kardec.

A messe está em pleno crescimento, entretanto já se pode entrever as bênçãos da colheita.

---

4. FRANCO, Divaldo Pereira; ÂNGELIS, Joanna de [Espírito]. *Messe de Amor*. 9. ed. – 1ª reimpressão. Salvador: LEAL, 2016. *À guisa de apresentação*, p. 12.

Divaldo Franco manteve o curso de sua vida missionária sem jamais hesitar, passou incólume em meio ao turbilhão que o cercava, trabalhando sempre, semeando o amor e a paz, fiel a Jesus e a Kardec. Quando chega em qualquer parte do mundo, uma festa espiritual se instala, o ágape resplende e, por uma sublime alquimia de vibrações e sentimentos, preenche de esperança, de renovação integral todos os que o cercam, repercutindo em ondas vibratórias concêntricas que se espraiam pelo oceano da vida, até onde alcança a nossa imaginação.

Cinquenta anos depois daquela noite inesquecível da advertência da sua mentora, Divaldo, sofrendo continuada perseguição nos anos subsequentes, lançou-se, com mais entusiasmo e fé inquebrantável, a semear estrelas na noite medieval daqueles que aí estacionaram mentalmente, a fim de que soubessem que o amor pleno transformou as "pétalas de sangue" em sementes de luz, afugentando as sombras e anunciando o alvorecer da Nova Era.

A messe de amor se estende aos cinco continentes, e o tempo sem tempo de Divaldo Franco, o Semeador de Estrelas, prossegue...

Depoimento de Milciades Lezcano Torres

Las manos que asisten a Divaldo

Cierto día, en diciembre de 2008, cuando asistimos a las jornadas de 11° Movimiento "Você e a Paz", en Salvador, Bahía-Brasil, fui invitado por nuestro Querido Divaldo para hospedarme en la Mansão do Caminho, para de esa forma poder apreciar mejor las labores desarrolladas en la Institución, pues en la convivencia es donde uno puede apreciar realmente el trabajo realizado por ese Espíritu luminar encarnado en la actualidad entre nosotros.

Las jornadas fueron memorables, iniciando el día 11 en el municipio de Camaçari, el día 12 en el barrio "Pau Miúdo", el 14 en Dique do Tororó, el 15 en barrio Peripeping, el 17 en barrio Saúde y, finalizando en la Plaza Campo Grande el día 19 de diciembre, fecha institucionalizada por la egregia Cámara Municipal de Salvador-BA como Día del Movimiento "Você e a Paz". El Movimiento "Você e a Paz" se inicia en el año 1998 con la participación de 5 mil personas, al año siguiente fueron más de 10 mil y hoy participan cerca de 25 mil.

En el día 22 acompañamos a Divaldo, quien asistiría a la reunión marcada a las 8:30 con los funcionarios de la Mansión. Recuerdo que el querido hermano Adilton Pugliese, director doctrinario del Centro Espírita Caminho da Redenção y director del Área de Recursos Humanos de la Mansão do Caminho, estaba dictando un seminario sobre "Calidad Total" y había relatado que ese tema era su especialidad mientras se desempeñaba como funcionario en el Banco do Estado da Bahía, y comento que él nunca pudo concebir una persona que pudiese resumir en sí el concepto de Calidad Total, hasta que vino a trabajar a la Mansão do Caminho y convivir con Divaldo. Manifestó que Divaldo trabaja con "cero" errores, no se equivoca, con él no hay prisa, no actúa por impulsos, reflexiona una y otra vez sobre cada situación antes de tomar una decisión y sobre todo tiene el "coraje" de hacer siempre lo que es correcto a pesar de sus deseos. Agregó, además que Divaldo es lo que podríamos llamar un educador por excelencia.

Entonces yo me puse en un diálogo mental: – *¿Será que es solo Divaldo o son los Espíritus que le ayudan a lograr esa Calidad Total?* – entonces recordé los trechos de *El Libro de los Médiums,* de Allan Kardec, donde dice que:

> Los Espíritus que vosotros miráis como la personificación de bien no se presentan de buena gana al llamamiento de aquellos cuyo corazón está manchado por el orgullo, la ambición y la falta de caridad.[1]

Y:

> Las cualidades que atraen con preferencia a los buenos Espíritus son: la bondad, la benevolencia, la sencillez de corazón, el amor al prójimo, el desprendimiento de las cosas materiales.[2]

Y fue el Maestro Jesús quien nos dijo que *por el fruto se conocerá el árbol, porque un árbol bueno no puede dar frutos malos, y, el árbol malo no podrá dar frutos buenos,*[3] y quien conoce las dependencias de la Mansão do Caminho y su funcionamiento podrá deducir la bondad y el amor que deben caracterizar a los directores de tan noble Institución, bajo el comando de nuestro querido Divaldo y en ese entonces, el afable tío Nilson. Al finalizar tomé unas fotos de Divaldo y aparecieron las respuestas. Los Espíritus superiores, bajo la directriz segura de Joanna de Ângelis, asisten a Divaldo Franco para lograr la Calidad Total en sus labores, por su fidelidad doctrinaria y dedicación incondicional para la felicidad del ser humano y fue así que pude constatar a través de esta fotografía "las manos que asisten a Divaldo".

---

1. KARDEC, Allan. *El Libro de los Médiuns.* 11. ed. Traducción de Salvador Gentile y Alipio González Hernández. São Paulo: Instituto de Difusão Espírita, 2004. Capítulo XX – Influencia moral del médium, ítem 226.
2. Idem, ítem 227.
3. Mateo, 7:18 (notas de la Editora).

As mãos que ajudam Divaldo

Certo dia, em dezembro de 2008, quando assistimos às jornadas do 11º Movimento Você e a Paz, em Salvador, Bahia, Brasil, fui convidado por nosso querido Divaldo para me hospedar na Mansão do Caminho, a fim de que, dessa forma, pudesse apreciar melhor os labores desenvolvidos nessa Instituição, pois na convivência é onde se pode realmente apreciar o trabalho realizado por esse Espírito luminar encarnado na atualidade entre nós.

As jornadas foram memoráveis, iniciando no dia 11, no município de Camaçari; dia 12, no bairro do Pau Miúdo; no dia 14, no Dique do Tororó; dia 15, no bairro de Periperi; dia 17, no bairro da Saúde e finalizando na Praça do Campo Grande, no dia 19 de dezembro, data institucionalizada pela egrégia Câmara Municipal de Salvador como o Dia do Movimento Você e a Paz. O MVP iniciou-se no ano de 1998, com a participação de 5 mil pessoas, no ano seguinte foram mais de 10 mil e hoje participam aproximadamente 25 mil pessoas.

No dia 22 de dezembro, acompanhamos Divaldo ao Encontro de Funcionários da Mansão do Caminho, marcado para as 8h30. Recordo que o querido irmão Adilton Pugliese, diretor doutrinário do Centro Espírita Caminho da Redenção e diretor do setor de Recursos Humanos da Mansão do Caminho, estava proferindo um seminário sobre "Qualidade Total". Relatando que esse tema era sua especialidade quando trabalhava como funcionário do Banco do Estado da Bahia (BANEB), ele comentou que nunca concebeu uma pessoa que pudesse resumir, em si, o conceito de Qualidade Total, até que veio trabalhar na Mansão do Caminho e conviver com Divaldo. Manifestou que Divaldo trabalha com sem erros, não se equivoca, com ele não há pressa, não age por impulso, reflete algumas vezes sobre cada situação antes de tomar uma decisão e sobretudo tem a coragem de fazer sempre o que é correto, apesar de seus desejos. Acrescentou ainda que Divaldo é o que poderíamos chamar um educador por excelência.

Então, pus-me em um diálogo mental: – *Será que é somente Divaldo ou são os Espíritos que o ajudam a conseguir essa Qualidade Total?*

Então, recordei os trechos de *O Livro dos Médiuns*, de Allan Kardec, nos quais se afirma que:

> Os Espíritos que considerais como personificações do bem não atendem de boa vontade ao apelo dos que trazem o coração manchado pelo orgulho, pela cupidez e pela falta de caridade.[4]

E:

> As qualidades que, de preferência, atraem os bons Espíritos são: a bondade, a benevolência, a simplicidade de coração, o amor do próximo, o desprendimento das coisas materiais.[5]

E foi o Mestre Jesus quem nos disse que *pelo fruto se conhece a árvore, porque uma árvore boa não pode dar maus frutos e a árvore má não poderá dar frutos bons*,[6] e quem conhece as dependências da Mansão do Caminho e seu funcionamento pode deduzir a bondade e o amor que caracterizam os diretores de tão nobre Instituição, sob o comando de nosso querido Divaldo e, naquela ocasião, do afável tio Nilson.

Ao finalizar, tirei algumas fotografias de Divaldo e apareceram as respostas.

Os Espíritos superiores, sob a diretriz segura de Joanna de Ângelis, assistem Divaldo Franco para conseguir a Qualidade Total em seus labores, por sua fidelidade doutrinária e dedicação incondicional para a felicidade do ser humano, e foi assim que pude constatar através desta fotografia "as mãos que ajudam Divaldo".

---

4. KARDEC, Allan. *O Livro dos Médiuns*. 81. ed. – 1ª reimpressão (Edição Histórica). Tradução de Guillon Ribeiro. Brasília: FEB, 2013. Capítulo XX – Da influência moral do médium, item 226.
5. Idem, item 227.
6. Mateus, 7:18 (notas da Editora).

O tempo sem tempo de Divaldo Franco

O dia 5 de maio de 2012 amanhece. Na Mansão do Caminho, na cidade de Salvador, o Sol vence as sombras da madrugada e lentamente preenche todos os espaços, com o seu brilho habitual.

Divaldo Franco, no silêncio de seu gabinete de trabalho, reflete. Mal amanheceu, e ele está desperto, após uma noite quase insone. Desde a véspera, as lembranças assomaram à sua mente, afinal está completando 85 anos de sua atual reencarnação e, mais do que nunca, quase por um automatismo, vê diante de si, na tela mental, cenas e mais cenas de sua vida, como num caleidoscópio cujo início o leva de volta ao lar paterno.

E aqui estou eu, que escrevo este artigo, criando na minha imaginação o amanhecer desta data tão especial para todos nós, o aniversário de uma pessoa tão querida e amada pelos amigos que granjeou nos mais de 65 países[1] que percorreu, levando a sua palavra plena de paz, de sabedoria e de amor, pregando o Evangelho do Cristo e a Doutrina dos Espíritos. Ali está o baiano Divaldo Pereira Franco, enquanto as cenas se desenrolam em sua mente.

É uma viagem notável, iniciada na infância, quando a mediunidade despontou em sua vida atual. As dificuldades se foram somando no decorrer das vivências familiares, culminando com a desencarnação de sua irmã Nair e de outras dolorosas provações que os pais, D. Ana e Francisco Franco, enfrentaram com fé em Deus e a certeza de Sua Misericórdia. Em meio às ocorrências familiares, o menino Divaldo ia experimentando os primeiros indícios da mediunidade.

---

1. Em números atuais, a soma chega a um total de 70 países (nota da Editora).

Um salto no tempo e eis Divaldo, já adulto, tendo sido orientado, quando ainda no aconchego familiar, por pessoas que o conduziram pelos caminhos da sua iniciação ao Espiritismo e à prática equilibrada da mediunidade. Ele se vê no trabalho profissional, às voltas com a dupla vista que, sendo-lhe tão natural, é algo estranho para os demais. Um desfile de amigos especiais, companheiros das primeiras horas que ali estão e, ao revê-los no painel da mente, um sentimento de saudade o envolve, convocados que foram, à época, para colaborar no processo de construção da sua obra missionária. Neste momento preciso, chega também Nilson de Souza Pereira, o amigo das eras longínquas, pelas mãos da própria Joanna de Ângelis.

Em suas reminiscências, Divaldo retorna à emoção vivida no dia 5 de dezembro de 1945, quando a mentora Joanna de Ângelis, que anteriormente ele não identificara, apresenta-se, e pela primeira vez ele a vê conscientemente, em sua beleza radiosa, ela, que o acompanha e orienta desde os tempos imemoriais, tanto quanto a imensa família espiritual que ela vem agregando através das eras.

Em breve fundam o Centro Espírita Caminho da Redenção, no dia 7 de setembro de 1947. Meses antes, o jovem baiano, então com 20 anos, inicia a sua trajetória como orador. São 65 anos transcorridos, que perpassam vivos em sua memória, quando um dia, hesitante e inseguro diante de um público que aguardava o seu pronunciamento, ouviu uma voz a dizer-lhe: – *Fala! Falaremos por ti e contigo!* Era dia 27 de março de 1947, na cidade de Aracaju (SE), e ali estava o Espírito Humberto de Campos, convidando-o a iniciar a sua missão de pregar o Espiritismo e o Evangelho de Jesus. Ele se levantou e falou! E nunca mais parou. Muitas vezes, nestes 55 anos de nosso abençoado convívio, ouvi Divaldo mencionar que, acima de tudo, queria falar de Jesus para as pessoas. Ele revê os detalhes de todas as programações, sempre antecipadamente preparadas sob a égide de Joanna de Ângelis, que convida, inclusive, os Espíritos protetores de cada país, ensejando um tempo para que transmitam mensagens que Divaldo psicografa nos hotéis ou lares onde se hospeda, nos intervalos dos compromissos e atividades, porque a missão transcende o plano físico e adentra o espaço espiritual de cada país.

De repente, no rio das recordações, surge a Mansão do Caminho, e Divaldo sente, como outrora, a emoção do instante em que teve a visão extraordinária da obra, que seria um marco em sua vida. Ali estava ele, na vidência psíquica, idoso, cercado de crianças, vivendo por antecipação o trabalho que deveria realizar, numa projeção mental realmente notável que Joanna de Ângelis lhe proporcionou. Pouco tempo depois da visão, atendendo ao chamado, surge a Mansão do Caminho, no bairro de Pau da Lima, em Salvador (BA) – o calendário assinala o dia 15 de agosto de 1952.

As cenas mentais que o fio da memória rebobinava começam agora a se sobrepor e a se misturarem: viagens, países, livros psicografados, pessoas, público, auditórios superlotados; milhares de crianças na Mansão, que estudam, que crescem, crianças que nascem na Mansão e cujo primeiro choro é música celestial; trabalhos dia e noite, reuniões mediúnicas, entrevistas, passes em enfermos, estudos contínuos; amigos, muitos amigos, multidão de amigos, conversas em várias línguas nas ruas do mundo, enquanto passa, qual cometa luminoso e itinerante; milhares de pessoas, milhões de pessoas, livros e livros, compromissos, Espíritos que desfilam através de sua mediunidade, dores que sua palavra aliviou, curas espirituais; Espíritos nobres que o cercam, Movimento Espírita, Dr. Bezerra de Menezes, Manoel Philomeno de Miranda, Amélia Rodrigues, Joanna de Ângelis e muito mais.

Divaldo se enternece. Olha, através da janela, os jardins floridos, o Recanto de Joanna, com suas frondosas árvores, as salas de aula, o ginásio de esportes, o centro médico – onde médicos, dentistas e enfermeiros atendem ao bairro –, o lar das idosas, a gráfica, as construções que foram surgindo, o Centro Espírita Caminho da Redenção – onde Nilson assinalou o pórtico com o símbolo que relembra as mãos em oração –, a lanchonete, a livraria, a enorme cozinha e todas as suas dependências, o lindo refeitório onde se reúnem os trabalhadores, as centenas de voluntários, o memorial, salas e mais salas para a administração desse imenso complexo que alguém denominou (e realmente é) de *A Mansão do Amor* e, por fim (pelo menos por enquanto), a casa de parto! Pelas alamedas floridas e pelas ruas da Mansão paira a certeza de que é possível criar aqui na Terra um recanto de paz e fraternidade, no qual o pensamento de Jesus e Sua Mensagem de Amor sejam vividos ali, a cada dia.[2]

Parabéns, Divaldo Franco! Você faz aniversário, mas quem recebe os presentes somos nós. Você vem e entrega a cada um o mimo especial da sua presença, da sua palavra plena de sabedoria e amor, sempre amiga e afetuosa, e dessa alegria irradiante que a todos contagia. Quando você se despede e se vai para cumprir outros compromissos, o seu psiquismo perdura numa vibração superior, deixando em todos a sensação de um novo tempo, que começa agora.

No tempo sem tempo, Divaldo caminha semeando estrelas que cintilam no seu rastro.

---

2. A Mansão do Caminho abrange nos dias atuais:
A Casa de Parto Normal Marieta de Souza Pereira, que já realizou mais de 1,8 mil partos.
O Lar Fabiano de Cristo – Casa da Cordialidade, que dá assistência a 200 famílias socialmente recuperáveis, com oficinas de ocupação, de geração renda e orientação sociofamiliar (mais de 160 mil retirados da pobreza).
A Policlínica Dr. José Carneiro de Campos, com assistência médica, odontológica, psicológica e laboratório de análises clínicas, atendendo a mais de 25 mil pessoas/ano.
A Caravana Auta de Souza, que ampara 300 famílias carentes, abrangendo idosos e pessoas com doenças degenerativas e consideradas irreversíveis.
A Biblioteca Joanna de Ângelis, que possui cerca de 6 mil títulos, com mais de 100 livros raros, alguns em braille, para servir aos alunos, funcionários e público em geral.
O Parque Gráfico Editorial, composto pela Gráfica Alvorada, Editora LEAL, Estúdio de Gravações e Livraria, que distribui e vende toda a produção (mais de 350 mil/ano).
O Grupo de Ação Comunitária Lygia Banhos, no qual 60 colaboradores fazem visitas às comunidades carentes dos bairros de Pau da Lima, Cajazeiras e São Marcos, distribuindo cestas básicas e desenvolvendo atividades pedagógicas, recreativas e de evangelização.
O Núcleo de Psicologia, onde se faz terapia psicológica comunitária.
A Creche "A Manjedoura", que atende 150 crianças de 2 meses a 3 anos de idade, das 7h às 17h, sob orientação de pediatra, nutricionista, assistente social, enfermeira etc.
A Escola Alvorada Nova, onde estudam 150 crianças de 4 a 6 anos em tempo integral, com acompanhamento médico e odontológico.
O Jardim de Infância Esperança, que atende crianças de 3 anos, fornecendo fardamento, alimento, atendimento médico e material didático pedagógico, além de atenção educativa e recreativa compatível com a idade.
A Escola Jesus Cristo, com mais de mil alunos em 30 classes da 1º ao 8º ano.
A Escola de Informática, substituta da de datilografia, com cerca de 600 alunos, realizando o curso básico e de manutenção de computadores, além de diversas oficinas profissionalizantes.
A Biblioteca Infantojuvenil Amélia Rodrigues, que possui mais de 4,5 mil obras com temas do imaginário infantil (nota da Editora).

O roteiro de luz de Divaldo Franco

Seu roteiro de luz é inigualável.
A importância dele só é comparável às jornadas de Paulo indo aos gentios para falar de Jesus e da Boa-nova, enfrentando os desconhecidos terrenos das incompreensões humanas.

Quase 2 mil anos depois, assim também procede Divaldo Franco.

Mais do que voar de um continente ao outro, mais do que percorrer de carro ou de trem as vias feitas pelo homem, ele viaja pelas estradas dos corações humanos, semeando as palavras de vida eterna.

São sementes de luz que iluminam a noite da ignorância, que ainda predomina.

Setenta países, nos cinco continentes, falando de Jesus, pregando o Evangelho e difundindo a Doutrina Espírita.

Fatos espirituais esplêndidos ocorreram durante todo o magnífico roteiro.

Enquanto pessoas de diferentes nacionalidades percorrem as mais diversas distâncias para estar com ele, enquanto caravanas de encarnados se deslocam de um país a outro para vê-lo e ouvi-lo, a movimentação no Mundo invisível também acontece, pois caravanas espirituais se fazem presentes e os guias tutelares dos países as presidem, pois foram antecipadamente contatados pela mentora Joanna de Ângelis.

Em cada país se agregam outros Espíritos para acompanhá-lo e sustentá-lo, porque a Humanidade precisa dessa mensagem, da qual ele é o arauto.

Foi no ano de 1959 que Divaldo Pereira Franco veio pela primeira vez a Juiz de Fora (MG), a nosso convite, em nome da Mocidade Espírita João de Deus, do Centro Espírita Ivon Costa. Tudo era bem diferente naqueles tempos, e as palestras eram realizadas nos centros espíritas. Entretanto, a nossa Mocidade inovou e conseguimos permissão para realizar a terceira palestra dele no antigo Cine Popular, que ficava na Av. Getúlio Vargas.

No dia da palestra, nós, que formávamos um grupo de jovens da referida Mocidade, fomos à tarde preparar o palco e o ambiente, fazendo preces para que a psicosfera do local se tornasse propícia ao evento.

E assim começaram as visitas anuais de nosso amigo Divaldo Franco à Juiz de Fora. Ao longo dos anos ele proferiu palestras e seminários em diversos locais, inclusive em muitos centros espíritas, nos salões do Sport Clube, muitas vezes no Centro Cultural Pró-Música, no Clube Tupinambás, no Cine-Theatro Central e agora no M-Hall pela segunda vez.

A cada retorno das viagens, encontra na Mansão do Caminho a sustentação e reabastecimento das energias, enquanto se dedica, nesse oásis de amor que ele e o inesquecível amigo Nilson de Souza Pereira construíram, às inúmeras responsabilidades inerentes a uma obra desse porte.

Nos poucos dias em que permanece no lar, desfruta da alegria de rever as mais de 3.000 crianças atendidas diariamente, durante toda a semana, nos diversos cursos que a Mansão oferece.

Para o seu coração é uma felicidade saber que a cada uma dessas crianças é servida três refeições e ainda levam para casa pães e leite, saber que são servidas 12 mil refeições diárias, ver as Escolas de ensino fundamental e de ensino médio em pleno funcionamento, além de diversos cursos profissionalizantes. E ainda mais: o centro médico e odontológico, o laboratório de análises clínicas, a casa dos idosos e a Caravana Auta de Souza, a qual presta atendimento a doentes terminais.

De sentir a satisfação de ver, da janela do seu escritório, o prédio do Centro de Parto Normal, inaugurado há três anos, onde já nasceram neste período 1.400 bebês. O CPN conta com uma equipe multidisciplinar que atende às gestantes que terão parto normal. Atualmente nascem em média 50 bebês por mês, com atendimento totalmente gratuito, e as mães, quando saem levando o filhinho recém-nascido nos braços, levam também a sua certidão de nascimento.

Em meio a tantas responsabilidades, Divaldo ainda encontra tempo para exercer outro aspecto de sua missão: a psicografia. Hoje são mais de 200 livros psicografados, de mais 210 autores espirituais de obras completas e de diversas mensagens.

Essa portentosa e magnífica obra tem como orientadora a veneranda mentora Joanna de Ângelis, que sabemos ser um dos guias espirituais da Humanidade.

Transpor o portão da Mansão do Caminho leva-nos a imaginar que o mundo regenerado é uma realidade feliz, onde o amor, a solidariedade e a paz estão presentes, prenunciando o futuro que todos almejamos.

Aos 87 anos, Divaldo cumpre integralmente a missão que lhe foi confiada, sem esmorecer diante dos obstáculos, com o mesmo entusiasmo de sempre, e, quando o "doce pássaro da juventude" entretecia-lhe os dias terrenos, alçou o primeiro voo em direção ao ideal maior que sempre o inspirou.

O próprio Divaldo menciona que:

> A nossa tarefa é ajudar sempre, pois nunca sabemos quando a semente vai germinar. Então, saiamos a semear. Que elas caiam onde caírem. As que ficarem aparentemente perdidas no asfalto, nas pedras e na terra sáfara, serão resgatadas por uma apenas que encontre terra boa. (...) O que importa é semear, porque o resultado da colheita é de Deus. (*O Semeador de Estrelas*, capítulo 26, p. 192.)

Parabéns, Divaldo, pelos seus mais de 55 anos em nossa cidade, pela sua vida de total dedicação à Humanidade. Você assinala um novo tempo, tempo que se abre para uma mudança completa em nosso planeta e em nossas vidas. Especialmente essa Nova Era que já se anuncia, de paz, de fraternidade e de amor.

Receba a gratidão e o afeto de todos os seus amigos juiz-foranos, de todos os que você beneficiou ao longo de mais de 70 anos de dedicação a Jesus e ao próximo.

Depoimento de Enrique Baldovino

Câmara Municipal de Foz do Iguaçu outorga a Divaldo Franco o Título de Cidadão Honorário

No transcurso de quase sete décadas de vida apostolar, convivendo com o público que deve totalizar milhões de pessoas, nos cinco continentes, Divaldo Pereira Franco recebeu inumeráveis homenagens, centenas de placas, medalhas, títulos honoríficos que, de certa forma, além de expressarem o sentimento de gratidão, espelham igualmente o brilhantismo do seu ministério apostolar de trazer Jesus de volta aos corações e mentes humanas, através das luzes do Espiritismo. A pregação que realiza é sustentada e fortalecida por uma vivência absolutamente consentânea com tudo o que fala e transmite à Humanidade.

Neste livro o foco é a fulgurante mediunidade de Divaldo Franco, alicerçada na sua vida exemplar. Assim, não relacionamos detalhes das viagens, das palestras, dos títulos recebidos. Entretanto, registramos o discurso que Enrique Eliseo Baldovino apresentou na solenidade de homenagem a Divaldo Franco, uma síntese biográfica que bem retrata a trajetória luminosa do médium, orador e educador baiano, cujo texto, após tomar conhecimento de que havia sido publicado na revista *Presença Espírita*, solicitei ao autor, por ser um excelente depoimento e resumo para este livro. Vejamos o relato em sequência.

Com a palavra, Enrique Eliseo Baldovino.

Depoimento de Enrique Eliseo Baldovino

Na quarta-feira, 29 de julho de 2009, no Centro de Convenções do Hotel Foz do Iguaçu, às 10h, teve lugar a sessão solene da entrega do Título de Cidadão Honorário de Foz do Iguaçu ao médium, educador e conferencista espírita Divaldo Pereira Franco, por parte da Câmara Municipal de Foz do Iguaçu (PR), que lhe concedeu o merecido título de cidadania pelos relevantes serviços prestados à Terra das Cataratas, desde a sua primeira visita, em 23 de julho de 1968.

Compondo a mesa diretora dos trabalhos, registramos a presença do presidente da Federação Espírita do Paraná (FEP), Sr. Francisco Ferraz Batista; do vereador proponente do Título Honorífico, Sr. Hermógenes de Oliveira; do presidente da Câmara Municipal, Dr. Carlos Juliano Budel; e do Sr. Sóstenes Carvalho Cornélio, presidente da 13ª União Regional Espírita (URE).

Foi-nos passada a palavra, em nome dos espíritas de Foz do Iguaçu e do Departamento de Divulgação da 13ª URE, a fim de fazer a leitura da biografia do ilustre homenageado, Divaldo Pereira Franco, conforme o cerimonial da própria Câmara Municipal. Após as saudações de praxe às autoridades presentes, ao querido homenageado e ao público presente, fizemos o pronunciamento a seguir.

Palavras de gratidão a Divaldo Pereira Franco

Oportunamente, o grande cientista Albert Einstein disse as seguintes palavras a respeito do inesquecível líder pacifista Mohandas Karamchand Gandhi: *As gerações futuras terão dificuldade em acreditar que tenha passado pela Terra um homem do quilate do Mahatma.* Parafraseando Einstein, nós, salvando as devidas distâncias, poderíamos dizer sobre Divaldo Pereira Franco: *As gerações vindouras terão dificuldade em acreditar que uma alma da grandeza moral e espiritual deste educador, médium e orador baiano tenha viajado tanto pela Terra em roteiros de difusão doutrinária, divulgando e vivendo o Espiritismo com excelência, conduzindo o estandarte da paz pelo mundo afora e servindo ao próximo por amor a Jesus e a Allan Kardec.*

O HOMEM DA VIVÊNCIA DA PAZ

Nomeado Embaixador Internacional da Paz, em 2005, pela Ambassade Universelle pour la Paix, na Suíça, embaixada sediada em Genebra – capital da Organização Mundial da Paz –, Divaldo Pereira Franco continua levando a mensagem da não violência por todos os cantos do planeta, incansavelmente, sendo esta uma das suas virtudes veneráveis: o infatigável trabalho no Bem. O comunitário Movimento Você e a Paz, que dirige e inspira há vários lustros, em várias partes do Brasil e do mundo, credencia-o sobejamente a este título internacional de 205º Embaixador da Paz, pelo seu exemplo de coragem e de amor às criaturas humanas.

Entre outras homenagens internacionais concedidas a Divaldo Franco, destacamos a entrega do título de Doutor *Honoris Causa* em Humanidades, em 1991, pela Universidade de Concórdia, em Montreal, no Canadá. Em 1997, a Presidência da República Federativa do Brasil outorgou-lhe a Ordem do Mérito Militar pelos relevantes serviços prestados à União. Em 2002, recebeu da Universidade Federal da Bahia o título de Doutor *Honoris Causa* pela sua valiosa contribuição social a este estado. Também concederam a Divaldo Franco a Comenda Chico Xavier, por parte da egrégia Câmara Municipal de Pedro Leopoldo, em Minas Gerais, entre mais de 750 homenagens pelo Brasil e pelo mundo.

O HOMEM DOS LIVROS

Outra tarefa de paz do educador, médium espírita e conferencista Divaldo Franco, por meio do esclarecimento e do consolo proporcionados pelo Espiritismo, tem sido a recepção mediúnica de mais de 200 livros, até esta data (29/7/2009).

Desses livros, 93 títulos já foram traduzidos para 17 idiomas, obras ditadas por centenas de Espíritos de luz, responsáveis pela regeneração da Humanidade, livros que atingem atualmente a expressiva marca de 8,5 milhões de exemplares vendidos. O venerando Espírito Joanna de Ângelis, que vem sendo fiel a Jesus desde os tempos do Cristianismo primitivo, coordena os trabalhos psicográficos de Divaldo Pereira Franco e é autora de dezenas de títulos doutrinários por seu intermédio.[1]

O HOMEM DO CAMINHO

A renda resultante da venda desses livros é continuamente doada para a manutenção das Obras Assistenciais Mansão do Caminho, onde diariamente Divaldo e equipe atendem e educam, em regime integral, mais de 3 mil crianças e jovens socialmente carentes, junto das suas famílias, no bairro de Pau da Lima, em Salvador, Bahia, primorosa organização de benemerência que possui 55 edificações, com 27 atividades socioeducativas, entre outras, a saber:

Enxovais, pré-natal, Casa de Parto Marieta de Souza Pereira, creche, jardim de infância, três escolas de ensino básico e uma de nível médio, informática, balé clássico, cerâmica, panificação, costura e bordado, reciclagem de papel, bibliotecas, centro médico, laboratório de análises clínicas, farmácia comunitária, atendimento a idosos e de pessoas inválidas portadoras de doenças irrecuperáveis e degenerativas, e ensino profissionalizante que dignifica à criatura humana.

Mais de 37 mil crianças – quase a população da cidade irmã de Medianeira – passaram até hoje pelos vários cursos e oficinas da Mansão do Caminho, desde a sua fundação, em 1952. Com paciência e muita humildade, Divaldo Franco leva adiante essa ingente tarefa socioeducacional com a ajuda de uma competente equipe de colaboradores e voluntários, humildade que Divaldo sempre costuma exemplificar, mantendo acesa a chama do seu ideal e do seu lema que diz: *Nunca devemos nos distanciar dos ideais de Francisco de Assis*. Essas são também as palavras vivenciadas pelo estimado confrade Nilson de Souza Pereira (206º Embaixador da Paz), *alter ego* do homenageado Divaldo Pereira Franco.

---

1. Atualmente são quase 300 livros publicados, mais de 100 livros traduzidos para 17 idiomas e os números de exemplares vendidos passam de 10 milhões (nota da Editora).

O HOMEM DA ORATÓRIA

Além da psicografia, que começou para ele no fim da década de 1940, Divaldo dedica-se também à oratória espírita, perfazendo com grande abnegação o incrível recorde de 12 mil conferências e seminários proferidos em 2,5 mil cidades de 65 países dos cinco continentes. Tudo isso e muito mais ele vem realizando há 62 anos, sem interrupção, viajando por inúmeras pátrias como cidadão do mundo, levando a mirífica mensagem da Doutrina Espírita a milhões de almas que o escutam, sedentas de paz e de conforto espiritual.

Na seara dos meios de comunicação, a oratória de Divaldo tem semeado Espiritismo a mancheias em aproximadamente 500 emissoras de rádio e televisão, concedendo mais de 1,2 mil entrevistas na mídia gráfica, e agora pela *Internet*. Expôs também o pensamento espiritista em câmaras municipais e estaduais, no Congresso Nacional e em diversos organismos internacionais, como a Organização Mundial de Saúde e de Saúde Mental, Organização de Anistia Internacional, Organização dos Direitos Humanos, grupos de paz e de serviço, quais a Maçonaria, o Rotary, os Lions, os Amigos da Cidade, a Cruz Vermelha Internacional e outros organismos mundiais, por exemplo a ONU, a UNESCO etc. Tem também recebido de instituições de todo o mundo inumeráveis homenagens (mais de 750), entre placas, medalhas, diplomas, títulos de cidadão honorário etc., havendo humildemente transferido todas essas homenagens para os anais da Doutrina Espírita e para os trabalhadores do Movimento.

E foi o próprio Divaldo quem disse, em outras palavras: *Enquanto o permitam as forças do meu corpo físico, continuarei viajando e divulgando a mensagem veneranda do Espiritismo*. Esta é a grandeza moral do nosso querido médium baiano, incansável nos roteiros de divulgação doutrinária, apesar dos seus 82 anos de vida física.[2]

---

2. Aos 90 anos de idade, Divaldo Franco contabiliza 70 anos de oratória espírita, com viagens por 70 países, tendo realizado mais de 20 mil palestras, conferências, seminários, *workshops* e cursos. Já são mais de 800 homenagens recebidas, transferidas humildemente aos trabalhadores das casas de caridade, centros espíritas etc.
Quanto às entrevistas a emissoras de rádio e televisão, os números ultrapassam a marca de 1,5 mil (nota da Editora).

Primeira visita de Divaldo a Foz do Iguaçu, em 1968

Com referência à nossa Terra das Cataratas, o orador Divaldo Franco visita Foz do Iguaçu de forma ininterrupta, desde aquela terça-feira, 23 de julho de 1968, isto é, há exatamente 41 anos, quando veio em caravana de unificação à nossa cidade, junto do saudoso trabalhador espiritista Guaracy Paraná Vieira, que quando encarnado foi um baluarte da Federação Espírita do Paraná (FEP) como vice-presidente e conselheiro, dirigente que acompanhou Divaldo nos idos de 1968 na sua primeira viagem doutrinária ao oeste do Paraná. Ao retornarem ambos de Asunción, Paraguai, acompanhados também pelo pioneiro iguaçuense Antônio Savaris, Divaldo proferiu sua primeira conferência em Foz do Iguaçu (PR) naquela memorável e histórica data de 23/7/1968 e, um dia depois, fez sua primeira palestra no município de Cascavel (PR), escoltados pelos pioneiros cascavelenses Neusa e Remi Pietsch, juntamente com a família Favassa de Foz, sendo que, desde então, Divaldo nos prestigia sempre com a sua esperada presença em nossa região.

Hoje a história se repete: na entrega do Título de Cidadão Honorário de Foz do Iguaçu a Divaldo, estão aqui representados nossos irmãos espíritas de Asunción, da União Regional Espírita de Foz e de Cascavel, que são braços doutrinários da Federação Espírita do Paraná – cujo distinto presidente, Sr. Francisco Ferraz Batista, encontra-se presente nesta solenidade –, dando todos assim prosseguimento a outra geração de espíritas – os continuadores –, graças às sementes lançadas com tanto sacrifício por Divaldo e pelos valorosos pioneiros há mais de 40 anos.

"Pelos frutos se conhece a árvore"

Disse o Mestre Jesus no Evangelho de Mateus, capítulo 7, versículo 20: *Pelos frutos se conhece a árvore*. Realmente são muitos os frutos opimos de Divaldo Pereira Franco, baiano, de Feira de Santana, nascido em 5 de maio de 1927. Como vimos, essa portentosa árvore começou a dar grande parte dos seus frutos como educador, como médium, como conferencista, como embaixador da paz, vivenciando em todas as suas facetas a ínclita Mensagem do Cristo.

Estes e muitos outros mais são os frutos saborosos desta árvore veneranda que nesta manhã nos alberga e que a todos nós encanta pela sua simplicidade e sabedoria. Hoje, aos 82 anos de idade, é todo um símbolo do Movimento Espírita Mundial, é um homem profundamente admirado e respeitado pela opinião pública nacional e internacional, considerado, por milhões de pessoas, como um benfeitor da Humanidade.

Deus o abençoe, Divaldo!

O Divaldo não para! Na noite seguinte, após ter chegado de Foz, desde Asunción e de Ciudad del Este, no Paraguai, onde proferiu belíssimos seminários, o seu profícuo trabalho doutrinário continua ininterruptamente, desta vez na Sede Social do Clube União, da cidade de Medianeira (PR), às 20h30min, rumando logo para Cascavel, onde amanhã proferirá conferência, às 20h, na Associação Atlética Comercial, e assim por diante, incansavelmente. Passam as décadas, e o nosso Divaldo continua percorrendo, sem queixas e sem pausa, os caminhos que o Cristo o convidou a andar em Seu nome.

Nobre Divaldo, muitíssimo obrigado, estimado amigo e irmão, pelos relevantes serviços prestados à Humanidade, à Causa Espírita e, em particular, à nossa querida Foz do Iguaçu nestes 41 anos ininterruptos de estreita convivência. Receba, como sincero reconhecimento e preito de infinita gratidão, o merecido Título de Cidadão Honorário de Foz do Iguaçu, das mãos do presidente da egrégia Câmara Municipal de Foz, Sr. Carlos Budel, em nome de todos os espíritas iguaçuenses que tanto o amamos. Caríssimo Divaldo, muito obrigado por tudo, e que Deus o abençoe!

Discurso generoso de Divaldo Pereira Franco

Finalmente tomando a palavra, Divaldo Franco, o homenageado, agradeceu a honraria de ser o mais novo cidadão honorário de Foz do Iguaçu, declarando, emocionado, que não a merecia, mas que a aceitava como estímulo e incentivo, dedicando a distinção a todos que o precederam, principalmente à Federação Espírita do Paraná.

Após contar a comovente história de Selma Lagerlöf, que impactou todos pela sua beleza e humildade, quando a notável escritora sueca não sabia o que dizer ao ser chamada para receber o Prêmio Nobel de Literatura, em 10/12/1909, em Estocolmo, tendo ela um sonho com os seus próprios antepassados – verdadeiros artífices dos contos premiados de Selma –, Divaldo parafraseou Lagerlöf dizendo que não merecia o título, emocionando sobremaneira os vereadores e o público presente à solenidade.

Em um discurso de luz, sob profunda emoção do auditório e em gesto nobre e generoso, o educador baiano transferiu o Título de Cidadania de Foz para os trabalhadores da Federação Espírita do Paraná, encerrando-se assim a sessão solene da entrega do Título de Cidadão Honorário de Foz do Iguaçu a Divaldo Pereira Franco, evento que ficará para sempre gravado em nossos corações.

ENRIQUE ELISEO BALDOVINO é escritor e tradutor do francês e do português para o espanhol de 15 obras doutrinárias de Kardec, Chico Xavier, Divaldo Franco, Raul Teixeira, etc. Faz parte do núcleo de tradutores do Conselho Espírita Internacional (CEI) e é também tradutor da *Revista Espírita*, de Allan Kardec, a única obra kardequiana que ainda não havia sido traduzida para o idioma de Cervantes, tarefa que continua desenvolvendo volume por volume.
É articulista em várias revistas e jornais espíritas e não espíritas, nacionais e internacionais. Residindo há mais de 25 anos em Foz do Iguaçu, atua no Movimento Espírita estadual e regional como diretor de divulgação doutrinária do Centro Espírita Allan Kardec, de Sta. Terezinha de Itaipu (PR).

Amanhecer de uma nova era

A promessa do amanhecer, que se realiza a cada dia, afugenta as sombras da noite aos seus primeiros fulgores.

Enquanto a escuridão aparentemente impera, tem-se a impressão de que não há outra perspectiva senão a das sombras. Entretanto, percebem-se pontos de luz aqui e ali, renovando a expectativa do que virá.

É assim que, sem aviso algum, um clarão maior se delineia no horizonte e, em poucos minutos, as sombras se diluem, porque o amanhecer se anuncia e nada pode detê-lo.

Este é o nosso momento na Terra em trânsito para um amanhecer de luz e paz.

A noite sombria da maldade, do desequilíbrio, da loucura parece não ter fim, como se o seu fosse o império das trevas, embora surjam os pontos de luz, de claridade, que se expandem atestando o inexorável instante do perene alvorecer, assinalando um novo tempo para a Humanidade.

A transição planetária está em curso e obedece à Lei do Progresso, conforme estatui *O Livro dos Espíritos*.

O ser humano, despertando do seu sono hibernal dos milênios, aos poucos deixa a horizontalidade da vida, encetando a busca superior da verticalidade.

Eis o momento decisivo, já não há mais tempo. A mudança é irreversível. Todavia, um sopro renovador, forte, poderoso se faz sentir:

são as presenças dos Espíritos de luz, oxigenando as densas brumas que teimam em permanecer, abrindo clareiras ensolaradas por todo o orbe terráqueo. Entre estes está um vulto querido dos espíritas, Manoel Philomeno de Miranda, autor espiritual de diversos livros que discorrem sobre trabalhos realizados no Plano superior e que desde o ano de 2010 tem falado à Terra sobre as transformações que o planeta vem passando, no intuito de esclarecer, instruir e alertar todos os que estão sintonizados e anelando por um porvir melhor.

No final de 2010, o citado autor espiritual, em parceria com o médium Divaldo Franco, escreveu um dos mais importantes livros dos últimos tempos, *Transição planetária*, o qual tive o cuidado de pesquisar a fundamentação doutrinária que o alicerça, pesquisa essa que publiquei, à época, em artigo, evidenciando assim a sua integral consonância não apenas com a Codificação Kardequiana, mas igualmente com outros autores espirituais, como Emmanuel, Joanna de Ângelis, Bezerra de Menezes, com escritores clássicos, qual Léon Denis, e, ainda mais, com o sermão profético de Jesus.

Recentemente, em outubro de 2012, a mesma dupla – o autor espiritual Manoel Philomeno de Miranda e o médium Divaldo Franco – brindou o Movimento Espírita com um novo livro, intitulado *Amanhecer de uma nova era*, que desdobra e complementa o *Transição planetária*, seu antecessor.[1]

O autor relata uma programação espiritual de alta significação, presidida pelo nobre Dr. Bezerra de Menezes, que, com uma equipe de benfeitores espirituais, composta por Eurípedes Barsanulfo, José Petitinga, Jésus Gonçalves e outros, atende a intrincados e graves processos obsessivos que vão sendo deslindados gradativamente.

É notável, sob todos os aspectos, a importância dessa obra, que apresenta uma abordagem de elevado teor espiritual, como é apanágio dos Espíritos de escol, propiciando reflexões profundas ao analisar o panorama mundial da atualidade, suas causas e consequências.

---

1. Em 2015 foi lançada uma nova obra ditada pelo Espírito Manoel Philomeno de Miranda e psicografada por Divaldo Franco, intitulada *Perturbações espirituais*, também publicada pela Editora LEAL, completando a trilogia (nota da Editora).

Casos de processos obsessivos sofridos e graves, decorrentes de infiltrações espirituais perturbadoras no Movimento Espírita, retratam a necessidade de trazer Jesus de volta às nossas casas espíritas, de mantermos o contato com os ensinamentos do Mestre, de buscarmos a vivência do Seu Evangelho, conforme Ele nos conclama: *Eu sou o caminho, a verdade e a vida, e ninguém vem ao Pai senão por mim.*

Um trabalho de impressionante atualidade é realizado numa cracolândia de grande cidade, mostrando as profundas e tristes mazelas humanas.

A obra apresenta algumas surpresas em relação à anterior, ensejando desfecho positivo diante dos meandros das obsessões gravíssimas e de longo curso, que não menciono aqui, a fim de permitir ao leitor a constatação por si mesmo.

É imprescindível, porém, ressaltar a presença, em algumas passagens, do iluminado Espírito Francisco de Assis, cujas intervenções sublimes elevam o padrão vibratório do leitor, trazendo-nos emoções superiores e de suavíssimas repercussões, enriquecendo-nos o psiquismo diante de tanta magnitude espiritual.

A você que está lendo este artigo quero dizer o seguinte: os dois livros citados são da maior importância nessa hora de tanta perplexidade, de dor e sofrimento que avassalam as criaturas.

Neles você encontrará ensinamentos elevados, sem jamais baixar o nível do discurso que abordam, os temas são tratados com respeito e amor, como convém às obras espíritas sérias e de conteúdo moral e espiritual, pois é este o legado de Jesus, que Allan Kardec transmitiu na sua essencialidade em toda a Codificação e que Espíritos benfeitores dão prosseguimento, numa excelência plena e absoluta, visando a abrir novos horizontes mentais, conscienciais e libertadores.

Se você, amiga ou amigo, quer entender e ampliar seus conhecimentos, se você tem como diferencial em sua vida o aprendizado de amar, como Ele exemplificou, se você quer iniciar uma nova etapa, libertando-se de aspectos depressivos, mágoas, ressentimentos, se procura a alegria de viver na solidariedade e fraternidade, se quer um mundo melhor, tudo, enfim, você encontrará no Espiritismo, que traz Jesus para o mundo atual, nas estradas dos sentimentos humanos.

Os autores espirituais, Espíritos de luz e orientadores da Humanidade, jamais descambam para a vulgaridade, para as questões que abordam aspectos frívolos, são sempre sérios, têm um discurso elegante, visando a modificar o padrão vibratório comum de grande parte da população mundial por meio dos conceitos que emitem, possibilitando novas formas-pensamento, hoje quase sempre cristalizadas nos vícios, perversões, ódio e degradação.

É fundamental abrir os livros aqui analisados, porque, enquanto você estiver conhecendo e aprendendo cada capítulo, mergulhando no universo que Manoel Philomeno de Miranda desvenda, *estará também, amanhecendo para uma nova era de luz e de paz em sua vida.*

Finalizando... ou começando?

Divaldo e o deus Huracán[1]

Divaldo narra seu inesquecível encontro com o deus Huracán

Em 1985, fui à Guatemala, e, após fazer a conferência lá, os confrades me disseram que a palestra do dia seguinte seria em Coatepec e que haviam feito uma larga propaganda para atrair umas seis mil pessoas.

– *Mas, em Coatepec, seis mil pessoas?* – indaguei.

– *Sim, irmão Divaldo, há um mês estamos viajando pelos vales, pelas montanhas, e o irmão vai falar ali, no* Palácio de Metal.

Eu comecei a imaginar a beleza do *Palácio de Metal*.

Tenho a mente muito entusiasta e logo imaginei alguma coisa de belo, como os palácios da Índia.

Quando chegou o dia, os confrades estavam entusiasmadíssimos com a minha palestra no *Palácio de Metal*.

– *Irmão* – disse-me um deles –, *toda a província de Coatepec virá para ouvi-lo.*

Viajamos 320 quilômetros e, quando chegamos perto, disseram-me:

– *Vamos esperar a comissão de recepção.*

Veio então a comissão, e entramos na cidade em caravana.

Eu imaginava a cidade de Coatepec, com o seu *Palácio de Metal* imponente e grandioso. Quando entramos, porém, constatei que era um lugar mais simples e menor do que eu esperava.

---

1. Capítulo apresentando anteriormente no livro *O Semeador de Estrelas*, de autoria de Suely Caldas Schubert, publicado pela Editora LEAL (nota da Editora).

O hotel onde me hospedei era quase todo de tábuas, ainda em construção.

Às quinze horas começou a chover, a relampejar, a trovejar. O presidente amigo me disse:

— *Aqui chove muito; é chuva tropical, dá aquela pancada e logo passa.*

Às dezessete horas, a chuva prosseguia. Ele voltou a afirmar-me:
— *Passará já.*

Às dezoito e trinta, a cena se repetiu, e ele garantiu-me que a chuva logo passaria. Eu me aprontei e, às dezenove horas, disse-lhe que já podíamos ir.

— *Ainda não. Só iremos quando faltarem quinze minutos, pois preparamos uma entrada triunfal. O irmão já imaginou quase sete mil pessoas aplaudindo a sua entrada?*

Tentei demovê-lo desse propósito, dizendo que preferia entrar por alguma porta lateral, pois fico constrangido quando tenho que passar pelo meio do povo a me aplaudir.

— *Não* — respondeu-me. — *Tudo está preparado; tem mestre de cerimônia, o salão mede setenta metros por dez.*

Fiquei a imaginar um salão assim, devia ser quase uma quadra. Mas a chuva prosseguia, torrencialmente.

Às dezenove e quarenta, saímos de carro. Quando chegamos a certa distância, tudo estava interrompido. As enxurradas eram como rios. Carroças, carros, ônibus, caminhões, tudo interditado. O meu anfitrião olhou para mim e falou:

— *O irmão trouxe guarda-chuva?*
— *Não, eu não sabia que ia chover.*
— *E se importa de se molhar? Porque não vamos conseguir ir até lá de carro.*
— *Não havendo alternativa...*
— *Então vamos correr.*

Quando desci do carro, a água me veio quase aos joelhos. Fomos andando pela rua, bem devagar, cercados de água e com a chuva caindo sobre nós. Então chegamos ao local. Quando eu parei para olhar o *Palácio de Metal*...

Era enorme e estava superlotado. Era, porém, um barracão de meia parede, e a chuva entrava por um lado quase saindo pelo outro. Em cima era de zinco, daí a razão do nome – *Palácio de Metal*. A chuva caindo sobre o zinco fazia um barulho de estremecer. O mestre de cerimônias falava ao microfone, e o povo permanecia firme.

– *É o irmão Divaldo!* – anunciou.

Entrei e foram muitas palmas. Fui sendo levado até o meu lugar. Sentei-me e olhei o público. E o que vi, me comoveu. Foi um dos dias mais belos da minha vida.

Ali estavam índios e mestiços guatemaltecos. Alguns haviam vindo desde mais de cem quilômetros de distância: a cavalo, de caminhão, de carruagem, de carroça, de ônibus para ouvir a mensagem. Mães com filhinhos às costas e um xale, como é comum na região, ali estavam, de pé. Não tinha um assento, todos paradinhos...

Cheguei ao palco e exclamei intimamente: – *Meu Deus!* – Comovi-me e fiquei envergonhado de mim próprio. – *O que vou dizer a eles, se não tenho o que dar. Se Jesus não vier, o que será de mim?* – conjecturei.

Havia, na cidade, um problema, porque o senhor bispo, à véspera, atacara duramente o Espiritismo e ameaçou de excomunhão a quem fosse assistir à palestra espírita. Esta seria irradiada. Os intelectuais, o bispo e as autoridades iriam ouvi-la em casa, certamente, mas aquele povo ali era modesto, semialfabetizado, simples de discernimento. Eu teria que falar para os críticos que ficaram em casa sem esquecer-me dos necessitados ali presentes.

Supliquei intimamente: – *Meu Deus, tenha misericórdia de nós! Se eu jamais fui inspirado, meu Jesus, hoje, por caridade para com eles, inspire-me. Eu afirmo que, a partir de hoje, irei mudar para melhor, procederei bem, para o Senhor me inspirar sempre sem que eu o peça.*

Comecei a orar. As lágrimas me corriam pela face. Olhei o público novamente. Havia próximo uma *indiazinha*, com imensa pureza, olhando-me como se eu fosse um totem.

Deram-me a palavra. Levantei-me, o microfone com defeito de transmissão, um som descontrolado.

Fechei os olhos para me concentrar, porque a zoada externa era terrível. Comecei a falar, a falar e a pedir intimamente: — *Meu Deus, pare a chuva!*

Falei sobre a imortalidade da alma, que é um tema universal.

De repente, ouviu-se um estrondo. Caiu um raio em algum lugar: faltou luz; pararam os sons, e eu me sentei; não podia continuar, porque a sala era muito comprida e, embora eu tenha a voz muito forte, não conseguiria fazer-me ouvir.

Eu fiquei sentado, mas ninguém saiu do recinto, nem mesmo a chuva. O silêncio era sepulcral. Vinte minutos depois voltou a luz fluorescente, voltou o rádio. Alguém disse alto: — *Continue!*

Mas eu me esquecera onde havia parado.

O presidente, então, falou: — *Irmão, estamos esperando.*

Eu me aproximei do microfone e, nesta hora, lembrei-me da parte em que parara.

Continuei a falar, mas com uma ternura diferente. Eu estava falando para as minhas necessidades espirituais. Descobri que me amava pela onda de amor que senti por aquele povo.

Prossegui, e, quando me preparava para a pré-tarefa de terminar, vi aparecer, à porta de entrada, um ser luminescente, estoico, em corpo espiritual, como nunca havia visto antes com tanta beleza. Parecia um deus da mitologia, mas era um deus asteca. Ele estava de torso nu, uma compleição robusta, parecendo ter dois metros de altura, uma perfeição; os olhos eram duas lâmpadas que me alcançavam. Sobre a cabeça havia um tipo de cocar especial, feito de plumas de quetzal, que é a ave nacional (de onde se originou a moeda), cuja plumagem da cauda chega a mais de 60 centímetros. É uma ave encontrada no México e na América Central, como em Coatepec, na Guatemala, e se nutre de frutos, sementes, pequenos insetos etc. O macho é lindo, a fêmea é pequenina, não tem a mesma plumagem. Ele me apareceu com tal adorno.

Joanna, então, alertou-me: — *Continue falando.*

Ele veio andando triunfalmente, se se pode falar, como se deslizasse. Comecei a ouvir uma música no ar. Uma melodia de ordem ritual, aquela melodia infinita, em muitas vozes, que balsamizava o ambiente.

Mas me esqueci de um detalhe: quando entrei, do lado esquerdo estava uma mulher deitada ao solo, visivelmente paralítica, no palco; e do lado direito estavam dois outros paralíticos, igualmente deficientes nas pernas e nos braços.

O Espírito veio vindo, chegou-se até mim e, naquela grandiosidade, disse-me:

– *Chamam-me Huracán; eu sou tido como o deus que criou o povo asteca. Sou teu amigo e teu irmão. Venho para encerrarmos a noite. Continua!*

A mente dele, entretanto, era tal, que a minha se inundou de inspiração e, dentro do tema da imortalidade, eu dizia, terminando:

– *Para vós não é estranho o tema da imortalidade, porque quando Huracán desceu à Terra, tomou do lodo do riacho para formar a raça asteca, soprou-lhe a imortalidade da alma...* – E comecei a contar a história do povo asteca, que não conhecia, mas que me chegava em clichês psíquicos transmitidos pelo Espírito.

Ele foi até a mulher paralítica e curvou-se, depois foi até o outro lado, curvou-se e chegou a mim, envolvendo-me por detrás, e me senti flutuar. Ele atravessou-me o corpo e, chegando naquele imenso corredor – eu já estava terminando o tema –, abriu os braços (necessitei de muita imaginação para entender), e por ideoplastia eu o vi numa forma cerimonial do povo: sobre a cabeça estava uma moldura de águia, nos dois braços cresceu uma plumagem, e ele, de repente, como uma seta, voou. Ao voar, naquela inclinada em direção ao infinito, deixou um rastro de luz, com os braços abertos, ficando sobre o povo uma imensa cruz dourada, flutuando no ar, que gotejava uma luz violácea ou dourado-prateada.

Eu terminei a palestra e percebi que as pessoas choravam. Notei cair sobre a multidão flocos de luz, e todos ficaram como que revestidos de um ectoplasma de luminescência invulgar. Sentei-me, fechei os olhos, e a chuva parou.

Nesse momento, eu disse a Joanna de Ângelis: – *Que pena, se a chuva tivesse parado antes...*

– *Meu filho, por que recalcitras? Tu achas que deves dizer a Deus o que fazer? Se choveu, havia uma razão. Esta região está invadida por lutas camponesas, pela guerra civil que ronda a Guatemala, provinda de El Salvador, da Nicarágua, de Honduras. Estas almas estão sendo aliciadas pelos fomentadores das guerras pelas terras. Elas não sabem o que é "direito de terras", mas estão sendo envenenadas para matar e morrer, e quando foi anunciada a palestra, o mentor da comunidade pediu aos céus para que uma tempestade varresse o ar, retirasse os miasmas...*

Eu me lembrei de *Obreiros da vida eterna*, de André Luiz, ao referir-se ao fogo purificador para limpar a psicosfera.

– E agora – prosseguiu ela – *que a mensagem terminou, esses vibriões mentais, essas construções pestíferas do ódio foram afastadas ou destruídas pelos raios, os trovões, a chuva, e a paz permanecerá neste ambiente. Nunca suponhas que o Senhor não sabe. Aprende a submeter-se sem sugerir.*

A solenidade foi encerrada. A cruz permanecia no ar, e nunca vi nada igual antes em 40 anos de mediunidade consciente.

Fui saindo e, quando passei pela senhora paralítica, muito comovido, aproximei-me, passei-lhe a mão na cabeça e perguntei-lhe:

– A senhora gostou?

Veio um rapaz, um indiozinho, correndo e respondeu-me:

– *Ela não fala espanhol, só o asteca e o maia.*

Então, pensei: – *Meu Deus, ela não entendeu nada.*

Vendo o meu interesse, o jovem intérprete esclareceu:

– Esta senhora é minha mãe. O senhor quer saber alguma coisa?

– Pergunte-lhe se gostou da palestra.

Ele inquiriu-a e traduziu-me a resposta:

– *Sim, ela gostou.*

– Volte a perguntar-lhe – insisti – *se me compreendeu.*

Ele indagou e respondeu-me:

– *Não, ela não compreendeu, ela entendeu, ela sentiu; não é necessário falar quando se pode penetrar a ideia.*

Admirado ante tal resposta, prossegui:

– *Indague-lhe o que ela veio fazer.* – Mas não esperava a resposta. Ela falou através do intérprete:

– *Eu vi o deus, e ele me disse que eu trouxesse os doentes e os aleijados para escutar o "emissário do Senhor".*

– O "emissário do Senhor"?

Ela me olhou profundamente e completou:

– O senhor tem a "voz de Deus". Eu vi chegar o deus Huracán e senti o rociar de suas asas abençoando-nos.

Ela falou qualquer outra coisa, e o filho esclareceu-me:

– Mamãe o está abençoando. Ela é quem recebe as mensagens do nosso deus. Ele mandou que se espalhasse pelas aldeias que o "emissário do Senhor" viria a Coatepec e que todo o mundo viesse assisti-lo.

Eu tomei aquela mão engelhada, olhei aquela mulher sofrida, encostei a minha na sua cabeça, e ela sorriu. Quase não se podia mexer. O rapazinho então me esclareceu:

– Nós moramos a quase trinta quilômetros daqui. Mamãe veio amarrada num cavalo, e eu vim noutro, puxando-a.

Ouvindo-o, senti-me envergonhado. Fui levado pelo jovem aos outros dois paralíticos, e um deles falou-me:

– Nosso deus mandou dizer que, se nós viéssemos, ficaríamos curados. Estamos esperando que o senhor dê a ordem.

Hesitei, emocionado, mas Joanna orientou-me:

– Mande-o levantar-se, meu filho.

Eu vi que não tinha a "fé que remove montanhas", porque sendo um homem racional, naquela hora a primeira coisa que pensei foi: quem sou eu? Mas num momento como aquele é o Cristo quem está em nós, naquela hora não somos nós.

Joanna me deu segurança e amparo. Ficou atrás de mim e tornou a dizer-me:

– Fale, meu filho.

Aproximei-me e, olhando-o fixamente, disse-lhe:

– Você crê em Deus?

– Creio! – respondeu-me.

– Então, levante e ande, em nome de Deus e de Huracán! Venha!

Ele foi escorregando do palco como quem ia cair. Quiseram segurá-lo, porém, pedi que o deixassem. Ele caiu mais ou menos em pé e, qual um pêndulo de relógio, oscilou, equilibrou-se e deu o primeiro passo.

O silêncio em todo o salão era total. Todos permaneciam numa postura de dignidade, como se já soubessem o que iria acontecer. Nenhum grito, nenhuma emoção. Fé! A fé que nos falta. E o amor!

Ele andou, segurou o meu braço. Fomos até ali, voltamos até acolá.

— *E eu, e eu?* — indagou o outro, afobadamente.

— *Venha, o Senhor está mandando-o também. Venha, em nome de Deus!*

Ele foi desentortando, como se estivesse obsidiado, padecendo de uma obsessão física. Não era um paralítico orgânico.

Recordei-me, imediatamente, de que Kardec narra no capítulo XXIII de *O Livro dos Médiuns*, item 240, o caso de um obsessor que atuava nos jarretes de um homem, fazendo-o cair de joelhos diante de uma moça, humilhando-o terrivelmente.

Mas ele se foi retorcendo, e do seu corpo saiu um fluído, como um fumo, uma nuvem escura, e ele começou a andar.

— *Deus abençoe o "emissário do Senhor"* — disseram repetidas vezes.

A minha emoção foi tão grande que eu não saberia descrevê-la. Vi que estava na hora de ir-me embora, porque não podia suportar mais tão intenso estado emocional — um sentimento intraduzível. Só sei dizer que meu coração parecia querer arrebentar-se dentro do peito.

Chamei o presidente e amigo anfitrião, que estava a regular distância, e pedi-lhe, quase sem voz:

— *Vamos? Já que a chuva parou, vamo-nos embora.*

Fomos atravessando o salão. Olhei o relógio, eram 22h30. Alguém veio e me abraçou. Veio outro e fez o mesmo. E veio outro, mais outro. Quando cheguei à porta, após atravessar o largo recinto, faltavam quinze minutos para a meia-noite.

Eram o amor e a visão do deus Huracán, porquanto vivendo eles no contexto de uma crença totêmica, é óbvio que a resposta espiritual se apresentaria de igual forma. Huracán seria, pois, o mentor, o guia espiritual da comunidade, que se apresentava conforme a concepção deles: uma águia que habita as grandes alturas, nas montanhas mais elevadas.

A rua escoara, não havia mais água ou enxurrada.

Não pude dormir. Durante um largo tempo não consegui dormir, porque o deus Huracán havia vindo, e a mensagem do amor tornara-se realidade em Coatepec.

COMENTÁRIO DA ORGANIZADORA:

A PREPARAÇÃO DO AMBIENTE – A CHUVA

A aparição do deus Huracán e toda essa experiência vivida por Divaldo, na cidade de Coatepec, é uma das mais belas e comoventes passagens que já encontramos no riquíssimo acervo de vivências que a mediunidade a serviço de Jesus proporciona àqueles que, como o médium baiano, elegem-na fanal de suas vidas.

Algumas horas antes da palestra começou a chover. Divaldo menciona a intensidade da chuva, os relâmpagos e trovões.

Segundo os confrades que o convidaram, a chuva seria passageira, tal como acontecia diariamente. Apenas uma chuva tropical. Entretanto, conforme elucida Joanna de Ângelis posteriormente, essa era uma chuva programada para um fim determinado.

Pelo menos um mês antes da vinda de Divaldo, os moradores de toda a região haviam sido alertados para a vinda do "emissário do Senhor". Houve uma programação de ordem superior para aquela população, constituída de almas simples e humildes, que, no entanto, estavam sendo induzidas a participar de guerrilhas, de movimentos revolucionários. Para isso, os fomentadores da guerra não hesitavam em contagiá-los com o vírus do ódio, da revolta, da violência.

Gente de índole pacífica, apegada aos costumes locais, à terra e às tradições dos antepassados vivia ali pelos vales e montanhas sem preocupações de posses e conquistas.

Coatepec! Uma cidade perdida nos montes guatemaltecos foi assim incluída no roteiro de palestras de Divaldo Franco.

Uma mulher paralítica desse povo generoso é avisada espiritualmente que seria aquele o dia da chegada. Médium natural, fizera-se respeitada, e acatavam-lhe as orientações.

A mediunidade é parte integrante na vida de todos na comunidade. Encarada com naturalidade, faz-se espontânea e autêntica, como parte de comunicação entre os dois planos da vida. Para o povo dessa região, constituído de índios e mestiços, a certeza na imortalidade da alma e na comunicabilidade dos Espíritos é, portanto, decorrente de fatos concretos, não de teorias ou de abstrações filosóficas, distantes do seu alcance.

A notícia se espalhou por todas as aldeias. Quase 4 mil pessoas acorreram ao *Palácio de Metal*. A médium paralítica veio *amarrada* ao cavalo, com a coragem da fé, de quem sabe e conhece.

A chuva fora programada pela Espiritualidade maior.

Em *O Livro dos Espíritos*, na Parte Segunda, capítulo IX, os Espíritos da Codificação respondem a Allan Kardec sobre a ação dos Espíritos nos fenômenos da Natureza. Vejamos o que dizem:

> 538. *Formam categoria especial no mundo espírita os Espíritos que presidem aos fenômenos da Natureza? Serão seres à parte ou Espíritos que foram encarnados como nós?*
>
> Que foram ou que o serão.
>
> a) *Pertencem esses Espíritos às ordens superiores ou às inferiores da hierarquia espírita?*
>
> Isso é conforme seja mais ou menos material, mais ou menos inteligente o papel que desempenham. Uns mandam, outros executam. Os que executam coisas materiais são sempre de ordem inferior, assim entre os Espíritos, como entre os homens.
>
> 539. *A produção de certos fenômenos, das tempestades, por exemplo, é obra de um só Espírito, ou muitos se reúnem, formando grandes massas, para produzi-los?*
>
> Reúnem-se em massas inumeráveis.

É, pois, perfeitamente possível e admissível que a chuva fosse solicitada pelo Espírito protetor da região com o fim de purificar a atmosfera.

Ao ouvir as explicações de sua mentora, Divaldo recorda-se do "fogo purificador", conforme descreve André Luiz em *Obreiros da vida eterna*.

Nesta obra, o autor desencarnado relata a sua experiência na "Casa Transitória", situada em região espiritual de densas trevas. Eis um trecho a respeito:

> Permanecíamos em região onde a matéria obedecia a outras leis, interpenetrada de princípios mentais extremamente viciados. Congregavam-se aí longos precipícios infernais e vastíssimas zonas de purgatório das almas culpadas e arrependidas.
>
> Na verdade, muita vez viajara entre a nossa colônia feliz e o plano crostal do planeta, atravessando lugares semelhantes, mas nunca me demorara tanto em círculo desagradável e escuro como esse. A ausência de vegetação, aliada à neblina pesada e sufocante, infundia profunda sensação de deserto e tristeza.[2]

É nessa zona sombria que o fogo etérico, purificador, vai atuar, em meio a trovões e relâmpagos. Recomendamos ao leitor uma consulta ao livro mencionado.

A tempestade, no caso em pauta, teria o mesmo efeito.

O próprio Divaldo tem psicografado várias páginas, que estão em seus livros, nas quais existem referências acerca da poluição da psicosfera, bem como da possibilidade de contágio. Uma dessas mensagens é assinada por João Cléofas, inserida no livro *Depoimentos vivos,* intitulada "Reagentes mentais". O autor refere-se à assepsia da sala mediúnica, que está perfeitamente de acordo com a necessidade de renovação da psicosfera em toda a região de Coatepec, a fim de que os miasmas produzidos pelos disseminadores do ódio desaparecessem, propiciando assim a chegada de Huracán. Foi realizada, então, a purificação da ambiência espiritual para que o *Palácio de Metal* se transformasse em gigantesca sala mediúnica com seis mil participantes.

---

2. XAVIER, Francisco Cândido; LUIZ, André [Espírito]. *Obreiros da vida eterna*. 35. ed. Brasília: FEB, 2013. Capítulo 6 – Dentro da noite.

Atentemos para o que assinala João Cléofas:

> (...) Utilizemo-nos dos componentes da reação moral elevada contra os invasores microbianos das regiões inferiores da vida...
>
> Vibriões elaborados por mentes viciosas, corpos estranhos produzidos por Entidades perversas, ideoplastias formuladas por fixações negativas constituem fantasmas perturbadores que invadem a esfera do serviço, muitas vezes impossibilitando as realizações nobilitantes do trabalho.
>
> (...) Em qualquer ambiente em que se procedem a tais experiências vitais, o contágio desta ou daquela natureza, no campo da inoculação de *formas vivas* perniciosas à existência, seja da exteriorização deletéria de pensamentos destrutivos, consegue danificar os mais respeitáveis programas, desde que não nos encontremos devidamente forrados para investir nesse campo árduo, fomentando as produções relevantes.[3]

A explanação feita por Joanna de Ângelis, ao término da palestra, é ainda uma lição primorosa para todos os que se habituaram a reclamar dos fenômenos da Natureza.

Observa-se, também, o zelo, a vigilância dos mentores espirituais das nações, das cidades, das pessoas. Para atender àquela região, defendê-la da contaminação do ódio e da violência, o Espírito Huracán, deus e mentor, estabelece, com base na programação de Divaldo, uma visita aos seus tutelados de maneira mais direta. Por certo, ele os atende por outros meios e vias, mas a palestra ofereceria o ambiente ideal para que se realizasse o fenômeno mediúnico muito mais marcante e que impressionaria, indelevelmente, o seu povo.

O PALÁCIO DE METAL

O local não poderia ser mais surpreendente, dada a extravagância do nome, que faz supor uma edificação requintada.

---

3. FRANCO, Divaldo Pereira [por diversos Espíritos]. *Depoimentos vivos*. 4. ed. Salvador: LEAL, 1995.

A multidão atende ao chamado e vem de todas as formas, enfrentando a tempestade, as dificuldades de transporte e de acomodações.

O *Palácio de Metal* não tem nenhum conforto. Chove dentro e fora do recinto, mas o público se mantém numa disciplina incomparável, conquistada através dos próprios hábitos indígenas. Não há cadeiras, todos estão de pé.

Interessante analisarmos essa postura do público. Estão de pé, em vigilância. O corpo não se acomoda, não se amolenta; a mente está alerta, todos estão expectantes.

Há no ar uma sensação diferente, que Divaldo sente ao chegar ao palco e contemplar, pela primeira vez, de frente, o imenso auditório. Uma emoção profunda o invade. Ele sente que as pessoas presentes aguardam algo. Era muito mais do que um simples e habitual auditório. Não pelo número de pessoas, pois ele já falou para plateias maiores, mas pela especial vibração que capta no ambiente. Acostumado a todo tipo de público, habituado a transmitir emoções, a despertá-las, principalmente por meio da palavra e da sua própria figura carismática, o médium sente, todavia, que lhe era pedido alguma coisa mais. No momento, sem poder precisar o quê, eleva o pensamento a Jesus e roga inspiração. Observemos que ele diz mentalmente: – *Se Jesus não vier, o que será de mim?*

O orador baiano inicia a palestra, fala sobre a imortalidade da alma, e a chuva continua a cair.

Algum tempo se passa, quando um trovão mais forte, seguido de um raio, interrompe a energia elétrica. O *Palácio de Metal* mergulha na escuridão. Ninguém se mexe. As pessoas não se inquietam como seria de se prever e como aconteceria com outro auditório qualquer. Há completo silêncio.

No escuro, o enorme pavilhão de zinco transforma-se em imensa câmara mediúnica.

Pode-se imaginar a azáfama das Entidades espirituais coletando o ectoplasma, recolhendo energia mental dos encarnados e utilizando Divaldo como médium dos fenômenos que viriam a seguir.

Quando a luz se acende, o orador retoma a palavra, mas está diferente, já não fala da mesma forma anterior. Inunda-se interiormente de um amor imenso por aquele povo simples que o ouvia e extravasa este sentimento em vibrações e palavras. É neste estado que o vê chegar.

A CHEGADA DE HURACÁN

A descrição que Divaldo faz de Huracán dá-nos uma ideia da sua beleza e espiritualidade:

> (...) vi aparecer, à porta de entrada, um ser luminescente, estoico, em corpo espiritual como, eu nunca havia visto antes com tanta beleza. Parecia um deus da mitologia, mas era um deus asteca. Ele estava de torso nu, uma compleição robusta, parecendo ter dois metros de altura, uma perfeição; os olhos eram duas lâmpadas que me alcançavam.
>
> (...) Ele veio andando triunfalmente, se se pode falar, como se deslizasse.

Ao mesmo tempo, ouviu-se uma melodia no ar, enquanto a Entidade, aproximando-se de Divaldo, identifica-se e, a partir daquele instante, inspira-lhe a palavra. A mente do médium, em sintonia com a de Huracán, inunda-se de clichês psíquicos, de ideias que vão sendo transmitidas para o auditório.

Hermínio C. Miranda,[4] o consagrado escritor espírita, escreveu na revista *Reformador*, edição do mês de março de 1971, excelente artigo intitulado "Técnica da comunicação espírita", que foi posteriormente inserido no livro *Sobrevivência e comunicabilidade dos Espíritos,* publicado FEB. Transcrevermos aqui um trecho no qual o autor demonstra as etapas do processo da comunicação mediúnica:

---

4. Hermínio Corrêa de Miranda (1920-2013) foi um grande tradutor, escritor e pesquisador espírita do Brasil. Autor de mais de 40 obras, entre as quais estão os títulos *Nas fronteiras do além, Reencarnação e imortalidade, Candeias da noite escura, Histórias que os Espíritos contaram* e muitas outras, sua produção literária trata de temas diversos, quais o autismo, regressão da memória, o tempo, as múltiplas personalidades, os primórdios do Cristianismo etc., além de vários artigos avulsos publicados na revista *Reformador* (nota da Editora).

(...) A decomposição do processo revela o seguinte: em todo sistema de comunicação – mediúnica ou não – o componente inicial é a ideia, concebida na mente daquele que deseja transmiti-la a alguém. É evidente que a clareza da comunicação dependerá fortemente da maior ou menor lucidez que existir na concepção da ideia original.

(...) O segundo componente do sistema é a expressão formal do pensamento. Aquele que deseja transmitir uma ideia terá de traduzi-la de alguma forma, segundo o processo que tiver à sua disposição. Isso porque nós não pensamos em palavras, e sim, em imagens ou impressões fugidias que passam pelo nosso consciente como *flashes* velozes que precisamos agarrar às pressas para que não se percam. O primeiro trabalho é, pois, o de converter pensamentos, ideias, sensações e impressões em um sistema de códigos, sinais ou imagens sensoriais que sejam comuns a uma grande quantidade de gente. Se o pensamento deve ser expresso em palavras há que fazer a escolha da língua; se for em imagens, é preciso decidir quanto à forma, à cor, ao tamanho e ao processo de divulgação.

Com isto chegamos ao terceiro componente do processo de comunicação, que é a interpretação por parte daquele que a recebe. É evidente, portanto, que a mensagem não é recebida na sua forma original, tal como foi concebida na mente daquele que a enviou, e sim já convertida num dos meios usuais empregados para torná-la comum, ou seja, para comunicá-la. Isso quer dizer que ela passou por um processo de codificação, ao ser transformada em sinais ou símbolos de ideias que surgem no plano do nosso entendimento como representações das próprias ideias. É que na fase atual da nossa evolução espiritual ainda não podemos transmitir o nosso pensamento na sua forma original, com a dispensa dos símbolos criados para comunicá-lo. Cabe, assim, àquele que recebe a mensagem descodificá-la para reconvertê-la à forma original e ser, então, absorvida como pensamento puro.

Alcançamos o quarto componente do processo de comunicação quando a reação do recipiendário ao conteúdo da mensagem recebida é enviada de volta à fonte de onde proveio (*feedback*), provocando, por sua vez, eventual reação.

(...) Imaginemos o mecanismo em ação. O Espírito desencarnado deseja transmitir a ideia de que a clareza da mensagem depende da pureza daquele que a recebe, ou seja, da sua boa predisposição psíquica e moral. De muitas maneiras se poderia vestir essa imagem; transmiti-la em palavras – prosa e verso; em imagem – coloridas ou não, fixas ou móveis; e até em sons ou em combinações audiovisuais, tão ao gosto da técnica moderna.[5]

O artigo de Hermínio C. Miranda prossegue com outras elucidações e recomendamos a sua leitura. Nessas quatro etapas descritas por ele, encontramos a mecânica do processo utilizado nas comunicações mediúnicas.

Quanto mais evoluído for o Espírito comunicante, mais velozes serão as imagens concebidas e exteriorizadas pela sua mente, evidenciando uma frequência vibratória de ondas curtíssimas. André Luiz afirma no livro em *Mecanismos da mediunidade* que as legiões angélicas se exprimem em "raios supra-ultra-curtos".

Se o Espírito tem um padrão espiritual muito elevado, há necessidade de uma intermediação do guia espiritual do médium. Isso aconteceu com Divaldo, quando da comunicação de Teresa de Jesus, na cidade de Lisieux (França). Joanna de Ângelis, captando-lhe o pensamento, transmitiu-o ao médium. A mensagem intitula-se "O amor e a alma" e está inserida no livro *Seara do bem*.[6]

Ao entrar em sintonia com Divaldo, Huracán inunda-lhe a mente de clichês psíquicos, transmitindo-lhe, assim, a história do povo asteca, de acordo com o processo descrito por Hermínio C. Miranda.

É oportuno observarmos que a maior parte das lendas e das tradições que integram o folclore de cada povo traz um componente espiritual muito forte e verdadeiro, vestido, naturalmente, pelas formas e cores com que a imaginação popular o adorna.

---

5. MIRANDA, Hermínio C. *Sobrevivência e comunicabilidade dos Espíritos*. 3. ed. Rio de Janeiro: FEB, 1990. Capítulo 1 – Técnica da comunicação espírita, pp. 16-17.
6. FRANCO, Divaldo Pereira [por diversos Espíritos]. *Seara do bem*. 4. ed. Salvador: LEAL, 2001 (notas da Editora).

Huracán é o deus do povo e tem a forma de uma grande águia. Ao se retirar, *passa* através do corpo do médium e se posta no início do extenso corredor. Na cabeça traz a moldura da águia e surge em toda a beleza do ritual do povo asteca. Abre os braços, que se cobrem de uma plumagem, e alça voo como uma seta, como uma ave, deixando um rastro de luz e, sobre o público, uma imensa cruz luminosa, flutuante, da qual escorria, como pingos, uma luz violácea, dourada.

Em *O Livro dos Médiuns,* Segunda Parte – capítulo VI, questão 12, Allan Kardec indaga:

> *Os Espíritos que aparecem com asas têm-nas realmente ou essas asas são apenas uma aparência simbólica?*

> Os Espíritos não têm asas, nem de tal coisa precisam, visto que podem ir a toda parte como Espíritos. Aparecem da maneira por que precisam impressionar a pessoa a quem se mostram. Assim é que uns aparecerão em trajes comuns, outros envoltos em amplas roupagens, alguns com asas, como atributo da categoria espiritual a que pertencem.

Todas essas transformações, na aparência dos Espíritos, são possíveis em razão das propriedades do perispírito, que obedece ao comando mental. Ainda no capítulo mencionado, no item 105, o codificador, referindo-se à aparição dos Espíritos, esclarece:

> (...) Quando o Espírito nos aparece, é que pôs o seu perispírito no estado próprio a torná-lo visível. Mas, para isso, não basta a sua vontade, porquanto a modificação do perispírito se opera mediante sua combinação com o fluido peculiar ao médium. Ora, esta combinação nem sempre é possível, o que explica não ser generalizada a visibilidade dos Espíritos. Assim, não basta que o Espírito queira mostrar-se; não basta tampouco que uma pessoa queira vê-lo; é necessário que os dois fluidos possam combinar-se, que entre eles haja uma espécie de afinidade e também, porventura, que a emissão do fluido da pessoa seja suficientemente abundante para operar a transformação do perispírito e, provavelmente, que se verifiquem ainda outras condições que desconhecemos.

A caridade e abnegação com que a Espiritualidade maior atende aos seres humanos é difícil de ser dimensionada. Huracán é um dos benfeitores espirituais dos povos. Espírito de alta envergadura, atende aos anseios daqueles que estão sob a sua tutela, revestindo-se com a forma característica da águia sagrada, a fim de ser identificado por eles.

O deus asteca deixa no ar, sobre a multidão, uma cruz luminosa.

Na Espiritualidade maior, onde não existem quaisquer barreiras do sectarismo religioso, a cruz é um símbolo universal. Os elementos de força desse símbolo não encontram equivalência em nenhum outro.

Em primeiro lugar, a cruz significa a presença do Cristo junto dos homens. Quando se quer evidenciar a Sua presença, trazê-Lo à nossa lembrança, é o símbolo mais utilizado.

Outros significados, todavia, somam-se a este primeiro e maior deles.

A cruz pairando sobre as pessoas, ao mesmo tempo que evoca os erros humanos, traz uma mensagem de redenção.

Carregar a cruz é redimir-se. Para ir até Ele, conforme Suas próprias palavras, é imprescindível "tomar a cruz sobre os ombros e segui-Lo". A cruz não é, pois, uma evocação de sofrimentos, de grilhões que escravizam o ser humano, de penitências que o martirizem, mas sim o caminho da libertação. A cruz, agora, é uma mensagem de esperança. Assim como Ele, o Justo, alçou-se aos Céus pelas traves da cruz, assim também os homens encontrarão nela a redenção final.

Jesus não permaneceu na cruz, embora os homens O queiram crucificar de todas as maneiras e atá-Lo ao madeiro de sofrimentos que, na verdade, foram engendrados por nós e são apenas nossos.

Bezerra de Menezes, pela psicografia de Divaldo, em bela mensagem incluída no livro *Terapêutica de emergência*, intitulada "Cruz e Cristo", afirma:

> O Cristo e a Cruz do amor são os termos sempre atuais da equação da Vida verdadeira, sem os quais o homem não logrará a Liberdade.[7]

---

7. FRANCO, Divaldo Pereira [por diversos Espíritos]. *Terapêutica de emergência*. 7. ed. Salvador: LEAL, 2015, p. 67.

Huracán, Espírito superior, deus criador dos astecas, uma civilização pré-colombiana, usando o símbolo da cruz, transmite uma mensagem de amor e paz, como a significar que somente Jesus é verdadeiramente *o caminho, a verdade e a vida*.

AS CURAS

Numa noite especial, num momento especial, Divaldo vive uma experiência extraordinária.

O público respirava fé, uma fé natural, espontânea e simples. Nenhuma conotação de fanatismo, nada que significasse um estado emocional de histeria coletiva animava aquelas pessoas, apenas uma certeza tranquila e natural do amparo divino, do intercâmbio com os invisíveis e da proteção de Huracán. Estavam todos absolutamente certos de que Huracán viria – tal como fora anunciado pela médium paralítica – através do "emissário do Senhor". Sabiam que o aviso da sua chegada, que ecoara pelos vales e montanhas da região, significava uma proteção direta a toda a gente. Por isso acorreram em massa, desde cedo, carregando os filhos, vencendo distâncias e dificuldades, inabaláveis na certeza e absolutamente seguros de que o deus Huracán os visitaria.

O conjunto vibratório dessas pessoas é, portanto, a imensa corrente mediúnica a envolver Divaldo. O circuito mediúnico está fechado, completo, e o ambiente, propício às atividades que o Plano superior programara e que se desenvolvem num crescendo de emoções transcendentes.

Todo o episódio é como uma majestosa e sublime sinfonia que está sendo executada em acordes grandiosos.

Joanna de Ângelis está ali, a reger o concerto das emoções e dos sentimentos. Cada componente destacado na narrativa teve importante desempenho, mas foi a partir dela que tudo se tornou possível.

Divaldo esclareceu que em algumas ocasiões Joanna entra em contato com os mentores espirituais dos países que são visitados e que as programações são feitas a partir dos acordos efetuados. Em Coatepec tudo estava delineado, conforme entendimentos prévios com o Espírito mentor, conhecido na região pelo nome de Huracán.

No instante das curas dos dois *paralíticos*, grande parte dessa carga vibratória fora canalizada para os enfermos. A cura é a mensagem de Huracán, é o sinete da sua presença para todo o povo. Aglutinam-se os elementos magnéticos e a essa força Divaldo dá a ordem de comando, direcionando-a, impelindo-a. Joanna o assessora e participa do processo, e há um perfeito desencadear dessas forças e dos sentimentos de cada um. A corrente de amor é luz, é vida.

Os dois *paralíticos* estão expectantes. Adrede preparados, sabem que algo diferente irá acontecer.

O primeiro recebe a ordem e a atende. Levanta-se e aos poucos desempena-se, esticando o corpo, os membros, sob a ação fluídica que, penetrando os nervos, a medula, os tecidos, os ossos, as células irriga-os com uma vitalidade nova que, à feição de um lubrificante, desenrijece, tonifica, nutre.

Ele vacila sobre as próprias pernas, balança-se como um pêndulo e consegue enfim equilibrar-se, sob o comando dessa energia poderosa que o invade e plenifica interiormente. Dá os primeiros passos e está curado.

O segundo enfermo, todavia, é um caso diferente. Trata-se de uma subjugação corporal, conforme explica Divaldo.

Vejamos como Allan Kardec esclarece a respeito das curas, em *A Gênese,* capítulo XIV, itens 31 e 34:

> Como se há visto, o fluido universal é o elemento primitivo do corpo carnal e do perispírito, os quais são simples transformações dele. Pela identidade da sua natureza, esse fluido, condensado no perispírito, pode fornecer princípios reparadores ao corpo; o Espírito, encarnado ou desencarnado, é o agente propulsor que infiltra num corpo deteriorado uma parte da substância do seu envoltório fluídico. A cura se opera mediante a substituição de uma molécula malsã por uma molécula sã. O poder curativo estará, pois, na razão direta da pureza da substância inoculada; mas, depende também da energia da vontade que, quanto maior for, tanto mais abundante emissão fluídica provocará e tanto maior força de penetração dará ao fluido. Depende ainda das intenções daquele que deseje realizar a cura, *seja homem ou Espírito.*

> (...) É muito comum a faculdade de curar pela influência fluídica e pode desenvolver-se por meio de exercício; mas, a de curar instantaneamente, pela imposição das mãos, essa é mais rara e o seu grau máximo se deve considerar excepcional. No entanto, em épocas diversas e no seio de quase todos os povos, surgiram indivíduos que a possuíam em grau eminente. Nestes últimos tempos, apareceram muitos exemplos notáveis, cuja autenticidade não sofre contestação. Uma vez que as curas desse gênero assentam num princípio natural e que o poder de operá-las não constitui privilégio, o que se segue é que elas não se operam fora da natureza e que só são miraculosas na aparência.

Em relação à subjugação corporal, o codificador informa em *O Livro dos Médiuns*, capítulo XXIII, item 240:

> A *subjugação* é uma constrição que paralisa a vontade daquele que a sofre e o faz agir a seu mau grado. Numa palavra: o paciente fica sob um verdadeiro jugo.
>
> A subjugação pode ser *moral* ou *corporal*. (...) No segundo caso, o Espírito atua sobre os órgãos materiais e provoca movimentos involuntários. Traduz-se, no médium escrevente, por uma necessidade incessante de escrever, ainda nos momentos menos oportunos. Vimos alguns que, à falta de pena ou lápis, simulavam escrever com o dedo, onde quer que se encontrassem, mesmo nas ruas, nas portas, nas paredes.
>
> Vai, às vezes, mais longe a subjugação corporal; pode levar aos mais ridículos atos. Conhecemos um homem, que não era jovem, nem belo e que, sob o império de uma obsessão dessa natureza, se via constrangido, por uma força irresistível, a pôr-se de joelhos diante de uma moça a cujo respeito nenhuma pretensão nutria e pedi-la em casamento. Outras vezes, sentia nas costas e nos jarretes uma pressão enérgica, que o forçava, não obstante a resistência que lhe opunha, a se ajoelhar e beijar o chão dos lugares públicos e em presença da multidão. Esse homem passava por louco entre as pessoas de suas relações; estamos, porém, convencidos de que absolutamente não o era, porquanto tinha consciência plena do

ridículo do que fazia contra a sua vontade e com isso sofria horrivelmente.

O Espírito Manoel Philomeno de Miranda, cuja contribuição no campo das obsessões tem sido notável, escreve em *Nas fronteiras da loucura*, por intermédio do próprio Divaldo, na parte inicial do livro, intitulada "Análise das obsessões", a respeito da subjugação, o seguinte:

> (...) Assim, a subjugação pode ser física, psíquica e simultaneamente fisiopsíquica.
>
> A primeira não implica na perda da lucidez intelectual, porquanto a ação dá-se diretamente sobre os centros motores, obrigando o indivíduo, não obstante se negue à obediência, a ceder à violência que o oprime. Nesse caso, podem irromper enfermidades orgânicas, por se criarem condições celulares próprias para a contaminação por vírus e bactérias, ou mesmo sob a vigorosa e contínua ação fluídica dilacerar-se os tecidos fisiológicos ou perturbar-se o anabolismo geral, com singulares prejuízos físicos...[8]

As curas são realizadas. As bênçãos recaem a flux sobre o *Palácio de Metal*, na pequena Coatepec.

Espiritualmente, o grande pavilhão de zinco é um feérico palácio, engalanado de luzes e irradiando claridade para toda a região.

As emoções são superlativas e deixam Divaldo em um estado diferente. Como médium dessa carga vibratória de altíssima frequência, ele irá direcioná-la, mas, para que isto se dê, todo o seu cosmo psicossomático atua como um dínamo.

No livro *Mecanismos da mediunidade,* André Luiz afirma:

> O Espírito, encarnado ou desencarnado, na essência, pode ser comparado a um dínamo complexo, em que se verifica a transubstanciação do trabalho psicofísico em forças mentoeletromagnéticas, forças essas que guardam consigo, no laboratório das células em que circulam e se harmonizam, a propriedade

---

8. FRANCO, Divaldo Pereira; MIRANDA, Manoel Philomeno de [Espírito]. *Nas fronteiras da loucura*. 16. ed. Salvador: LEAL, 2016, p. 21.

de agentes emissores e receptores, conservadores e regeneradores de energia.

Para que nos façamos mais simplesmente compreendidos, imaginemo-lo como sendo um dínamo gerador, indutor, transformador e coletor, ao mesmo tempo, com capacidade de assimilar correntes contínuas de força e exteriorizá-las simultaneamente.[9]

Mais adiante, nesse mesmo capítulo, o autor compara o gerador mediúnico ao gerador elétrico, esclarecendo ainda que:

Compreendemos que se dispomos, em toda parte, de fontes de força eletromotriz, mediante a sábia distribuição das cargas elétricas, encontrando-as, a cada passo, na extensão da indústria e do progresso, temos igualmente variados mananciais de força mediúnica, mediante a permuta harmoniosa, consciente ou inconsciente, dos princípios ou correntes mentais, sendo possível observá-los, em nosso caminho, alimentando grandes iniciativas de socorro às necessidades humanas e de expansão cultural.[10]

Todo este comovente episódio leva-nos a reflexionar a respeito da infinita bondade de nosso Pai do Céu, que proporciona aos seres humanos, tal como prometeu Jesus, o ensejo sublime de crescerem espiritualmente, de tornarem-se o "sal da Terra", de serem a "luz do mundo", de serem, afinal, "deuses".

Numa cidadezinha do planeta, pequena e simples, num dia qualquer, igual a todos os outros no calendário terrestre, num local insólito, junto ao povo humilde, Divaldo vivencia a experiência que Jesus promete àqueles que O amam e O seguem.

---

9. XAVIER, Francisco Cândido; LUIZ, André [Espírito]. *Mecanismos da mediunidade*. 19. ed. Rio de Janeiro: FEB, 2000. Capítulo 5 – Corrente elétrica e corrente mental, item Dínamo espiritual.
10. Ibidem, item Força eletromotriz e forma mediúnica.

Jesus: as três questões[1]

Divaldo narra sobre a "visão" de Jesus

Eu me recordo de um fato que aconteceu na casa de Celeste Mota, do qual Lena, sua irmã, que ainda está encarnada, é testemunha, e que me marcou muito.

Foi no ano de 1957. Eu estava na temporada anual de palestras no Rio, no mês de junho, quando, numa noite, tive um desdobramento que me causou grande impacto.

Eu me senti sair do corpo e via-me numa paisagem verdejante, com um lago próximo, cujas águas brilhavam como se estivessem salpicadas de estrelas – mais tarde, quando estive na Palestina, reconheci o local e constatei ser o Mar da Galileia. Uma figueira enorme, frondosa, à margem, projetava alguns de seus galhos sobre as águas. Tudo em volta era silêncio, paz, serenidade. Ali, naquele lugar bucólico e encantador, onde a Natureza se fazia mais bela, e o céu, mais azul, eu tive a sensação de que as nuvens, de súbito, movimentaram-se de forma diferente, formando, para minha grande surpresa, um enorme perfil de Jesus. As nuvens muito brancas contra o fundo azul do céu davam-me a impressão de que esse perfil era em alto-relevo.

Emocionado, eu me dei conta de que Nilson estava próximo e lhe disse:

---

1. Capítulo apresentando anteriormente no livro *O Semeador de Estrelas*, de autoria de Suely Caldas Schubert, publicado pela Editora LEAL (nota da Editora).

— *Nilson, venha ver, venha ver Jesus.*

Ele olhou para o céu, mas, quando olhei também, já não mais estava ali.

E assim, a menos de cinco metros de onde me encontrava, pairando a um metro no ar, estava Ele, de costas.

Eu me lembro da sua roupa de tarja marrom-escuro, como se fosse um tecido de calhamaço, que se usou muito em saco de aniagem, de cor marrom, os cabelos caídos sobre os ombros, o porte majestoso. Então, Ele virou o rosto e fez um perfil em ângulo reto sobre o ombro direito, de forma que eu O via de lado. Seu olhar me fitando de tal jeito que, automaticamente, eu me prosternei, envolvido pela emoção incontida. O conceito que eu tenho do Cristo fez-me voltar ao atavismo da Igreja, ou, digamos, a uma atitude de respeito. Os homens se ajoelham diante de homens, de reis e de certas autoridades, e eu achei que a única postura compatível era aquela – de submissão e de entrega.

Nesse instante, ouvi uma voz indefinível; tive a impressão que era uma música, um som que não sei precisar. Ele perguntou-me:

— *Tu me amas?*

— *Sim, Senhor, eu Te amo* – respondi a custo, emocionado.

— *Se tu me amas, esquece todo o mal que te fizeram.*

— *Mas ninguém nunca me fez mal* – pensei.

Ele voltou a perguntar:

— *Tu me amas?*

— *Sim, Tu sabes que eu Te amo.*

— *Então perdoa todo o mal que te façam.*

— *Mas eu não me lembro de males que me estejam fazendo* – disse mentalmente.

E Ele perguntou-me pela terceira vez:

— *Tu me amas?*

— *Sim, oh! Senhor! Tu sabes que eu Te amo.*

— *Então perdoa todo o mal que te fizerem, e eu te darei a plenitude da paz...*

Estático, banhado em lágrimas, vi o vulto diluir-se diante dos meus olhos, enquanto chorava profundamente, como se minha vida se estivesse esvaindo na ânsia de segui-lO, de retê-lO.

Quando acordei, estava em pé, na sala. Era madrugada. Não pude dormir mais.

Pela manhã, contei a Celeste e a Lena. Celeste me disse:

– Olha, meu filho, a vida me ensinou que isso é o prenúncio de muitas dores, de muitas dificuldades. Pela tua dedicação, pelo teu espírito de serviço à causa do bem e da mediunidade, tu irás sofrer muito.

Foram palavras proféticas.

Mas, graças a Deus, nenhuma dor me abateu. É óbvio que eu não tenho a ingenuidade de supor que se tratava de Jesus. Nem de longe. Eu tenho a certeza de que foi um fenômeno ideoplástico, que os bons Espíritos usaram para me dar aquela impressão impactante e inesquecível, porque vive até hoje.

COMENTÁRIO DA ORGANIZADORA:

Referindo-se a Jesus, Amélia Rodrigues assim se expressa:
>A mais comovente história que já se escreveu.
>O maior amor que o mundo conheceu.
>O exemplo mais fecundo que jamais existiu.
>A vida de Jesus é o permanente apelo à mansidão, à dignidade, ao amor, à verdade.
>Amá-lO é começar a vivê-lO.
>Conhecê-lO é plasmá-lO na mente e no coração.[2]

Vários personagens do Evangelho tiveram o seu encontro com Jesus, mas nem todos atenderam ao seu convite.

Em alguns, operou-se uma transformação radical, absoluta, instantânea ou gradual.

Para outros, todavia, o encontro definitivo não ocorreu logo. Em certos casos, foi necessário o trabalho laborioso dos séculos.

Dois exemplos muito significativos são o do mancebo rico e o de Públio Lêntulo. A história deste é por demais conhecida graças aos belos

---

2. FRANCO, Divaldo Pereira; RODRIGUES, Amélia [Espírito]. *Primícias do Reino*. 12. ed. Salvador: LEAL, 2015. Posfácio, p. 220.

romances *Há dois mil anos* e *Cinquenta anos depois*, ditados por Emmanuel e psicografados por Francisco Cândido Xavier.

Do moço rico, o príncipe de qualidade, quase nada se disse até agora.

Analisando-se a narrativa de Amélia Rodrigues a respeito dessa personagem do Evangelho, pode-se sentir quanto o encontro com Jesus repercute no íntimo do jovem.

Todavia, não foi suficiente para vencer-lhe as últimas resistências da vida material.

O evangelista Marcos, em sua narrativa, registra o sentimento do Mestre em relação ao moço rico: *"E Jesus o amou..."*.

É-nos difícil imaginar quanto isso significa, tal a sua magnitude.

O jovem, contudo, faz a sua dramática opção e vai ao encontro da morte, nas corridas, daí a uma semana.

Como teria sido, então, o seu encontro definitivo com o Rabi? Quando? Onde?

Amá-lO é começar a vivê-lO.

Conhecê-lO é plasmá-lO na mente e no coração.

Em certo momento, a descoberta se realizou – plena, absoluta, intensa e feliz!

Divaldo Franco traz, em sua atual reencarnação, as marcas significativas desse encontro que, para ele, também aconteceu no tempo de antes.

Desse encontro e desse amor a Jesus, constrói a sua vida. Por Ele renuncia a uma vivência pessoal, particular. Tem um compromisso, um programa espiritual que recebe a atenção de Francisco de Assis.

Por certo ninguém lhe conhece as renúncias, as lágrimas ocultas, os silêncios íntimos para que fale mais alto a missão de servir; as madrugadas insones quando "conversa com uma estrela"; a solidão de quem avança e se afasta da craveira comum, embora permaneça de mãos estendidas para os que tentam acompanhar-lhe os passos decididos ou para os que ainda não sabem o caminho; a angústia persegue *denodadamente um ideal sublimado, nesse conturbado planeta Terra*.

Bem jovem, no começo da caminhada, Divaldo recebe da Espiritualidade superior recursos em profusão para levá-la a bom termo.

Francisco vela e observa-lhe os passos.

É preciso, todavia, uma demonstração ainda mais forte e expressiva, algo que marque definitivamente o seu compromisso com Jesus. Sabem os instrutores espirituais que muitos e dolorosos testemunhos lhe serão pedidos nos dias futuros.

Assim, preparam para o jovem baiano um acontecimento muito especial.

(...) O desdobramento de Divaldo para que possa ver as cenas fluídicas plasmadas pelos benfeitores espirituais e que representam o seu encontro com Jesus reveste-se, assim, de um caráter muito singular.

O cenário é aquele em que Jesus atuava: o Mar da Galileia, a figueira enorme, à margem. O céu atrai-lhe a atenção.

As nuvens se movimentam e formam um imenso perfil de Jesus. Ao chamar Nilson para que observe o fato, eis que Jesus já não está mais no espaço azul, no perfil de nuvens, porém bem próximo e com aspecto real.

Maravilhoso simbolismo este em que o Mestre desce dos altos Planos espirituais para se fazer presente. É o prenúncio de Sua chegada, evidenciando distintamente a grandiosidade da cena vivida por Divaldo.

Ei-lO a alguns metros de distância.

O jovem ajoelha-se – única atitude que lhe parece própria ante Ele.

Amor, respeito, emoção, felicidade (...) são sensações que parecem esmagá-lo.

Mas Jesus tem algo a dizer-lhe. Repete, então, três vezes a indagação, para transmitir-lhe a lição imprescindível, colocada em três tempos do verbo.

É a lição do perdão.

Um dia Ele ensinou que se deve perdoar setenta vezes sete vezes, ou seja, quantas se fizerem necessárias. Naquele instante, leciona o perdão no passado, no presente e no futuro.

Certa feita, indagara o Mestre:

– *Simão, filho de Jonas, amas-me mais do que a estes?*
– *Sim, Senhor. Tu sabes que Te amo.*
– *Apascenta os meus cordeiros.*

Jesus repete novamente a pergunta:

> – *Simão, filho de Jonas, amas-me?*
> – *Sim, Senhor. Tu sabes que Te amo.*
> – *Apascenta as minhas ovelhas.*

E, pela terceira vez, Ele questiona Simão Pedro:

> – *Simão, filho de Jonas, tu me amas?*
> – *Senhor, Tu sabes tudo, sabes que eu Te amo.*
> – *Apascenta as minhas ovelhas.*[3]

Elucida Amélia Rodrigues, no livro *Prímicias do Reino,* que Simão Pedro ouvindo a mesma pergunta do Mestre por três vezes consecutivas, lembrou-se, de imediato, das três vezes que O negara. Agora, Ele lhe aparece e transmite inolvidável lição. Conjecturando consigo mesmo, Pedro teria deduzido se:

> E estas três indagações não seriam, por acaso, para aprofundar nos painéis de sua mente os vínculos do seu dever?[4]

A mensagem implícita nas três perguntas feitas a Divaldo tem, igualmente, o mesmo poder de aprofundar na sua mente as responsabilidades e os compromissos que assumira. E de confortá-lo para os embates e as dores futuras.

É notável a analogia com a passagem de Simão Pedro.

Divaldo, prosternado, *vive* a cena e se banha em lágrimas de emoção.

A grandiosidade do momento o marcaria para sempre.

Certamente, nos instantes cruciais, quando as agressões insensatas lhe foram endereçadas, quando a calúnia e a perfídia dolorosamente tentaram interceptar-lhe os passos para impedi-lo de cumprir o seu programa espiritual, Divaldo retempera as suas energias na rememorização desse *encontro sublime.*

"*– Tu me amas? Então perdoa todo o mal que te fizerem e eu te darei a plenitude da paz...*"

---

3. Ibidem, capítulo 19 – Simão Pedro: pedra e pastor, pp. 203-204.
4. Idem, ibidem, p. 206.

A palavra de Bezerra de Menezes

FAZER O BEM SEM CESSAR[1]

> *Eu nunca vos deixareis órfãos, eu ficarei convosco até a consumação dos evos. Quando qualquer dificuldade estiver ao vosso alcance, pensai em mim, e eu estarei convosco.*

Transcorreram dois mil anos e nesses dois mil anos em que o mundo se convulsionou inúmeras vezes algo diferente hoje se desenha no alicerce das almas: a presença do amor de Deus.

É necessário que tenhamos o sentimento profundo de compaixão para podermos entender a dor de quem chora.

Há muito sofrimento ao nosso lado esperando a mão amiga, e nós nos encontramos na Terra para servir.

Quem não se dedica a servir ainda não aprendeu a viver.

O serviço é a bênção de Deus demonstrando o sentido existencial.

Fazei o bem, filhos e filhas da alma, além do vosso alcance.

Nunca vos arrependereis de terdes erguido um combalido, saciado a sede ou alimentado alguém esfaimado.

Exultai pela honra, pela glória de crer e esse crer deve constituir a diretriz da vossa existência.

Embrulhai-vos na lã do cordeiro de Deus e sede mansos e pacíficos.

---

1. Mensagem psicofônica do Espírito Bezerra de Menezes transmitida pelo médium Divaldo Pereira Franco durante a palestra proferida na sede da Creche Amélia Rodrigues, no dia 23 de outubro de 2016, em Santo André, São Paulo (nota da organizadora).

Dias virão em que o lobo e a ovelha comerão ao lado no mesmo pasto.

Dias estão chegando em que o amor e a solidariedade diluirão a violência e a agressividade.

Sede pioneiros dessa Era Nova, contribuindo com o que tendes de mais valor, que é o vosso sentimento, auxiliando-vos a ascender na escala evolutiva e a erguer os que teimosamente permanecem nos degraus inferiores da vida.

A queda leva ao abismo, e abismos existem sem fundo, como as escadas da degradação não têm o último degrau.

Parai, detende o passo e começai a subir a escada do progresso, porque Cristo espera por vós.

Este é o vosso momento, não vos escuseis de amar ou de servir, tendo em mente que a vida física é breve como qualquer jornada, mas o ser que sois é permanente, imortal.

Transformai o amor em alimento da alma e o serviço em sustentação do amor.

Em nome dos Espíritos-espíritas aqui presentes, rogamos as bênçãos de Deus para todos nós.

Voltai aos vossos lares, jubilosos, esquecei, por momentos breves que sejam, das aflições e enriquecei o coração e a mente com a alegria de amar e de receber amor.

Em nome do Senhor, eu vos abraço, filhos e filhas da alma, com carinho de servidor humílimo e paternal de sempre,

BEZERRA.

PRECE DE ESPERANÇA[2]

Senhor,

Aqui estamos, os Teus obreiros imperfeitos, enxada nas mãos, na obra de dignificação da nossa realidade, procurando pelo Reino de Luz.

Não somos outros, Amigo Divino, senão aqueles que um dia, tocados pela Tua presença, fascinaram-se com os conteúdos de Tua voz, mas não tiveram as resistências para vencer-se, atirando-se aos abismos da iniquidade e da dor.

Ainda ressoa na acústica da nossa alma o verbo flamívolo dos profetas, a palavra ignescente dos Teus embaixadores, e apesar disso, dominados pela sede de vitórias externas, entregamo-nos à matança desordenada, à criminalidade injustificada, ao desvario.

Acompanhamos o sacrifício dos mártires cujas vidas eram a grande mensagem para nossa vida. Todavia, refestelamo-nos na pompa e na dissipação, longe da renúncia que a morte impôs, arrebatando-nos o corpo.

Transitamos por séculos com os tesouros que vinham do Alto, mas, ao chegarem às nossas mãos, convertemo-los em ferro em brasa para marcar vidas e ceifar esperanças. Hoje, a revelação chega até nós pelas vozes dos Céus que nos comandam, e titubeamos, delinquimos, receamos.

Somos os mesmos, melhorados.

Nós Te pedimos para acertarmos os passos no bem e nos engajarmos por definitivo nas hostes, nas atividades da Tua mensagem de libertação.

Apiada-Te de nós e por mercê do Teu divino amor aproveita-nos na seara de luz, utiliza-nos na batalha do bem, usando-nos na sementeira da esperança.

---

2. Mensagem psicofônica da mentora Joanna de Ângelis recebida pelo médium Divaldo Pereira Franco na sede da Sociedade Espírita Joanna de Ângelis, em 12 de novembro de 1995, em Juiz de Fora (MG), após palestra conferida para os trabalhadores e convidados (nota da organizadora).

Esta é uma das Tuas casas na Terra, habita-a, Senhor, deixando Teu halo de paz para que todos aqueles que pelas suas portas transitem desfrutem de harmonia, de plenitude, de equilíbrio e, renovados, avancem na direção da sua fatalidade, que é a perfeição.

Agradecemos-Te todas as dádivas e Te suplicamos que nos leves em paz na direção do lar, mimetizando nossas famílias com as energias abençoadas aqui hauridas.

Permita, portanto, que em nome de Deus, em Teu nome, de nossa Mãe Santíssima e dos Espíritos nobres encerremos a nossa reunião com votos de paz para todos.

Que o Senhor seja conosco.

JOANNA DE ÂNGELIS

Sob o olhar de Francisco

Nesses 57 de convívio abençoado com nosso querido amigo Divaldo Pereira Franco, muitos momentos especiais aconteceram em nossas conversas, nas quais eu fazia perguntas que brotavam em minha mente, como que repentinamente, e no entanto, elas eram decorrentes de pensamentos e cogitações constantes, emergindo de uma sintonia entre nós que eu sequer imaginava.

Era década de 70, século XX, e Divaldo estava em nosso lar. Aquela noite ele iria fazer uma palestra no Centro Espírita Ivon Costa, em Juiz de Fora (MG), e já estávamos a caminho do local. Lenier Schubert, meu marido, guiava o carro, tendo Divaldo estava sentado ao seu lado, e eu estava no banco atrás do nosso amigo. Foi quando "puxei a conversa", no dizer mineiro.

Comecei assim:

– *Divaldo, quando Francisco estava na Terra, Joanna de Ângelis estava no Mundo espiritual ou reencarnada?*

– *Reencarnada* – ele respondeu (já devia saber aonde eu queria chegar).

– *Então ela só poderia ser uma dessas duas pessoas: ou a mãe de Francisco ou Clara. Mas a mãe de Francisco não teve projeção alguma, então ela só poderia ser Clara. Não é, Divaldo?*

Houve um silêncio, que não interrompi, pois percebo o limite.

Mas eu soube, na hora, que estava certa. Joanna de Ângelis teve essa reencarnação gloriosa como Clara, discípula de Francisco de Assis e sua eterna seguidora. Tempos depois, os acontecimentos foram confirmando a minha intuição.

As perguntas aconteciam ao longo dos anos. Às vezes, quando Divaldo julgava ser o momento certo de dizer isto ou aquilo, ele contava algo totalmente inédito. Foi o que aconteceu quando, numa conversa acerca de mediunidade e comunicação de benfeitores espirituais, ele citou – isto há mais de 40 anos, mas nunca esqueci – que havia recebido a comunicação de um Espírito muito elevado, de outra dimensão cósmica. Ouvi, mas isso não me surpreendeu, nem fiquei maravilhada. Apenas registrei, achando muito natural, e nessas horas permaneço em silêncio.

Em uma tarde de dezembro, em 2015, eu estava na Mansão do Caminho com um grupo de amigos do Sul do país e de outros estados, recepcionados amorosamente por Divaldo e pelas queridas Iracy, Solange e Rose, também por Edilton, José Ferraz, João Neves e Nilo Calazans (esses três últimos fundadores do Projeto Manoel Philomeno de Miranda), que também estavam presentes na ocasião, quando me sentei ao lado do nosso dileto anfitrião. Aproveitando o ensejo, fiz uma pergunta que já havia cogitado há algum tempo:

– *Divaldo, o Espírito Órion é aquele que você comentou comigo, há uns 30 anos, que veio de outra dimensão, não é?*

– *Sim, é ele mesmo, só que agora isso já faz mais de 40 anos.*

Continuei:

– *Divaldo, Órion é o nome de uma constelação, (o Caçador). O Espírito Órion veio de lá?*

– *Sim, veio.*

– *Posso divulgar isso, assim para os mais íntimos?*

– *Pode.*

Mais uma das minhas perguntas... Mas devo dizer que uma ou outra pergunta-chave ele nem sempre responde, fica em silêncio e deixa o tempo passar. Já aconteceu de anos depois a resposta se fazer naturalmente. Quando percebi isso, perguntei:

– *Divaldo, por que você não me esclareceu quando lhe perguntei há alguns anos?*

– *Porque não era hora, não seria bom.*

Oh! A sabedoria de Divaldo! Tudo tem um tempo certo na nossa vida, e ele sabe o que é melhor, o que é oportuno dizer. Não faz alarde dessa sabedoria, dessa visão de futuro. Prevê quando é o dia de dizer para bem geral e que nada deve ser precipitado.

Assim é a presença de Francisco de Assis na vida de Divaldo e no conjunto de sua grandiosa obra. Décadas transcorreram desde quando nosso saudoso Chico Xavier psicografou uma sublime mensagem[1] assinada por Francisco de Assis e endereçada a Divaldo, no dia 3 de outubro de 1950.

A sintonia entre os três envolvidos no instante da comunicação mediúnica foi de tal grandeza que o autor espiritual iniciou a página da seguinte forma:

Meu filho, Deus te abençoe.
Estamos a pleno caminho da redenção.

Divaldo havia fundado o Centro Espírita Caminho da Redenção em 7 de setembro de 1947, portanto, três anos depois, Francisco escreve, por Chico Xavier, a primorosa saudação acima, como abertura solene que revela um mundo de interpretações notáveis. De imediato, pode-se observar que o autor espiritual se dirige a Divaldo, chamando-o carinhosamente de *meu filho*, expressão que transmite uma proximidade especial entre ambos. A frase seguinte nos leva a entender que, sob a égide de Jesus, estão *a pleno caminho da redenção*, e ele se inclui, evidenciando a humildade que o caracteriza ao se ombrear com os dois médiuns encarnados.

Ao longo do texto psicografado, Francisco ressalta que:

(...) Há centenas de trabalhadores invisíveis em função de auxílio constante ao "Caminho" e à "Caravana", que se transformaram em legítimas assembleias de socorro espiritual, de esclarecimento benéfico, de fraternidade e de amor.

Citada presença de *centenas de trabalhadores invisíveis,* compreende-se a numerosa equipe espiritual que assessora Divaldo em sua gigantesca obra, em várias frentes de trabalho, amparando, orientando e protegendo, sob a liderança segura e amorosa de Joanna de Ângelis. Está traçado o "mapa" do amor ao próximo em todas as direções e aspectos: socorro espiritual, esclarecimento benéfico, fraternidade e amor.

Francisco, finalizando, escreve:

> Nesse propósito e formulando votos para que nos unamos cada vez mais, na obra cristã que o Espiritismo nos descerra, abraça-te com muito carinho o velho companheiro.
>
> Francisco[1]

Três anos transcorreram, mas a revelação não parou por aí. No dia 4 de outubro de 1953, Divaldo recebe outra mensagem de Francisco, dessa vez psicografada pelo médium italiano Pietro Ubaldi, que estava no Brasil, ocasião em que foi realizada uma sessão mediúnica, com a presença do médium baiano e de várias outras pessoas que posteriormente assinaram o texto da mensagem, registrando-o, autenticando-o, o qual, no o futuro, tornar-se-ia precioso documento. Convém ressaltar que o médium italiano não conhecia Divaldo e ambos nem sequer imaginavam o que aconteceria em seguida.

Nesta segunda carta, digamos assim, enviada por Francisco, em italiano, ele se despede, ao finalizar, da seguinte maneira: *Sobre ti está o olhar do teu amigo Francisco.*

Dois médiuns, duas mensagens de Francisco de Assis endereçadas a Divaldo, que estava no começo da sua missão. Francisco o chama de *filho* e se diz *velho companheiro*, sob o lápis de Chico Xavier; com Pietro Ubaldi, ele cita que sobre Divaldo está *o olhar do teu amigo*.

O tempo transcorreu no seu itinerário inexorável.

Há quase 70 anos, Francisco de Assis escreveu ao jovem médium baiano através de dois excepcionais médiuns e, atualmente, resplendente de luz, a sua presença é assinalada em passagens extremamente belas através da própria mediunidade de Divaldo, porque afinal são *velhos companheiros* que se reencontram, evidenciando que ele sempre esteve *sob o olhar de Francisco.*

Ao abordar esse aspecto da missão mediúnica de Divaldo, tenho o propósito de evidenciar a trajetória de um médium que é, para todos, um grande exemplo de excelência plena e verdadeira à serviço de Jesus.

---

1. A mensagem completa está inserida no livro *O Semeador de Estrelas*, de nossa autoria, publicado pela Editora LEAL, capítulo 34 – Francisco, Chico e Divaldo: a primeira mensagem (nota da organizadora).

Mais recentemente, em duas obras do autor espiritual Manoel Philomeno de Miranda – *Transição planetária* e *Amanhecer de uma nova era* –, fomos premiados com mensagens de Francisco de Assis, por intermédio daquele que ele chama paternalmente *de filho,* e que é também seu *velho companheiro e amigo,* Divaldo Franco. São páginas de transcendental beleza e elevação. Divaldo tem cuidadosa reserva quanto à divulgação de certos aspectos de sua prática mediúnica. Isso engloba as produções de efeitos físicos, que só ultimamente estão sendo ligeiramente comentadas por ele, com a máxima discrição.

Pessoalmente, julgo que a hora é esta, a de clarificar acontecimentos preciosos, porque a exemplar vida do médium, do educador, do orador Divaldo Pereira Franco é um "evangelho de feitos" (como alguém disse, certa vez, referindo-se ao querido Chico Xavier, e que também se adequa perfeitamente ao nosso baiano), e não só merece como precisa ser divulgada, para que nos tempos vindouros as pessoas saibam que ele existiu e legou-nos, em compêndios de luz, a sua trajetória terrena.

Tomei para mim a incumbência de escrever sobre esses fatos sem que ele tivesse conhecimento prévio.

Na sequência, o leitor encontrará uma prece proferida por Francisco de Assis, psicografada por Divaldo, cujo conteúdo revela a superior condição de quem a profere:

> Mestre sublime Jesus:
>
> Fazei que entendamos a Vossa vontade e nunca a nossa, entregando-nos às Vossas mãos fortes para conduzir-nos.
>
> Permiti que possamos desincumbir-nos dos deveres que nos cabem, mas não conforme os nossos desejos.
>
> Lançai Vosso olhar sobre nós, a fim de que tenhamos a claridade da Vossa ternura, e não as sombras da nossa ignorância.
>
> Abençoai os nossos propósitos de servir-Vos, quando somente nos temos preocupado em utilizar do Vosso santo nome para servir-nos.
>
> Envolvei-nos na santificação dos Vossos projetos, de forma que sejamos Vós em nós, porquanto ainda não temos condição de estar em Vós.

Dominai os nossos anseios de poder e de prazer, auxiliando-nos na conquista real da renúncia e da abnegação.

Ajudai-nos na compreensão dos nossos labores, amparando-nos em nossas dificuldades e socorrendo-nos quando mergulhados na argamassa celular.

Facultai-nos a dádiva da Vossa paz, de modo que a distribuamos por onde quer que nos encontremos e todos a identifiquem, compreendendo que somos Vossos servidores dedicados...

(...) E porque a morte restitui-nos a vida gloriosa para continuarmos a trajetória de iluminação, favorecei-nos com a sabedoria para o êxito da viagem de ascensão, mesmo que tenhamos de mergulhar muitas vezes nas sombras da matéria, conduzindo, porém, a bússola do Vosso afável coração, apontando-nos o rumo.

Senhor!

Intercedei, junto ao Pai Todo-Amor, por vossos irmãos da retaguarda, que somos quase todos nós, os trânsfugas do dever.[2]

---

2. Fragmento extraído do livro *Transição planetária*, publicado pela Editora LEAL em 2010, capítulo 13 – Conquistando o tempo malbaratado, pp. 137-138 (nota da organizadora).

Segue-me

Passando adiante dali, Jesus viu um homem, chamado Mateus, sentado na coletoria, e diz-lhe: Segue-me. E após levantar-se, ele o seguiu.

Mateus, 9:9.

Quem de nós atenderia prontamente ao chamado feito por Jesus? Jesus chama, convoca, convida, espera.

Há quanto tempo Mateus aguardava a vinda de Jesus? O próprio Mestre, em pessoa, passou e o chamou.

Mateus era um homem comum, estava em seu local de trabalho, mas, por ser coletor de impostos, era malvisto. Aparentemente seria a pessoa menos indicada para seguir Jesus. Entretanto, ao segui-lO, tornou-se um dos doze discípulos e, posteriormente, um dos quatro evangelistas ao narrar os feitos e os fatos da vida do Mestre.

O tempo escoou através das eras.

Hoje são muitos os chamados, mas pouco os escolhidos, como sempre tem acontecido – Ele previu que assim seria.

Entretanto, os que atendem, os que permanecem, seja pela dor, seja pelo amor, estes serão os escolhidos para o banquete espiritual da Era Nova. Eles trazem a "túnica nupcial" e são dignos da confiança do Cristo.

Entre os escolhidos está Divaldo Pereira Franco.

A escolha se faz naturalmente, sem privilégios, pelo mérito de cada um, visto que estes possuem o padrão vibratório compatível para a permanência no ágape espiritual. Há uma atração irresistível para que o escolhido se distinga dos demais que foram chamados.

Assim, essa é a história de uma vida, toda ela dedicada a Jesus, porque Ele passou e disse: – *Segue-me!*

Divaldo Pereira Franco levantou-se e O seguiu.

Assim tudo começou
– O princípio

Palavras do princípio

Este é um livro de muitas vozes, que falam de gratidão, de sentimentos nobres, de constatação de verdades – numa só Verdade –, de antevisão de um mundo melhor, de um exemplo de vida na qual imperam o amor e a bondade, ensinando o que é ser cidadão do Universo.

São vozes que expressam o que milhões de outras desejariam dizer, porque um dia, em suas vidas, alguém mostrou o outro lado, a nossa Pátria real. Alguém que lembrou desta transitoriedade que nos escapa num repente, porém que nos reintegra na Vida maior, da qual fazemos parte.

Através das eras, vultos que se notabilizaram como benfeitores da Humanidade também falaram dessa perspectiva do Infinito, cada um em seu tempo.

Entretanto, Divaldo Franco aliou ao seu verbo o amor ao próximo e a prática do bem, expandindo uma visão nova que reintegra o intercâmbio com o mundo da realidade espiritual, tão perto de nós, com o qual ele convive durante toda a sua jornada terrena, de modo natural, para que soubéssemos que toda realidade é a do Espírito, do qual o corpo denso é apenas uma veste temporária, que se deteriora quando não mais dela necessitamos.

Divaldo e os Espíritos! Incontáveis Espíritos, encarnados e desencarnados, todos aprendendo e falando o idioma universal do amor!

Joanna de Ângelis, Joana Angélica, Juana Inés de la Cruz, Clara de Assis, Joana de Cusa, personalidades luminosas de uma individualidade resplendente de luz e amor, servindo ao Cristo desde os tempos imemoriais, doando vida em várias vidas, deixando um rastro luminoso como a marcar indelevelmente, nas suas experiências terrenas, o Caminho da Verdade e da Vida que Jesus aponta, pois *ninguém vem ao Pai senão por mim.*

A faculdade mediúnica de Divaldo Franco, na atual romagem terrena, amadurecida através de sucessivas experiências, é a demonstração de que o Espírito transcende à matéria pesada e, em voos repentinos, penetra na dimensão cósmica a que todos pertencemos, mas raros os que são conscientes dessa realidade imortal, absoluta e infinita.

Ele é o que podemos ser.

Ele é hoje o que podemos vir a ser amanhã, ou daqui a pouco, ou neste momento, a escolha é pessoal.

O Espiritismo evidencia a Lei do Progresso, cujo processo evolutivo não cessa, tudo e todos estão a ela submetidos.

Nosso estimado amigo Divaldo Franco continuará em sua escalada evolutiva, avançando em sabedoria e amor, como todos nós.

Mas, para que saibamos disso, descem ao plano terreno almas que nos despertam para essa grandiosa realidade, abrindo as fronteiras da Nova Era, proclamando o novo tempo: o tempo da regeneração, que se delineia ao primeiro clarão da alvorada.

A noite lentamente se desfaz.

Enquanto isso, ele fala – são décadas de esperança, tempos de renovação, quando a paz impregnará todas as nações; anuncia que Jesus está presente e que governa o planeta Terra; sempre como porta-voz de Espíritos iluminados que se fazem ouvir através de sua mediunidade, tendo Jesus como Guia e Modelo, d'Ele haurindo forças para jamais se calar.

Fala! Falaremos por ti e contigo! – disse um Espírito amigo.

Fala, Divaldo, porque em toda a sua vida você falará não apenas no púlpito, mas no cenário da vida, em cada um de seus dias terrenos, seja no trabalho na Mansão do Caminho com as crianças, seja acolhendo os enfermos do corpo e da alma, educando, ensinando, exemplificando, aqui e ali ou nos continentes distantes – você fala! Este é o seu discurso, em tempo integral!

São os efeitos físicos que se tornam intelectuais, morais, espirituais.

Sua fala, seu discurso, sua pregação, tudo é a sua vida!

Fala, Divaldo!... Anuncia a Nova Era!

Agora é o tempo, o começo...

Este livro foi impresso na
LIS GRÁFICA E EDITORA LTDA.
Rua Felício Antônio Alves, 370 – Bonsucesso
CEP 07175-450 – Guarulhos – SP
Fone: (11) 3382-0777 – Fax: (11) 3382-0778
lisgrafica@lisgrafica.com.br – www.lisgrafica.com.br